WIZARD

その後のとなりの億万長者

全米調査からわかった日本人にもできるミリオネアへの道

The Next Millionaire Next Door

Endurir ~~trategies for Building Wealth

by Thoma Sarah Stanley Fallaw, Ph.D.

トーマス・J・スタンリー　サラ・ス　・ファラー
長岡半太郎［監修］藤原玄［訳］

Pan Rolling

The Next Millionaire Next Door : Enduring Strategies for Building Wealth
by Thomas J. Stanley, Ph.D., Sarah Stanley Fallaw, Ph.D.

Japanese translation rights arranged with ROWMAN & LITTLEFIELD
PUBLISHING GROUP INC. through Japan UNI Agency, Inc., Tokyo

監修者まえがき

本書は、トーマス・スタンリーならびにサラ・スタンリーの共著である〝The Next Millionaire Next Door : Enduring Strategies for Building Wealth〟の邦訳で、かつてベストセラーとなった『となりの億万長者』（早川書房）の続編に当たる。これらの書籍はアメリカの億万長者（驚くべきことに二〇一七年現在、一一五〇万世帯、つまり全米の九％がそれに該当する）が、どうやってその経済的成功に至ったのかを丹念に検証し解説したもので、前著が二〇年以上前の調査・データに基づいて書かれているのに対し、本書はそれを最新のデータで検証し直し、前著で述べられた考察・結論が社会環境の変化に耐えて今もって変わらないことを確認している。

アメリカで億万長者になった人々は、単に運が良い人でも高収入の人でもなく、収入の一部を費消せずに規律をもって別に取り分け、戦略的に投資に回すという行動を長期的に実行した人である。この事実は、私たち日本人を大変勇気づけることになる。もともと日本では家計の貯蓄率が高く、出費を抑制し、お金を貯めるという習慣を多くの人がすでに身に付けているからである。

一方で、勤勉で真面目な日本人は、富を増やすために懸命に働いたり、資格取得により人的資本の価値を高めようとしたりする。だが、だれしも漠然と感じているとおり、それらの尊い試みは現代の社会では不確実で、成功の可能性は必ずしも高くない努力である。現実的には、資金を単に預金口座に置くのではなく、リスクを承知で投資することだけが、階層や出自に関係なく経済的に安心できる富を築くという望みをかなえる唯一の手段である。私たちには自分自身に代わり、資本に働いてもらう投資という事業が必要なのである。

ところで、サラ博士がまえがきに書いているように、前著の著者であるトーマス博士は二〇一五年に不幸な事故によって亡くなっている。彼女は父親の死という悲しみを超えて、師の業績を絶やさぬよう本書を完成させた。私はここに両博士の親子間の深い情愛を感じないわけにはいかない。私たちは彼女の熱意と努力をけっして無駄にすべきではないだろう。

最後に、翻訳にあたっては以下の方々にお礼を申し上げたい。藤原玄氏には正確な翻訳を行っていただいた。そして阿部達郎氏には丁寧な編集・校正を行っていただいた。また、本書が発行される機会を得たのは、パンローリング社の後藤康徳社長のおかげである。

二〇二〇年一二月

長岡半太郎

CONTENTS

目次

父トーマス・J・スタンリーとの愛に満ちた思い出に
勇敢な母ジャネット・G・スタンリー、そしてティム、アンナ、ケイト、ジュリーに本書は取り上げる問題に関して正確かつ信頼に足る情報を提供することを意図している。しかし、筆者も版元も、法律、投資、会計その他の専門的なサービスに従事する者ではないことを承知している。法律に関するアドバイスやその他専門的なサポートを必要とされる場合には、有能な専門家によるサービスをお求めになるべきと考える。

本書に含まれるケーススタディーに登場する人物名のほとんどは個人のプライバシー保護を目的に仮名としている。

まえがき

わが父トーマス・J・スタンリーは、相続やその他多額の金銭的贈与に頼ることなく、経済的な独立と経済的成功を手にするための道筋を見いだし、光を当てるべく、およそ四〇年間にわたりアメリカの富裕層を研究してきた。その研究のなかで彼はいくつかの共通点を見いだしているが、お金持ちへの道のりは、さまざまなキャリア、消費行動、そして事業の選択を含め数多く存在することも理解していた。

著書『となりの億万長者』（早川書房）でエビデンスに基づいたファイナンシャルプランニングの原則がまとめられ、富を蓄積するための実証済みの道筋も極めて明解に記されているにもかかわらず、多くの人々が「どうして自分はお金持ちではないのか」と問い続けている。小規模事業主であろうが、教師であろうが、弁護士や営業パーソンであろうが、規律ある、整然とした方法こそが富の蓄積には有効であることが証明されている。父が『となりの億万長者』に記したとおり、「本書で取り上げた億万長者たちはゆっくりと着実にそれを成し遂げたのであって、ヤンキースと何百万ドルもの契約を交わしたわけでも、宝くじに当たったわけでも、次なるミック・ジャガーになったわけでもない[1]」のだ。

このゆっくりと着実な方法は、新しいスキルを身につけたり、ダイエットをしたり、子供たちを育てたり、新しい事業を始めたりといった、人生における多くのチャレンジにも当てはまるものだ。大きな目標――そこには経済的独立も含まれる――を達成するためには、長きにわたる規律ある行動、自分の能力の把握、そして効率的な資源配分が求められる。

だが、ある種のライフスタイル――大量に消費し、ステータスを誇示するライフスタイル――を求めることで、その旅路はほとんどの人にとって難しいものとなる。安定的に現金が流入することなしに、ほかの人たちがやっていることや乗っている車や着ている服などに影響を受けるライフスタイルを維持することはほとんどの人にとって不可能である。多くの人たちが自分たちの現在の習慣を受け入れるのか、それを変えるための苦労を嫌がるばかりで、その間も不満を漏らし続け、過度に他に依存し、気を揉むばかりの人生に陥るのである。

彼の主張に対してなかには反論する人もいたが、父はよく調べたうえで、無一文から始めて驚くほどのお金持ちになれる可能性はさほど高くないことを明言していた。そして、行動がその人の環境を変えることを父の研究は何度となく証明していたし、彼の人生がまさにそうであったのだ。父は、経済的に自立し、その信じられないほど貧しい生い立ちを克服するために、常に、慎重にその行動様式を改めていた。

父は、一九九六年の出版以降、古典ともなっていた著書『となりの億万長者』の第二段を書くことを望んでいなかったが、それは読者たちにアメリカの富裕層や富の蓄積について異なる、または新たな視点を提供する書物を記すほうが良いと考えていたことが一因である。父はその後、『女性ミリオネアが教えるお金と人生の法則』（日本経済新聞社）や『〝ふつうの億万長者〟徹底リサーチが明かす　お金が〝いやでも貯まる〟5つの「生活」習慣』（イースト・プレス）を上梓している。本書の調査や作成は、二〇一六年の『となりの億万長者』出版二〇周年を期して、二〇一二年に開始した。当初の目的は、いくつか新しいトピックスに関する長期的な流行を検証するとともに、父のそれまでの仕事で集められたデータとの比較を行うことにあった。

同時にわれわれは、もう一度アメリカの億万長者たちに目を向け、『となりの億万長者』の出版から二〇年、またほかの著作から幾年かが経過した今、何らかの変化が見られるのかどうかを検証することとした。われわれはとなりの億万長者たちの主たる行動特性を再検証し、今日富を築くとはいかなるものかを検討しようとしたのである。アフルエント・マーケット・インスティチュートの創設者であり、『となりの億万長者』の著者である父がベビーブーマーからの視点とマーケティング調査の専門知識を提供し、ジェネレーションXに属し、産業・組織心理学者として経験を積んだ私が父の右腕となってプロジェクトに臨んだのだ。

われわれには当初は別の計画があったのだが、実際には本書のあり様は大幅に変わってしまった。父は二〇一五年、飲酒運転による事故に巻き込まれて亡くなったのだが、それは最初の調査依頼書を送ろうとする矢先であった。父の死後、私は父のノートやわれわれの最新の研究結果をまとめる仕事に取り掛かるとともに、新たなデータやそれまでに集めるよう助言してくれていたデータを読み解きながら、父が新しい本に取り込もうとしていたメモやブログやアイデアを章立てにまとめていった。この辛くもあり、楽しくもあった仕事には三年以上の時間がかかった。私は父のノートやメモの多くを手にしてはいたが、新しいデータや今日の重大ニュースに対する父一流の見方を再現することはできなかった。それゆえ、恥ずかしながら私自身の解釈を示さざるを得なくなったのである。

父を亡くしてなお、このプロジェクトを完了させようと思ったのには幾つか理由がある。それは個人が経済的に成功する一助となることを目的として、家政学、ファイナンシャルプランニング、行動ファイナンス、そして産業・組織心理学の調査を今でも続けていることと同じ理由である。要するに、われわれはいかにして個人が富を築くことができるのかについて科学的な研究を続け、富に関する神話や逸話や聞こえが良いことばかりの物語などを追認するなり、反証するなりしなければならないのだ。われわれは科学的な厳格さを用いて、聞こえの良いことと、実際に有効なこととを区別しなければならないのである。

この国にはいまだ富に関する神話があふれている。メディアや政府はいまだ収入と富とを混同しているが、それは個々のアメリカ人においても同じである。自分で富を築き上げた人は疑いの目で見られることが多いが、それはまるで経済的に成功する唯一の道筋は親から高額な贈与を得るのか、宝くじを当てるのか、不正を働くしかないかのようである。ソーシャルメディアには輝かしいイメージばかりがあふれ、現実の経済的成功についてわれわれを惑わし続けているのだ。

われわれの多くは悲惨なまでに自分たちの経済問題を管理する準備ができておらず、またその能力もない場合すらある。アメリカの全国民の半分近くが、何かを売却するか、借金をしなければ四〇〇ドルの費用を賄うことができなかった。[2] われわれは国全体で財政問題に頭を悩ませ続けているのだ。アメリカ心理学会によれば、アメリカ人のおよそ六四％がお金が自分たちの生活で「多少または大きな」ストレス源であると感じているという。[3] この経済的な浮き沈み、つまりお金がアメリカ人にとっては仕事や健康問題や家族の問題以上に最大のストレス源となる傾向にあるのだ。

最後に、記しておかねばならないのが『となりの億万長者』に対して、一九九〇年代半ばに見られたネット経済の発展による株式市場の隆盛がこの本で取り上げられた人物たちの成功の理由である、または、検証結果にはサバイバルバイアスが働いている（見事お金持ちになった人物たちだけのデータを取り上げていて、お金持ちになれなかった人たちに同じ習性が見られるのかどうかに着目していない）のだと批判する人がいたことだ。この批判者たちは、父の著書のなかで収入を効率的に富へと転換させた蓄財優等層と、同程度の収入を得ながらも、まったく口座残高につながらなかった蓄財劣等層とがはっきりと比較されている（そして、大きな違いがある）ことを見落としている。『となりの億万長者』で検証された同じ行動や習慣は大衆市場やマス富裕層の母集団、つまり「生き残って」お金持ちになれなかった人たちにも当てはまることであり、これらお金持ちではない人々のデータを見ると、加速度的な蓄財と慎重な経済判断を下すことや、消費に対する社会的なプレッシャーを無視すること、そして目標に集中することといった要素との間には一貫して正の相関があることが分かるのである。[4]

本書には、父の死の前後で集めたデータの説明や解説だけでなく、父が本書に盛り込むつもりでブログに記していた言葉も含まれている。本書で取り上げるデータのほとんどは二〇一五～二〇一六年に集められたものであるが、二〇一二～二〇一八年に行った補助的な研究によって得られた調査結果や、私が経営するデータ調査会社データポインツで随時集められたデータや調査結果も掲載している。

書き手の視点という点では、本書を通じてわれわれという主語を使うことに決めた。だが、ノートやブログや章立てのアイデアやデータ検証など父個人が行った仕事であることをはっきりさせるために補足説明をつけている場合がある。これは書物にとって重要なことであるし、また読者にはそれが父個人の言葉であることを知ってもらうべきだと考えたのだ。私自身の言葉で記している節も幾つかあるが、それは私自身の経験や調査であることを記しておく。

二〇一五年の父の早すぎる死は家族の心に大きな穴を残しただけではない。父の死後、父のウェブサイトなどを通じて受け取った数多くのコメントを読むと、経済的独立を求める旅路において支援や励ましを求めていた本やブログの読者たちの心にもぽっかり穴があいてしまったと感じている。

それらすべての感慨を背景に、わが父の調査研究を継ぐ者として本書を提示する。彼の命を奪った悲劇が起きたとき、その機をとらえて「となりの億万長者」のコンセプトは過去のものだと主張するメディアも散見された。だが、われわれのデータによればそれは違う。私は、本書が「となりの億万長者」はいまだ健在であり、経済的成功はそのために努力をする意欲のある人ならだれでも手に入れることができることを示してくれることを期待している。

二〇一八年六月　ジョージア州アトランタ

サラ・スタンリー・ファラー

第1章　となりの億万長者は健在なり

「できると信じなさい。何かを成し遂げられると信じる、本当に信じると、心がその方法を見いだすのだ。解決できると信じることが解決への道を開くのだ」――ダビッド・シュワルツ『大きく考えることの魔術――あなたには無限の可能性がある』（実務教育出版）

トーマス・J・スタンリー博士はそのキャリアの大半を、アメリカ人たちがどのように自力で経済的な成功を収めたのかを検証することに費やした。彼は次の疑問に答えるために、事業主、企業幹部、教師、エンジニア、そして平均以上の収入を得ているたくさんの個人を研究した。つまり、収入をより効率的に富へと転換できる人がいるのはなぜなのか。この疑問に答えるために生涯をかけた研究をまとめた著作は五〇〇万部以上の売り上げを示した。

この本はなぜそれほどのインパクトがあったのだろうか。おそらく、自分の行動次第でお金持ちになれること、そして相続や氏素性といった前提は関係ないことを明らかにしたからであろう。センセーショナルな見出しとは反対に、巨額の相続や宝くじでの幸運などがなくても富を築くことは今でも可能である。われわれが享受している自由がアメリカに存在するかぎり、運や肌の色や両親の成功ゆえではなく、自分たちが定めた目標、その目標を達成するための行動、そして道中に遭遇する雑音や批判を気にしない能力ゆえに富を築く人たちが出てくるのである。

二〇年前にとなりの億万長者ならしめた特質はいまでも当てはまる。分相応の暮らしとは数学的な公式、つまり変わりゆく政治状況や経済的環境または流行に関係なく機能する公式のもう一つの表現方法である。数学は常に有効なのだが、一九九〇年代や二〇〇〇年代初頭の「トレーディングアップ」というメンタリティ、または今日の絶え間ないソーシャルメディアといった雑音によって、多くの人々が消費よりも貯蓄をすることが持つシンプルな力から遠ざかってしまうのだ。また、医療費や教育費の増大によって、われわれは暮らし方について異なる考えが求められるようになっている。つまり、われわれの両親や祖父母が送ったような伝統的なライフスタイルやキャリアパスは、今日富を築くには役に立たないかもしれない。

今でも、となりの億万長者のコンセプトは過去のものだとか、一九九〇年代のインターネットに支えられた株式ブームゆえに父が『となりの億万長者』で記した成功譚が生まれたのだとか、われわれのデータセットにはサバイバルバイアスが働いている（つまり、われわれが分析したのは「勝者」だけであって、経済的な「敗者」にも同様の特性が見られたかもしれないという考え）といった批判をする人がいる。だが、経済的独立を目指している人たちには幸運なことに、われわれの最新の研究とその結果得られたデータによれば、富を築くために有効な行動や習慣やライフスタイルは過去二〇年間で変わっておらず、現在の経済的・社会的・技術的問題には左右されない。お金持ちではない母集団のなかでも、同様の特徴が、収入を富へと転換することに比較的成功している人とそうでない人とを分けているのである。

となりの億万長者を特定する

億万長者を見いだす方法は存在するが、アメリカのなかでも少数しかいないので、どのような調査においても億万長者のデータをたくさん集めることは困難なものとなる。大量のデータや郵便番号とひも付けされたアドレスを用いれば、高額所得者層や富裕層と思われるサンプルを獲得することはできるが、それらの地域に住む人々がすべて億万長者だとは限らないのである。伝統的な調査方法やターゲットマーケティングの手法がとなりの億万長者を見つける確実な方法とは限らない。なぜなら億万長者は自分たちの主たる住まいに富を費消しないことによって富を築いていることが多いので、高級住宅街に暮らしている可能性は低いからである。クラウドソーシングや資産運用のブログなどに登場することはあるけれども、たいていの場合、彼らは自分たちの経済的成功という現実を口外しないものなのだ。結局のところ、そもそも自ら進んでお金持ちと思われないようにすることが、彼らがお金持ちになった一因なのである。

だが、今日でも自分の思うがままに富を築いている人たちは存在する。本書と前作で取り上げたとなりの億万長者の多くがわれわれに自分たちの物語を教えてくれた。この集団は自分たちの成功を自慢げに世間に発信するのではなく、自分たちの経験を（よく匿名で）先例に倣うことに関心を抱く人たちと共有することに喜びを感じる傾向にある。また、クラウドソーシングで集めたサンプルの調査を通じて、われわれは適切にも自分をとなりの億万長者の途上にあると呼ぶ人々に出会った。まだ億万長者ではないけれども、間違いなくその途上にある人たちが存在するのである。

購買履歴や職業だけを見ても収入を富へと転換させることに長けた人たちを見いだすことはできない。実際に、一九九六年に父が研究し、インタビューを行ったとなりの億万長者たちは、会計士やくず鉄商といった退屈なありふれた業界と思われる職に就いていることが多かった。一九九六年と同様、今日でもエンジニアや教師といった専門職にある人は、収入を富へと見事に転換することを可能にする特徴や性格や能力を持っていることが多い。だが、すべての小規模事業主やくず鉄商などが収入を富に転換することに成功するというわけではけっしてない。また、旧タイプの車や安価な時計の所有者や質素な家に住む人すべてが、必ずしも自力で富を築くために必要な知識や能力や技量を持ち合わせているわけでもない。父が指摘したように、それは目印であって、けっして前兆ではないのだ。むしろ、一つの経済的判断やライフスタイルではなく、より広範な行動パターンや体験を検討しなければならないのである。

経済的独立を求めるコミュニティーの先駆者

一九九六年の『となりの億万長者』出版以降、人生のある時点で引退する（またはサラリーマンを辞める選択をする）ために必要なライフスタイルと努力に焦点を当てるという前代未聞の進化を遂げたコミュニティーがある。三〇代にして十分な蓄えをもって引退するというのだろうか。オンラインコミュニティでＦＩＲＥ（経済的独立と早期退職）という言葉が広く議論されていることがとなりの億万長者が健在であることの最たる例とも言える。二〇一一年、ミスター・マネー・ムスタッシュというペンネームのブロガーが自分の貯蓄・消費習慣や投資活動や消費行動に対する考えを（これは私のお気に入りの一つだが、「あなたの現在の中流生活は浪費の活火山だ」といった下品な言葉を使って）記し始めた[1]。オンラインで倹約や質素な暮らしについて語ったのは彼が初めてではないが、広く読まれ、また引用されるようになった最初の人物の一人である。ミスター・ムスタッシュはおよそ九〇万ドルの総資産を手に、三〇歳で会社勤めを辞めた。彼の記事や同様のブログを通じて、文化的なムーブメントが生まれたのである。

今日、ロックスター・ファイナンス（ある種ＦＩＲＥコミュニティのディレクトリだ）のランキングを見ると、ＦＩＲＥ関連のブログは一七〇〇を超える。[2] そのほとんどが同じテーマの言い変えにすぎない。つまり、貯金に集中しろ、そうすればすぐに思いどおりの人生を送れるようになるということだ。このコミュニティに属するブロガーの多くが『となりの億万長者』を自分たちの旅に変革をもたらした作品だとしている。これらブロガーのケーススタディーや旅路はあまりに膨大な量に上るため一冊の本に収めることはできないが、そのアプローチも多岐にわたり、その職業も一〇〇万ドル近い年収を持つ医者や弁護士からもっと給料の低い専門職までさまざまである。数百万ドルを蓄えてもいまだその職を辞めない書き手もいれば、純資産は一〇〇万ドルに満たないがすでに退職している人もいる。彼らは、会社や組織にぶら下がることをやめ、自分の人生で何をしたいのかを自分自身で決めることができるライフスタイルを意図的かつ規律をもって設計するように説いているのだ。これらの人々は六〇代、七〇代ではなく、二〇代、三〇代、四〇代なのである。

三〇分の時間をとって、これらのブログのいくつかを熟読し、書き手をよく知ることだ。彼らが記すライフスタイルと、彼らがどのようにそれを手に入れたのか、その詳細に注目してみればよい。彼らの在り方が気に入らないのかもしれないが、彼らの行動や判断が彼らにとって有効ではないと主張することも難しかろう。この注目すべきコミュニティーにはとなりの億万長者が健在であることが明らかである。

お金を大切にする――お金持ちになるための必須条件

アリソン・ラマーは、アルコール依存症の母親と妻の世話をしながら家計のやりくりに苦労している父親の下、アメリカの片田舎で育った。最終的にラマーが経済的に自立するうえで良き指導者となったのは彼女の祖父母であった。ラマーにインタビューをしたとき、彼女は独特の考えを教えてくれ、お金を大切にすることについて次のような助言を与えてくれた。「責任をもってお金を大切にすること、そうすれば、やがてお金が自分を大事にしてくれる。人はお金なんか気にしないと言うが、それはお金に向き合おうとしない言い訳にすぎないと思う」

現在、五四歳のラマーは大学生になる二人の子の母であり、持ち家もある。彼女は幸せな結婚生活を送り、同じ町に二〇年間住んでいるのだ。彼女は自分の幼少期の体験とそれに対する行動のおかげで、富を築き、二〇〇万ドル超を有する億万長者になることができたのだと語った。

長女だった私は「母が」生きていく術を見いだしたいと思っていました。一三歳の私には欲しいものもありましたが、それが手に入らなかったことを愚痴ったことはありませんでした……マイナス四〇度の日でも新聞配達をしました。それが当然だったのです。私は生まれながらにして行動の人であり、働き者であり、問題の解決がうまかったのです……わが家の生活に余裕などまったくありませんでした……私は祖父母と多くの時間を過ごしました。祖父は生涯一生懸命に働いて富を築きました。でも、いとこのなかには彼の富を引き継ぐのが当然だと考えている人がいることに祖父がどれほどショックを受けているのか、私には分かっていました。ちょっとフェイスブックを見てください。彼らはみんな裕福な生活を送っているように見えるけれど、実際にはそうではありません……父はいつも一〇%を貯金するよう言っていましたが、祖父母がそうしていたのです。大学に通っているときも時給六・五〇ドルで働いて一〇%を貯金していました。友だちは笑って、「ちゃんと働きだすまで待てないの」と言っていました。でも、これは習慣なのです。この習慣を始めてから守らなかったことは一度もありません……私にとっては犠牲でもなんでもなく、単なる習慣なのです。私は億万長者になるために貯金をしていた祖父母を誇りにも思います。私は億万長者になるプロセスに満足していました。つまり、一つの目標を達成したら、次なる目標を求めたのです。自分は億万長者になるとずっと考えていましたし、大変なことではありませんでした。私はそのために働いていたのです……一生懸命に働くこと、時には日に一四時間働くことも苦になりません。それだけの犠牲を払う価値があるのです。そして今になって振りかえれば良い思い出です。例えば、エアコンのない車に乗っていたことも、良い思い出なのです……最初に一〇〇万ドルに到達したのが三五歳のときで、今は五四歳で、およそ二〇〇〇万ドルの純資産があります。友だちは私が極めて「普通」の行動をしていたことを疑いはしないでしょう。お金はそれ自体「素晴らしい」ものですが、私はお金を貯めることよりも、お金で何ができるのかのほうに関心があります。

ラマーは、多くの人々が富を築くのが下手な理由について自分の考えを次のように示してくれた。

●彼らは、社会的な手がかりを用いて競い合い、何が重要で、いかに他人と競争するのかを決めている。「特に親たちは強い対抗意識を持ちがちだ」と彼女は言う。

●「人々は自分たちの現状を直視する必要がある」。言い換えれば、自分の経済状況を認識することで、その後の行動について現実的な判断を下すことが可能になる。

●彼らは、小さな判断には影響力がないと考えている。ラマーは中西部の凍てつく寒さのなかで働き、お金を稼ぐなかで、小さな判断が積み重なることによる力を学んだのだ。

ラマーの幼いころに受けた影響やその経験が彼女の経済的な旅路を形づくる一助となった。途中、何度もあきらめたり、もっと簡単な判断を下すことはできたはずだ。しかし、祖父母の影響もあって、お金を大切にし、また長期的な視野を持つことで、彼女の旅路は今や大きな自由にたどり着いた。

自分の現状を直視できるようにならなければいけません。そして恐れるのではなく、把握する、つまり自分のバランスシートの現状を認識するのです……それが実際に生きたのは離婚したときでした。私には選択肢があることが分かっていました。お金を理解していない、または恐れるがゆえに関係を続ける女性もいます。私には選択肢があったのです……私は消防署で働いています。というのも、働きたいから働いているのです。私は給料よりも大きなお金を投資で稼いでいますが、人々にはそれが見当もつかないでしょう。私はそうするのが好きなのです。

ラマーが自分の物語を公開するのは富や名声のためでも、インスタグラムのためでもない。自分の環境に関係なく、経済的成功を手にすることができるのかどうかは過去に起こったことではなく、今日、そして明日、どう振る舞うのか、そして一九九六年に記され、今日なお有効な行動にかかっていることを示すためである。

みんなでとなりの億万長者になろう――方法論を嫌い、成果を求める

パーソナルファイナンスの世界におけるデイブ・ラムジーの影響力に異論を差し挟む人はいないであろう。ラムジー・グループのウェブサイトによると、毎週全国に配信されるラムジー

氏のラジオ番組には一三〇〇万の人々が耳を傾け、彼が主宰するファイナンシャル・ピース・ユニバーシティーの一二週間の講義には四五〇万人以上が参加したという。

彼のメッセージは、ほかの「専門家」と言われる人々から批判を受けるときもある。だが、ここでは特定のファイナンシャルアドバイスに関する議論には触れない。それよりも彼の方法論における行動上の側面とそれに付随する結果に焦点を当てるつもりである。ラムジー氏はまず最も少額の負債を返済するように指導しているが、それによって負債を返済し続ける心理的インセンティブが生まれ、最終的により大きな負債（つまり、学資ローンや住宅ローン）が返済され、家計は貯蓄と投資を行える立場に立つことができるとしている。そして、彼のグループにおけるコンセンサスという圧力が、パーソナルファイナンスにおいては前向きな影響を与えることができるようである。訓練コース（たいていは数週間におよぶグループミーティング）、関連教材、書籍、そしてテクノロジーのすべてが前向きな経済的行動を力強く後押ししているのだ。

父の読者やファンの多くが、ラムジー氏や彼の組織は経済的な行動を矯正し、経済的成功を手にする手段として参考になるとしており、彼らが自分の旅路を語るときには、その多くが億万長者になるという目的を達成しているか、またはそれに近づいている。ＦＩＲＥのコミュニティー同様に、これらの人々は富へとつながる行動を連想させる結果を示すことが多く、そしていつの間にか億万長者になっているのである。

ヤコブソン一家は健在なり

ヤコブソン一家が新聞の一面を飾ることはけっしてない。彼らは宝くじに当たったわけでも、創業したハイテク企業をアマゾンやグーグルに売却したわけでもない。彼らは堅実かつシンプルなライフスタイルと、富を築くことにつながる選択を何十年にもわたって続けてきた結果、富を手にしたのである。彼らの一七六平方メートルの邸宅がアメリカで一番のお金持ちたちの住宅が含まれるような郵便番号のデータには十中八九現れることはない。彼らは典型的なとなりの億万長者の道を歩んできたのだ。ヤコブソン夫人が父に宛てた手紙で記しているとおり、それだけの富を蓄えてなお、彼らはその富を維持・増大させるような生活を続けている。その手紙は二〇一〇年の『となりの億万長者』改訂版のまえがきで触れられている。[3]

私は理想の伴侶を得て、シンプルなライフスタイルを送っています。二二年間の結婚生活で、子供は三人、三匹の犬と二頭の馬を飼っています。われわれは「一九七五年に建てられた」一七六平方メートルの家に二〇年間暮らしています。私は化学工学の修士号を持っていますが、夫は化学工学の博士号を持ち、現在は化学会社のVP（バイスプレジデント）として働いています。

高校ではオールAで、SATは一一七〇ポイントでした。一族で大学に通ったのは私が最初です。生まれはアーカンソー州の辺鄙なところです。大学を卒業後、夫も私も素晴らしい仕事を手にしました、そして一人分の収入で暮らし、もう一人分は貯蓄に回していました。昇給した分はいつも貯金に回していました。現在は専業主婦として暮らしています。われわれはすでに億万長者です。でも、三人の子供がまだ大学に通っているので、裕福だと感じることはありません。私が子供たちに一ドルのバリューメニューから注文させるので、彼らにうちは貧乏なのと聞かれることがあります。

アメリカの平均的な一戸建て住宅はおよそ二二二平メートル（ヤコブソンの家よりも約四六平米大きい）であることは特筆に値しよう。だが、このファミリーは家の大きさでは平均以下であるが、純資産では上位一〇％に属するのだ。統計的に、住宅が大きいほど、その所有者は収入を富へと転換できる額は小さくなる。およそ九二％の住宅所有者が億万長者ではないが、彼らの多くが一七六平米よりも広い家に住んでいるのだ。

ヤコブソン一家は、向こう三〇年間に全体で四〇〇兆ドル不足する[4]と言われる引退後の貯蓄を心配する必要はない。アメリカ人の寿命は長くなっているが、利用可能な年金の選択肢が減っているので、経済的な独立と快適な老後を確保する責任はもっぱら個人に帰することになるが、ヤコブソン一家は安全策を取ることであろう。新聞がどれほど相反する見出しを掲げようと、彼らはとなりの億万長者として健在なのだ。

でも、私には向いていない

アリソン・ラマーの若いころの職業経験を想像できない人もいよう。そして、ヤコブソン一家のライフスタイルはすべての人に当てはまるわけではない。バリューメニューから注文したくない人もいるかもしれない。さまざまな理由からもっと大きな家をほしがる人もいるかもしれない。三五歳で引退しても質素なライフスタイルを「送らなければならない」のはだれにとっても魅力的なわけではない。すべての人たちがこのような生活を送れるとも、望むとも限らないことは理解できる。

だが、将来収入が増えることを期待して今日消費してしまうことや、普段の持ち物や車やアクセサリーなどの軍拡競争に後れをとるまいとすることは、人々を経済的成功への道、そしてとなりの億万長者への道から脱線させる普遍的な問題である。この戦略を奉じる個人はマーケターに容易に標的にされ、経済的独立という目標に集中し続けることがさらに難しくなる。消費者による軍拡競争、そして国民の多くがこの戦いに従事しているという現実は、富の蓄積状況に関する政治色の強い解説ではよく見過ごされている。だが、われわれが繰り返し目にしてきたとおり、行動が富を左右するのだ。

自分たちの周りでどれほど多くの人々が次のような暮らしをしているのか考えてみよう。

●現在の所得水準がなければ維持できない家に住んでいる
●近所にはあからさまな富のサインがあふれている
●自分たちの将来の経済面に責任を持とうとしない友人や家族と暮らしている
●引退や人生のイベント（つまり、学費など）に備えた貯蓄がほとんどない
●自分たちのライフスタイルが危機に瀕していることを常に心配している

この種のシナリオにはまっている人々は、新しい事業を起こしたり、経済的な大惨事を乗り切るといった特別な何かを自由に行うことができない。前述のとなりの億万長者のような質素なライフスタイルを望まないかもしれないが、そうであれば、消費の糧となる大きな収入が必要になるだろうし、将来に備えておかなければならないであろう。

収入は富ではない

アメリカには、自分の望む生活様式や富の築き方や維持の方法を選択するうえで大きな自由が存在する。どのような道を選択しようとも、家族のために収入を生み出すことは人生のある時点で大きな関心事となるであろう。だが、収入は富と同じではない。収入とは今日、家に持ち帰るものである。富とは明日、手にするものである。そしてさらに翌日、その翌日に手にす

るものである。

富とは収入ではない、また収入は富ではない。

富とはどれだけの蓄えがあるのか、ということである。純資産とはバランスシート、つまり資産から負債を差し引いたものである。収入とは一定期間に手にするものであり、所得税申告書に記載するものである。定期的な収入が純資産（バランスシート）に影響を与えることは確かだが、それが本当の富を規定するわけではない。一年に一〇〇万ドルの賃金を稼ぎ、同じ時期に一二〇万ドルを消費している人物を想定してみればよい。富（バランスシート）に与える影響はマイナス二〇万ドルだ。

メディアは純資産ではなく収入を富として表現することが多いが、これによって単に大きな給与を手にすれば必ず富が生み出されるという誤った認識が生み出されている。高額所得者と富裕層との共通点を一つ挙げるとすれば、彼らのほとんどが自分の努力の結果として経済的生産性が高いことがある。

アメリカにおける個人資産は長年にわたり増大している。二〇一七年、億万長者の世帯はおよそ一一五〇万件で[5]、全米の世帯のおよそ九％であった[6]。一九九六年と比較すると、当時、億万長者の世帯は三五〇万件であり、全米の世帯のおよそ三・五％であった。一九九六年時点で

図１－１　純資産の中央値に対する平均値の比率[12]

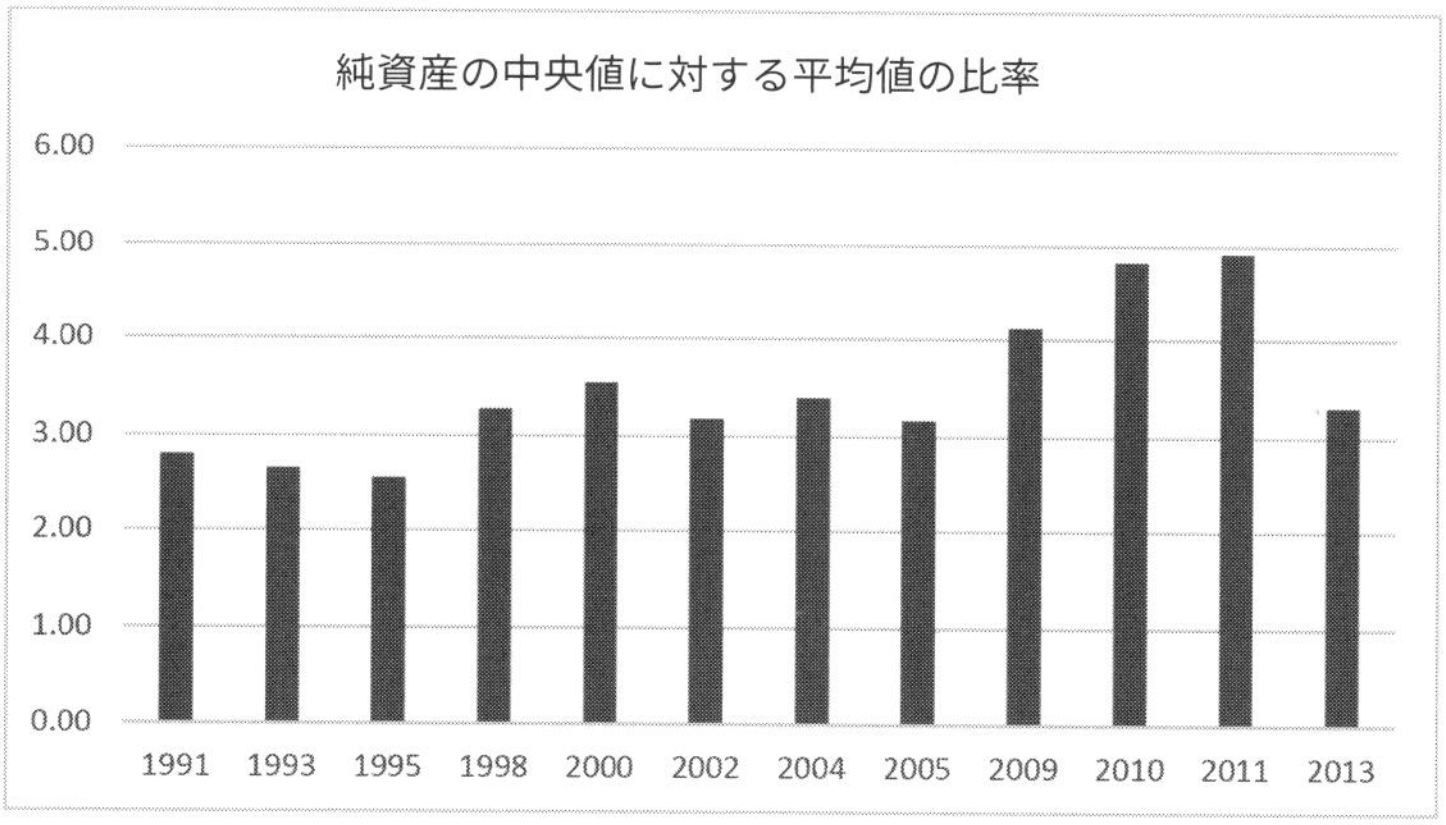

のアメリカの個人資産は二二兆ドルであったが、この富のおよそ半分を三・五％の世帯が保有していたのだ。この不均衡は今日もさして変わらない。つまり、二〇一六年の個人資産がおよそ八四兆九〇〇〇億ドルで、そのうち約七六％を一〇％の世帯が保有[7]しているのだ。

いかなる定義に照らしてもわが国は極めて裕福である。だが、今日、アメリカのほとんどの人々がお金持ちとは程遠い状態にある。アメリカの世帯の平均純資産が六九万二一〇〇ドル[8]だとして混同してはならない。典型的なアメリカの労働者が失業しても、五年、もしかしたら六年間は自分たちの富で食いつなぐことができると考えてしまうかもしれない。だが、この数字には問題がある。極めて誤解を招きやすいのだ。富裕層の世帯（ウォーレン・バフェットやビル・ゲイツといった超がつくお金持ちを想起されたい）の存在がこの平均値を大きく歪めてしまっているのである。

世帯の純資産の中央値のほうがアメリカの富の特徴をはるかに正確に描きだしている。中央値は典型的な世帯を示すものであり、純資産に従ってランク付けした一億二四〇〇万件を超える世帯の中間点に位置するものである。ごくわずかな例外と注記がある場合を除いては、本書で金額を議論する際には中央値を用いている。例えば、アメリカの二〇一三年時点の所得の中央値は五万九〇三九ドルであるが、平均値は八万三一四三ドルとなる。[9] 二〇一六年のアメリカの純資産の中央値は推定九万七三〇〇ドルで、[10] 六九万二一〇〇ドルという無意味な平均値とはかけ離れたものになり、老人ホームの一年間の利用代[11]にも満たないのだ。これはすべての財産を売り払っても、そのようなサービスを受けられるだけの資産を持つ世帯は全米の半分にも満たないということである。

経済的な独立をしばらくの間、勤務先の給与やその他の収入がなくても暮らしていけることと定義するなら、アメリカのほとんどの世帯はそれには遠く及ばない。また、ほとんどの人は快適な引退生活を送ることができないであろう。持ち家を純資産の中央値から除いたらどうなるだろうか。すると、中央値はおよそ二万五一一六ドル、言い換えれば典型的なアメリカの世帯が生み出す年間所得の中央値のおよそ半分まで下落してしまう。これらの人々がもはや自立できなくなったらだれが面倒をみるのだろうか。政府を当てにしてはならない。遠くない将来、自分自身や愛する家族にしか頼ることができなくなるであろう。生き残りは、博愛同様にわが家から始まるのだ。

富の状況の指標として純資産を見てみよう。われわれは直接か、メディアを通じて次の言葉をよく耳にする。「一〇〇万ドル、それで十分だ」。今日の一〇〇万ドルは二〇年前のそれより価値がない（今日の一五〇万ドルが一九九六年の一〇〇万ドルに相当[13]する）のは確かだが、それでもアメリカの純資産の中央値の一〇倍以上にはなる。

一九九六年時点と同様に、ほとんどの世帯が億万長者には遠く及ばない。今日ではなおさらだが、億万長者と呼ばれる状態で引退しても、大量消費を伴うライフスタイルを永続させるには不十分かもしれない。そのようなライフスタイルを送っているとしたら、経常的な高収入を確保することが重要となる。だが、稼いだ収入もつかの間のものとなりかねない。真に経済的に自立したい人たちは、むしろ貯蓄や投資した資本が生み出す受動的所得に頼ることになるのだ。

今日の億万長者の横顔

では、今日の億万長者とはどのような人物であろうか。富を築く「実践的な専門家」たる億万長者のライフスタイルや行動や姿勢が時間の経過とともに変化しているのかどうかを究明したいと思う。時間を超越し、富を築くことにつながる主たる行動はあったのだろうか。今日、三五〇万ドル（われわれの最近の調査サンプルにおける純資産の中央値）の純資産を手にしている人たちはどのようなものであろうか。次にそれら億万長者たちの横顔を挙げていく。

●おおよそ六一歳（八七％）で、結婚（八七％）または再婚（二五％）している。八〇％以上が自分の経済的成功には配偶者が重要な役割を果たしていると考えている。

●前年の収入の中央値が二五万ドルであり、純資産の中央値が三五〇万ドルである。平均的なアメリカ人に比べて四倍以上稼いでおり、純資産は平均のおよそ三六倍である。

●自分たちの成功にとって教育は重要である。九三％以上が少なくとも大卒であり、およそ六〇％が大学院卒である。公立大学卒は半数をやや上回る。

●二〇％が引退している。まだ引退していない人の八〇％が事業主、弁護士、エンジニア、首脳陣、企業幹部、医師、コンサルタントとして週におよそ四五時間働いている。

●自分の稼ぎで生計を立てており、前年に信託や遺産からまったく収入を得ていない人が八六％以上となり、親族から現金や有価証券や不動産や自動車の贈与を受けた人はたった一〇％であった。

●九〇％近くが人生に満足しており、およそ八〇％が健康を維持しており、一晩の睡眠時間は平均すると七・六五時間となる。

●質素で、予算を立てている。食糧や衣服や住まいに毎年いくら費やしているかを把握している人は七〇％に上り、五九％は常日ごろから節約している。六〇％以上が質素倹約こそが自分たちの成功に欠かせない要素であると考えている。

●今まで購入したうち最も高いジーンズは五〇ドル、サングラスが一五〇ドル、腕時計が三〇〇ドルである。

●だが、セール期間中に店を訪れることはしない。およそ七七％が過去五年間でブラックフライデーに店に足を踏み入れたことがなかった。

●高級車。少なくとも三年以上が経過したトヨタかホンダ、またはフォードを利用している傾向にある。平均すると、直近に購入した最も高い車は三万五〇〇〇ドルであり、今までで最も高かった車は四万ドルである。

●自分たちの両親は極めて質素だったと答えた人はおよそ七〇％に上る。両親のほとんどは結婚をしているか、少なくとも自分たちが一八歳になるまでは婚姻関係にあった（八六・三％）。両親のおよそ七五％はわれわれが成功するように励ましてくれたが、世話好きな両親の存在が自分たちの成功の主因だと考えている人はたった四二％にすぎない。子供のころ、自分たちの両親がほかよりも裕福だった人は三分の一以下である。

●われわれは投資家として自信を持っている。七〇％が自分たちは投資についてたいていの人よりもよく理解していると考えており、投資アドバイザーを大いに頼りにしていると答えた人は三分の一ほどである。フルサービスを提供する投資会社に少なくとも一つは口座を有している人は七〇％以上になる。

●だが、自分たちも間違いを犯してきた。素晴らしい株を手放すのが早すぎたことがあると答えた人は六〇％以上となり、七三％以上がひどい株を手放すのが遅すぎたと答え、およそ四〇％が市場のタイミングを計ろうとしたことがあると答えた。

●投資に関しては、早い段階からリスクをとったことが役に立っている。現在の投資戦略が「バランス型」だと考えている人は五六％であるが、半分以上の人が仕事を始めたころの投資戦略はリスキーだった、または極めてリスキーであったと考えている。

●投資に関してプロのアドバイスが欲しいときでも、それに多額のお金をかけることはない。つまり、五六％の人が手数料に充てた金額は前年の収入の一％であり、三三％はまったく支払っていない。

●自分たちは経済的な外来治療を実践しているのだろうか。三分の二ほどが自分たちの子供や孫に贈与している。親族に収入の一％を与えている人はおよそ三四％であり、五％を贈与している人は二三％である。

これら今日のアメリカの億万長者たちの横顔は出発点にすぎない。裕福な人々を研究する本当の価値は、彼らが経済的な成功を収めるまでに何をしてきたのか、つまり成功につながる行動パターンを理解することにある。また、過去数年にわたり、考え方やライフスタイル、そして行動について詳細に説明してくれた億万長者たちのケーススタディーに注目することが重要である。

調査

本書のデータのほとんどは二〇一五年から二〇一六年にかけて行ったアメリカの富裕層に関する調査から得られたものである（付録A参照）。これによって、われわれは億万長者の行動や習慣を時間を超えて比較することが可能となった。また、アフルエント・マーケット・インスティチュートとデータポインツが随時収集したデータも利用した。これらの情報の多くは本書で表にまとめて掲載している。

多くの場合、われわれは最新のサンプルにおける億万長者、つまり世帯の純資産が一〇〇万ドル超の個人に関する調査結果を説明している。また、経済的成功に関する説明を容易にするために、『となりの億万長者』で初めて紹介された期待純資産の公式を用いてサンプルを二つのグループに分けている場合もある。期待純資産とは年齢と収入を掛け合わせた結果を一〇で割ることで算出される。言い換えれば、

期待純資産＝年齢×収入×〇・一〇

この方法の主たる目的は、個人またはグループがいかにうまく収入を富へと転換しているのかを経験的（数値的に）に説明することである。

『となりの億万長者』と過去の著書での調査結果はサバイバルバイアスに過度に影響を受けているのではないのかと疑問を呈するコメンテーターもいた。言い換えれば、調査に用いたサンプルは純資産、収入、職業という点において「成功を収めた」人たちに焦点を当てているため、自力で成功した個々人の行動に関する結論は、それほど成功していない残りの母集団にも同様に当てはまり得るのではないのか、ということだ。この異論に対して、われわれには二つの反論がある。

一つ目は、単に億万長者の特徴に関する平均値やパーセンテージを伝えるだけでなく、これまでの著作ではわれわれが「蓄財優等層」、そして「蓄財劣等層」と呼ぶ人々の異なる習慣や行動や姿勢についても検証している。今回の研究ではこれらのグループの行動や姿勢の違いを検証するために、富裕層のサンプルを実際の純資産と期待純資産との違いに基づいて四分位に分けている。この区分は経済的成功の指標となる。つまり、最も低い四分位に属する人たちは蓄財劣等層（ＵＡＷｓ）と考えられる。彼らの富はその年齢や収入からすれば手にしていると期待される水準よりも少ない傾向にある。同様に、最も高い四分位に属する人たちは現在の所得水準や年齢から期待されるよりもはるかに大きな純資産を保有している傾向にある。これらのグループへの分割は規範的である。言い換えれば、年齢、収入、純資産を基準とした明確なサンプルである。これによって成功の度合いを測る一貫した基準に基づいてグループを比較することが可能となり、成功している人たちとそれほど成功していない人たちの双方に目を向けることができる。この同じ方法論はどのような母集団にも適用することができる。

二つ目は、年齢や収入にかかわらず、経済的な行動パターンは純資産の説明能力があることを示すことができている。言い換えれば、若かろうが年を取っていようが、働き始めたばかりであろうが、数十万ドルの所得があろうが、純資産に関連する主たる行動があるということだ。過去数年間、私は父の調査活動に加わり、従業員たちが特定の職務でいかに成功するかという問題から、個人がいかに富を築くのかという問題に研究の対象を移していった。リーダーや従業員たちの仕事ぶりを推定する科学を用いると、収入を富へと転換することがうまい人々と、アメリカのマス富裕層のサンプルに属さない人々、つまり対象者の大部分がいまだ「成功していない」サンプルとを分ける同様の習慣、行動、そして姿勢が把握できる。言い換えれば、富を蓄積するための要素は、あらゆる水準の純資産（富裕層に属さない人も含む）と関係がある。また、富裕層に属する世帯が取り組んでいる経済関連の課題の多くに、マス富裕層に属する世帯も取り組んでいることが分かった。[14] 課題も同じであり、これら課題に取り組むために必要な能力も同じである。第５章で、その人たちの属性にかかわらず富の蓄積に関係する行動パターンを記している。

ある意味、過去二〇年にわたる調査執筆は、職務分析であり[15]、富の蓄積に関する科学的調査であるとも言える。職務分析は人事の世界で用いられるもので、それぞれの職務に熟達している人たちの主たる課題や特徴を研究している。それで得られた行動特性が、その職務の将来の成功を予測するうえで有効か（正確か）どうかを検証するのだ。この方法は、雇用者が応募者のうち、その職務または働きで最も成功しそうな人物を選び出すことを支援するために用いられている。

財務管理という仕事においては、われわれは実際の純資産と期待純資産との差額でその成功度を測っている。雇用者が新しい従業員を採用する際には、その人の過去の行動と経験が将来の活躍を測る最良の指標の一つとなる。蓄財──われわれが家計を預かる人にとって重要な仕事の一つであると主張する──に努める人たちにとってはその仕事を構成する明確な課題[16]と、この仕事をどれだけうまく実行できるのかを予測する一連の行動が存在する。[17]

もちろん、純資産が収入と年齢に大きな影響を受けることは承知している。つまり、収入が多ければ多いほど富を築く可能性も大きくなる。年齢が高ければ高いほど、蓄財に当ててきた時間が長くなる。そして、大きな相続財産もその一助となる。これらの要素にもかかわらず、本書のように富裕層について研究していようが、大衆市場やマス富裕層のセグメントについて研究していようが、富を築くことに関しては行動と経験が重要なのである。行動パターンや経験は富を築くうえで重要であり、同じ行動パターン──消費や貯蓄の規律や財務管理上の行動を含む──が、年齢や収入や相続財産の割合にかかわらず、蓄財劣等層と蓄財優等層との違い

表1－1　前年の収入に対する信託、遺産、相続から得た所得の割合（1996年と2016年）

年	0％	1～5％	10～30％	50％	75％以上
1996	80	7.8	9.7	1.2	0.9
2016	86	6.5	5.9	0.7	0.7

を生むのである。

われわれの調査によって裏付けられた結論はどのようなものだろうか。経済的な成功に関する包括的な教訓は普遍的かつ明解なものである。それは選挙やテクノロジーや文化規範によって変わることはない。また経済の好不況によっても変わることはない。経済的な自立、そして自分の力で成功するために必要となるスキルや能力はいつの時代にも通用する。現在の立場や年齢や所得水準にかかわらず、富と経済的な成功に至る道筋を見いだすことは可能なのだ。

われわれは自分のライフスタイルを自分たちで決めることができるし、また経済的な独立を求めることも、求めないことも可能である。右に倣う（そしてマーケターや営業パーソンの格好の餌食となる）こともできるし、自分たちの経済的自由を静かに追い求めることもできる。

経済的に自立する、つまり借金の返済や、雇用者または給与に縛られないことで何ができるようになるのだろうか。それは自分に自由を保証してくれるのだ。自分に相応しいと思う方法で問題を解決する自由、ボランティア活動や家族と時間を過ごす自由、おそらく実入りは少なくてもより大きな満足を得られる職業を選択できる自由、そして自分自身の経済的チャンスを生み出す自由を手にするのだ。さらに付け加えるならば、ＦＩＲＥコミュニティーの多くの人たちが自分たちの経済的自由の物語で語っているように、三五歳または四〇歳で職場や定期的な給与とおさらばする自由、である。

アメリカにおいてわれわれが経験している自由と同じように、経済的自由はタダではない。つまり、それを手にし、維持していくためには規律と労力が必要となる。だが、すべての人がこのコストを喜んで支払うわけではない。

繁栄のチャンス

ベビーブーマーから子孫への大きな富の移転が増え、宝くじの当選者や大衆の心をつかんだセレブの存在があるとしても、この国における経済的成功がお金を譲ってもらった結果であるというのは一般的ではない。自分の富を浪費する人々の物語は常に存在するであろう。だが、実際のところ、自力で億万長者となった人の子供たちが、同程度の経済的成功を手にする可能性は低い。

われわれの調査が示しているとおり、経済的成功を手にするためにはＦＩＲＥコミュニティーの人々が例に挙げるように、人生やお金について異なる考えを持つことが求められる。規律

今なお自由の国

アメリカには、ずばり言えば、したいことをする大きな自由があるとよく父は口にしていた。父はよく祖母の話をしていたが、祖母は一九〇〇年代初頭にずだ袋一つでハンガリーからアメリカに移民してきたのだ。父は自由と経済の本質に焦点を当てた次の一節を二〇一三年に記している。

トーマス・ジェファーソンは独立宣言において個人の権利を簡潔に記している。「われわれは以下の事実を自明のことと信じる。すなわち、すべての人間は生まれながらにして平等であり、その創造主によって、生命、自由、および幸福の追求を含む不可侵の権利を与えられているということを」

われわれアメリカ人には、成長し、達成し、繁栄し、そして経済的独立を手にする機会が与えられているのだ。この青写真を前提とするならば、歴史を通して世界中の多くの人々がアメリカに移住しようと列をなすのも不思議ではない。

ジェファーソンに関するデニス・スペルバーグ博士の研究がザ・クロニコル・オブ・ハイヤー・エデュケーション[18]で取り上げられていた。ジョン・ロックの影響を強く受けていたジェファーソンは信教の自由を強力に支持していた。一六八九年、ロックは「寛容についての手紙」を書いている。スペルバーグ教授は「異教徒も、イスラム教徒も、ユダヤ教徒も、宗教ゆえに、国家から排除されるべきではない」というロックの言葉を引いている。だが、独立宣言を記すにあたってジェファーソンが読んだのはそれだけではなかった。彼はコーランも読んでいたのだ。ちなみにそのコーランはいまも彼の図書館に所蔵されている。

自由に対するジェファーソンの青写真が偉大なるわが国の発展の礎となっている。数多くのチャンスがあったことでわれわれの社会における何百万ものサクセスストーリーが生まれたのである。自らを民主主義国と呼ぶ国家もあるが、本当の民主主義はその国の国民の行動と結果によって証明されるものである。母国ではギリギリの生活をしていた無数の移民やその子孫たちがわが国では豊かに暮らしていることは興味深いことである。

と多大なる努力が必要となる。自分たちの強みと弱み、環境や市場を知る必要がある。いくつか挙げるなら、経済面、感情面、認識面、そして時間といった資源を配分する優れた能力が必要になる。

多くの人々にとってそれは、富を蓄積している間は流行に左右されたり、「お金持ちのふりをする」方法という神話を受け入れるのではなく、倹約に努めることを意味する。現在の高収入をあとで自由を獲得できるよう管理する、という場合もある。言い換えれば、数十万、数百万ドルの給料が続くことが必要となるような家を買うのではなく、概して平均以上の貯蓄や投資が可能になるよう暮らすことである。経済的独立と自由を可能にするような職業人生を生み出すべく感情面や認識面の資源を費やす、という人もいよう。これらすべての道筋には勇気と忍耐が必要なのだ。

残念ながら、引退に「十二分な備えがある」と感じているアメリカ人は二八％にすぎず[19]、また四〇〇〇ドルの急な出費にいつでも対応できるアメリカ人はたった五四％だけなので[20]、アリソン・ラマーやヤコブソン一家のような経験は一般的でないように思われる。自己啓発本や個人資産に関するブログ、そしてたいていは何かを売りつけようとしている専門家と称する者たちが激増しているにもかかわらず、アメリカ人たちは財政的健全性という点についてはいまだ困った状態なのだ。おそらくこれは、シンプルなライフスタイルを受け入れ、時間をかけて富を築くということがあまりに単純すぎて宣伝にならないこと、そしてほとんどのアメリカ人にとっては難しすぎて実行できないことが原因であろう。とりわけ、平均以上の収入がある人たちにとって、通常、出費が大きな問題となる。

富に至る道

アメリカの将来の展望はどこか陰鬱ではあるけれども、経済的成功への道筋はたくさん存在する。では、アメリカで有効な富への道筋とはいかなるものだろうか。アメリカの高級住宅街を対象にしたわれわれの最新の調査を検証してみよう。前述のとおり、住所からとなりの億万長者を見つけだす力は限られている。副業で稼いだ人や仕事を始めたころに購入したもともとの家に住んでいる億万長者はここでは取り上げていない。この富裕層そして超富裕層に属するアメリカ人のサンプルから経済的成功への明確な道筋を見いだすことはできるけれども、本当のところ、

経済的独立への道筋は一つではない。

道筋がたった一つだとしたら、個人資産に関するブログや著書や出版物やポッドキャスト、そしてファイナンシャルプランニング全般といっただれでも手をつけられるような仕事はきっと存在しなかったであろう。本質的には『となりの億万長者』の主たる前提である、富は相続や贈与に頼らなくても生み出すことができるという考えにある程度は立脚しているこの業界は、いまや独自のカンファレンスを開催し、批評家や非公式のリーダーまで有するに至っている。

表1－2　職業とライフスタイルによる富裕層の分類

グループ	平均年齢	年収の中央値	実質純資産と期待純資産の平均差額	職業例
平均以上の収入がある者	57.4歳	25万ドル	136万ドル	ITディレクター、エンジニア、ディレクター、マネジャー、教授
高所得者	58.2歳	40万ドル	116万ドル	弁護士、医師、バイス・プレジデント、プライベート・エクイティ・ファーム代表、ファンドマネジャー
小規模事業主・起業家	59.8歳	40万ドル	251万ドル	会計士、エンジニア、IT、不動産

注＝それぞれのグループの純資産の中央値は350万ドル。実質純資産と期待純資産との差額が大きければ大きいほど、蓄財優等層である可能性は大きくなる

だが、『となりの億万長者』で詳述した富への道筋はいくつかにすぎないが、たいていは規律ある消費、貯蓄への注力、そして勤勉な資金管理に特徴づけられている。実際に、経済的成功は個々の努力によって達成されるものであるが、われわれが行った一万六〇〇〇件以上のケーススタディー、インタビュー、調査、そして受け取った手紙から共通点が浮かび上がってきた。本書では、それら共通点を明らかにするとともに、『となりの億万長者』の出版から二〇年以上が経過した今日でも、経済的独立と富へとつながる行動や成功要因がいかに有効かを説明していく。

ここで、消費、予算編成、キャリア、投資、そして財務管理全般に関する個別判断や行動がいかに蓄財に影響を与えるのかに目を向ける。われわれが前作のための調査を行った一九九〇年代、二〇〇〇年代から今日までの間に、テクノロジー、

メディア、そして消費主義の面でどのような変化があったかに焦点を当てる。例えば、自分で財務管理を行いたい、自分で事業を立ち上げたい、自分で学びたいと考えている人たちに自由を与えるテクノロジーそれ自体がいかに経済的、またその他の目標の邪魔となるのかに関心があった。教育や医療などの費用の増大が本来質素な暮らしをしていた個々人にどのような影響を与えるのかを理解したいと思っていた。金融サービス業界の多くの人たちの関心を集めてきた行動ファイナンスが指摘する投資におけるバイアスが蓄財優等層にどのような影響を与えたのだろうか。彼らは同じ過ちを犯したのであろうか。

平均以上の収入がある人

『となりの億万長者』では自力で経済的に成功したアメリカ人の例を取り上げているが、本書における典型的なとなりの億万長者は平均以上の収入はあるが、幾分「退屈な」職にあり、倹約家で流行や社会規範に影響を受けない人物である。だが、これはすべての人たちに適合する道筋ではないかもしれない。優れた防衛を戦略の旨とし、ライフスタイルは通常シンプルで、控えめなものである。億万長者の七〇％が自分たちは常に倹約に努めていると述べている。これは職業の種類や所得水準を超越した振る舞いである。

高額所得者

収入型（ＩＳ。Income-Statement）富裕層（ＩＡ［Income-Statement-Affluent］グループとも呼ぶが、これらは収入は多くとも純資産は少ない人々のことである）になりがちなのが、大企業の幹部やファンドマネジャーや医師や歯科医などの専門職である。このグループは、旺盛な消費行動に囲まれると、自分たちの仲間を意識して、大きな邸宅や高級車といった高価な消費財を買いたがるものだ。彼らは収入が多くても、富を築くためには消費を大いに自制する必要がある。子供たちを経済的に自足できるようにするためには、このグループの人々は倹約を習慣づけることを学び、教えなければならない。

小規模事業主

独創性や勇気や覚悟とともに、市場のチャンスをとらえる素晴らしい能力があるとすれば、小規模事業主たちは雇われの身にある人たちよりも大きな純資産を有している傾向にある。小規模事業主にとって、収入源は自分で創業した事業であり、それがほかの投資のすべてを賄うことになる。だが、自営が自動的に大きな収入や富につながるわけではない。二〇一五年時点で個人事業主として働いているアメリカ人は二五〇〇万人超に上り、彼らの平均純利益はたった一万三一五四ドルであった[21]ことを考えてみればよい。

ムーンライター、ギグワーカー、FIREコミュニティー

アメリカの全労働者のおよそ三分の一はムーンライター（副業者）であるが、これは正規のフルタイムやパートタイムの仕事のほかに収入源を持っているという意味である。複数の収入源を求めることはとなりの億万長者の典型ともいえる行動である。現在は数十年前よりも収入源を複数持つことがはるかに容易になっている。テクノロジーをすぐに使えるならば、あっという間に複数の事業を行うことができる。通常、最も成功しているムーンライターはすでに経験があるか、潜在的な顧客に接触することができ、それゆえ潜在的な顧客のニーズを見いだしたり、市場で試すことができるのである。

このようなムーンライターやギグワーカーの多くは「ステルス富裕層」と呼ぶことができよう。言い換えるなら、彼らは高級住宅街のサンプリングや伝統的な手法では「見つからない」のだ。だが、われわれの調査では、補助的な収入を得る手段としてクラウドソーシング[22]を利用しているとなりの億万長者候補、または実際にとなりの億万長者である幾つかのタイプを見いだすことができた。彼らの職業は、不動産開発業者、事務職員、教師、教授、弁護士、マーケティング専門職、小売販売員、看護師など、仕事の種類や対象や地位も多岐にわたっている。このグループは、財の消費よりも家族の経済的成功や経済的自由に重きを置いている場合が多い。

『となりの億万長者』のお気に入りの一節

億万長者たちはよく父に接触し、自分たちの経験を伝えてくれるとともに、『となりの億万長者』や父の書籍について意見を寄せてくれた。父は必ず彼らが本の何を気に入ったかを尋ねていたが、彼らの意見を二〇一四年に次のようにまとめている。

私は『となりの億万長者』を読んだ億万長者たちにどの章が気に入ったのかを尋ねるのが好きである。それが第２章（「倹約、倹約、倹約」）でないことに驚かれるかもしれない。この章は、衣服や靴や腕時計や自動車などにはさしてお金をかけないという億万長者の質素なライフスタイルを詳述したものである。これは単なる億万長者の説明であり、彼らがいかなる人たちかを確認しただけである。しかし、ほとんどの場合、彼らは自分の子供たちにこの章（第三位にランク入りした）を読むよう命じている。

第５章（「親の経済的援助」）は第二位にランク入りした。億万長者が経済的な独立を獲得すると、新たな問題が出来することが多い。典型的なとなりの億万長者は子供が三人、孫が六～八人いる。億万長者たちにとってこの子孫たちと金銭面でどう折り合いをつけるかが、大いなる心配や不和の原因となりかねないのだ。もちろん、億万長者の子供たちのすべてが劣等層というわけではない。だが、『となりの億万長者』で述べたとおり、「一〇の職業分類のうち八つで、贈与を受けた人（親からの経済的援助を受けた人）は贈与を受けていない人よりも純資産（富）の水準が低かった」のである。これらの職業には、会計士、弁護士、マーケティング専門職、起業家、企業幹部、エンジニア、医師、そして中間管理職などが含まれる。もちろん、これらのデータは経済的な「入院治療」を説明するものではない。高額所得者の両親を持つ息子（二五〜三四歳）の四人に一人が両親と同居していることを覚えておいてほしい。

一番人気は第6章（「男女平等・家庭版」）である。サブタイトルの「彼らの子供たちは、経済的に自立している」がこの章を簡潔にまとめている。だが、両親はよく自分の子供たちの間で摩擦が起こるような方法で富を配分している。経済面で生産性の低いこれらの子供たちが両親の資本の黄金株を受け取ることが多い。この不平等な配分の結果は目に見えている。最も弱い子供をさらに弱くし、最も強い子供をさらに強くするのだ。一人の億万長者が私に語ったように、「困難を克服することで達成する子供もいる……彼らは自分たちがなんらかの逆境に直面する権利をけっして否定しない。だが、実際の子供たちは楽をし、保護され、騙し……隠れ……そして、恐れや不安、そして依存心への抵抗力がまったく身についていない人もいる」。

ケン再訪

経済的に成功する人たちは長期的に富を築くための北極星、つまり指針と計画とを持っていることが多い。彼らはより容易に見える道筋ではなく、自分たちの経済的目標の達成につながるような決断を下す。経済的独立の追及はいつでも始められるが、ケンのケースが示すとおり、早ければ早いほど容易となる。彼のことは一〇年以上前に父が最初にインタビューを行い、『となりの億万長者』で紹介している。ケンの父親が経済的に成功を収めたことは確かだが、ケンや彼の家族は父の死までそのことを知らなかった。それゆえ、家族の富も知らず、またその恩恵にあずかることもなく、ケンは自分で経済的道筋を歩み始めたのだ。われわれはケンの経験をライフスタイルと富に関する賢くも厳しい意思決定の好例として取り上げている。自分や自分の世帯が経済的成功を求めてどのような計画を立てているのかを考えながら、彼のケースを検討してみてほしい。

家で学んだ価値

ケンの父親は高収入の外科医だったが、ケンが育った環境は質素なものであった。結果が重視され、派手な消費は眉をひそめられた。ケンはまたゴルフやランニングで健康を保つよう勧められもした。ケンの父親が亡くなったとき、彼の母に一〇〇〇万ドル以上の価値のある不動産が残されたのだ。ケンは自分の家族が富を築くことに成功したことをどう説明するだろうか。

私の父は質素でした。われわれは父の不動産に関する会計報告書を受け取るまで父がお金持ちだとは知りませんでした。衝撃でした。父は八年ごとに新車のビュイックを買っていました。そのころにはもうタイヤが外れそうなのです。私はお金を貯め、投資をすることに大きな満足を覚えています……それは父がやっていたことなのです。この親にしてこの子あり、と言うのでしょうか。私は倹約家です。私の妻はもっと倹約家です。私は資金不足に陥っていることが多い小さなリース会社から中古車を買いますが、それは支払いができなくなった借り主から取り戻した車です。最近買った車は二万二〇〇〇ドル……一年半の型落ちです。それには新車のときには三万五〇〇〇ドルの値札が付いていました。リース会社は同じモデルを四台持っていたのです。私はただイエローページに載っているリース会社に電話をしただけです。

現在六〇歳代前半のケンの財産は、父が蓄えた膨大な富をまもなく上回りそうである。ケンの父親は彼によくこう言った。「私は人が持っているものには驚かない。彼らが成し遂げたことに感銘を受けるだけだ……自分が選んだ道で常にベストを目指しなさい……お金を追いかけてはならない。自分の世界でベストになれば、お金はあとからついてくるよ」（第３章で、幼少期の体験を含め富を築く方法に与える影響について議論する）

戦略的ロケーション

ケンと彼の妻は当初、仕事場まで歩いていけるマンハッタンの高級な地域に住んでいた。だが、二人が三〇年間の財務計画（そう、三〇年計画だ）をまとめ始めたとき、彼らはすぐに世界で最もお金のかかる都市の一つにいては富を築くのは難しいということに気づいた。それからケンは上司に南部の都市を拠点とすることを認めてくれるよう提案した。上司が同意すると、ケンと彼の妻はアトランタ郊外におよそ三〇万ドルで家を買ったのだが、彼らは三〇年後の今もそこに住んでいる。ニューヨーク市郊外で同じような家を買えば一〇〇万ドルはしたであろう（第３章と第４章では蓄財における住宅やその他消費という要素について議論する）。

強みを生かす、そして若いころの職業経験

ケンはほかの人たちと協力する能力を生かして、ＭＢＡ（経営学修士）を修得した州立大学

でネットワークを構築した。彼は興味のある分野に関するフィールドプロジェクトを後援してくれる教職員を探していたのだ。それはスポーツ放送である。卒業後、ケンはこのプロジェクトの経験を買われて、スポーツ番組の放送局に職を得た。彼の最初の給料はおよそ一〇万ドルであった。この仕事で、彼は全米四つの地域のうちの一つを任されていた。ほかの三人のマネジャーはみんなアイビーリーグ出であった。では、なぜケンは同じレベルで採用されたのだろうか。つまるところ、それは彼がMBAでのフィールドプロジェクトで経験を積んでいたからであった（第5章では、億万長者の成功にかかわる要素について議論し、同じ要素が職業人生の別の面での成功にどのように関係するのかを説明する。それから、第6章では初期のキャリアでの経験について記していく）。

資源を配分する

ケンと彼の妻は移動の足に新車のミニバンを何度か購入したが、どれも八～一〇年は乗り続けている（第4章では、今でも自力で経済的成功を収めたアメリカ人の顕著な特徴と言える、消費と倹約を取り上げる。第7章では、富裕なアメリカ人が、投資の仕方を含め、自分の資源をどのように配分しているのかを議論する）。

ケンは、成功するためには教育に惜しげなくお金をかける必要があるという神話を無視した。彼が通った学校、そして大学は公立校であった。そして、彼の子供たちも同じである。彼と彼の妻はわざと近くの学校を選んだのだが、それは全米でもトップにランクされる公立校であったことも一因である。今日、ケンが住む地域の私立校の小学一年生から高校三年生までの学費は、一二年で生徒一人当たり一一万ドルから二六万四〇〇〇ドルの範囲にある。この学費を賄うために税引き前でどれくらいお金を稼がなければならないのか想像してみればよい。予想どおり、調査対象となった億万長者の七二％は家を購入するにあたり、優れた公立校がある地域を探したと報告している。ケンと彼の妻はこのようにして三〇万ドル以上を節約したのである。この節約した年間費用を何十年にもわたって投資をして増やすことができたということを考えれば、この一つの判断だけでもケンと彼の家族はかなりの財産を手にしたことになる（富に関する神話、そして教育にまつわる神話について第2章と第5章でさらに詳しく記していく）。

さて、結果はどうなっただろうか。

ケンは五五歳で引退するまでにデカ億万長者となっていたのだ。

自力で経済的に成功するために必要なこと

今日、経済的独立を模索する平均並み、または平均以上の収入のある人はどうだろうか。個人が時間をかけていかに富を築くのかを説明するとして、それが今でも可能であると思うのであれば、どうするだろうか。それを達成する方法は消費を収入の範囲内に収め、そうして蓄えたお金を自動的に増えるような方法で投資をすることだと説明するかもしれない。言うは易し行うは難し、である。だが、真の難題は、そのような簡単な方法を採るべきでないと語りかける外からの圧力にある。

最近の調査と併せて、本書では四〇年分のデータに基づき、自力で成功したアメリカ人の主たる習慣や特性や行動に焦点を当て、これらのパターンが数十年の間に変化してきたかどうかを確かめようとしている。われわれはそれらがドットコムブームや住宅バブルの崩壊にもかかわらず、終始一貫していることを見いだしている。経済的成功の行動面における要素は、だれがホワイトハウスに陣取ろうと変わらない。ヤコブソンのバリューメニューであろうが、ケンの三〇年計画であろうが、収入を富に転換できる人とできない人とを分ける要素が存在しているのである。

環境の変化は蓄財に影響を与えるのか

一九九六年に『となりの億万長者』の第一版が出版されて以降、大きな変化があった。最大の変化はパーソナルテクノロジーの隆盛であることに疑う余地はない。それらの進歩によってわれわれはソーシャルメディアを手にし、ほとんど無限と言える数の家族や友人たちとの関係を容易に構築・維持することができるようになった。ソーシャルメディアのプラス面はほかの人々とバーチャルにつながりを保つ手段を提供したことである。マイナス面は、マーケターが絶えず、「必要な」消費財や買い物やパーティーやイベントや娯楽や高額の教育といった友人や家族の消費にまつわる体験を、われわれに思い起こさせる手段となったことである。ソーシャルメディアによるマーケティングをどうにか回避できたとしても、アメリカ人の七〇％近くがソーシャルメディアを利用しているので[23]、友人や家族の行動による影響を回避するのは容易ではないだろう。このように他人が何をし、何を運転し、何を買っているのかという情報が絶え間なく殺到してくることが、世に言うジョーンズ家の影響を規律をもって排除することの重要性を大いに高めているのである。

次に、一九九〇年代は株式投資を行える個人投資家は限られていたが、今日ではだれもが行うことができる。これによってファイナンシャルアドバイザーを雇うコストは下がったが、これは平均的なアメリカ人にとっても、大きな富を持つ人たちにとっても同じである。この問題は投資に焦点を当てた第7章でさらに議論する。

最後に、一九九〇年代の好景気は、今日よりも自分で富を増やす機会が多かったとする評論家や学者がいる。もちろん、生活費全般は一九九六年以降増えているが、とりわけ医療費や教育費が著しい伸びを示している。特に、高等教育の費用はインフレ率以上に上昇しており、最近の記事や書籍では四年制や五年制や六年制の学位に、今日、どれだけの価値があるのかと疑問が呈されている[24]。これらのコストは、自力で成功した人々の行動や習慣に倣うことで富を築くことがほとんどの人たちにとっては手の届かない話だと言っているのであろうか。このような費用増大が自力でお金持ちになる力に影響を与えないと主張することはできない。そのかわり、われわれの調査に基づけば、一九八〇年代、一九九〇年代にそのような方法でとなりの億万長者となった人々が持つ特徴は変化にも適用できる、とわれわれは考えているのだ。つまり、倹約、規律、そして異なる考え方をすることは、お金持ちになりたいと願う人たちがそれを達成することを可能にするのだ。

富の規律

富裕層に関するわれわれの研究を通じて、称賛されもすれば、罵倒されもする共通のテーマがある。それは、規律だ。われわれが集めた億万長者のサンプルではこれが成功要因のトップに挙げられている。二〇〇〇年、億万長者の九五％が、規律は自分たちの成功にとって決定的に重要だと認め、二〇一六年には九一％の億万長者が規律を守ることを重要な成功要因に挙げている。

具体的には、収入を手にし、それを富へと転換するには規律が必要である。この規律には、

①自分がいくら稼いでいるのか、②自分がいくら消費しているのか――を把握し、そして、③予算や消費計画を策定して、その差額がプラスとなるようにすることが含まれる。計算式は簡単な足し算と引き算だ。規律は蓄財の要素であり、それによって計算が成り立つようになるのだ。

貯蓄に回すお金が増えれば増えるほど、投資機会も増えるであろう。そして、われわれはもう一つの計算式を適用することができるようになる、つまり金利の複利計算だ。ここでも規律が関係する。確実かつ一貫して「市場に打ち勝つ」ことができる、その存在はほとんどゼロにも等しい投資家群の一人でないかぎり、頻繁にトレードをしたり、マーケットのタイミングを計ったり、エキゾチックな投資を行っていたのでは、この計算の「魔法」はお目にかかれない。

規律は、自分が富を蓄えられない言い訳を探している人たち、とりわけ大きな収入を得ながらも多くの消費をしているグループをイラ立たせる要素である。おそらくこのような人々は、そうすべきだと考えたがゆえに、費用のかかる都市部に暮らし、多額の学資ローンを抱えている。

取捨選択を行い、欲しいものを控えることが求められるがゆえに「規律」をないがしろにする人たちがいる。規律は時流に逆らうことを要求することが多いが、そのためには社会的な影響という流れや、おそらくは出自からくる慣習、今日自分にはその権利があると長らく信じてきたことにすら逆らわなければならないかもしれないのだ。

規律と認識

最近の研究対象となった億万長者は、これまでの研究のそれと同様に、自分の経済的健全性に順応する傾向がある。彼らは、その収入も純資産も平均的なアメリカ人よりもはるかに多いものであるにもかかわらず、自分たちの経済状態の細かく、おそらくはありふれた側面をはっきりと認識している。最近の研究では、億万長者の七〇%が毎年自分たちが食糧や衣服や住宅にいくら使っているかを分かっている。彼らの六五%が大きな純資産を有しているにもかかわらず、限られた予算のなかで家計を切り盛りしているのだ。彼らは、投資の勉強をしたり、投資関連の雑誌を読んだり、また働いたりと、富の蓄積と維持につながる活動に従事している。

経済的に最も成功したアメリカ人は、自分自身の才能、スキル、そして能力を把握し、それをいかにキャリアや仕事や事業に転じるのかを把握している。彼らは環境や市場や自分たちのコミュニティーにおける流行を観察する能力や洞察力に長け、将来のニーズや増大するニーズに自分のサービスや商品を合わせることができる。通常、これらの認識は両親の教えや若いころの職業体験や試行錯誤を通じて得られることになる。

自分の強み、興味、家族の目標、隣近所、世の中、労働市場、業界といった自ら選択した活動の場で起きていることと調和する判断を下すためには、認識が必要となるのである。

資源の分配

経済的なことでも、それ以外のことでも、あらゆる目標達成に重要なのは、時間、エネルギー、そして資金を意識的に規律ある方法で配分することである。『となりの億万長者』の第３章、そして『なぜ、この人たちは金持ちになったのか――億万長者が教える成功の秘訣』（日本経済新聞社）の第９章で議論したとおり、経済的に成功する人たちは自分の目標を達成し、またそれに集中できなくならないよう効果的に自分の資源を配分する能力を有している。蓄財優等層は蓄財劣等層よりも将来の投資計画を策定するために多くの時間を費やす。これは今日でも真、である。いまなお、となりの億万長者は、富の蓄積や肉体的・精神的な面での「富を築く」ことにつながる活動に時間を費やしている（第５章で見るとおり、億万長者がテレビゲームに費やす時間は平均的なアメリカ人のおよそ半分であり、娯楽のための運動や読書に費やす時間は二倍にもなる）。

経済的独立とは、経済的目標を達成するために、時間、資金、エネルギー、そして認知資源を進んで配分する人に属する。

流行に逆らう

しばしの間、アメリカ合衆国における有名メディアやソーシャルメディアの蓄財に関する記事はすべて正しいと仮定してみよう。つまり、医療や教育にかかる費用の増大、年金や退職基金の不足、企業が消費者の行動に影響を及ぼすことができるメカニズムの増大によって、ほとんどの人が自力で富を築くことができなくなってしまった、と。トップ一％、または一〇％（または何％か）だけがその場にとどまり続けることになるという考えを受け入れたとしたらどうなるだろうか。

そして、時流に逆らい、今日では基本的に不可能だと言われていることを独自にやり遂げようと決心するとした場合はどうなるだろうか。私は、多くの人たちが政府の助けや補助金や信じられないほどの幸運に恵まれなければ、自力で何かを成すのは不可能だと言っている世界において、一縷の望みをもってこれからの章を読んでほしいと願っている。そのためには何が必要なのか。内省を促すことは確かであろうし、より重要なことに、次のように富に関連する姿勢や行動に大きな変化が求められるであろう。

●富とはいかなるものなのか、そしていかに蓄えられるかということに関する数多くの神話を理解し、一掃しなければならない。経済的成功を手にした人を非難するのをやめ、そのかわりに自分独自のバックグラウンドや才能に基づいていかに成功を手にすることができるのかを検討しなければならない。

●今日、自分の周りにいるすべての人たち、そして大人になるなかで、周りにいた人たちが経済的な問題にどのように取り組んでいたかを検証する必要があろう。自分の両親たちの誤りを自分が繰り返す必要はないのだということを認識する必要があろう。より重要なことかもしれないが、周りにいる人々が自分の経済的な行動に与える影響の度合いを認識し、そのような影響が続くかどうかについて意識的な決断を下す必要があろう。

●住宅や車などの大きな買い物から、些細な買い物に至るまで自分の消費行動について考えなければならない。自分、そして自分の世帯がどこに「足場を置く」のかは、その他の主要な経済的判断に大きな影響を与えることになる。それらの購入判断が自分の経済的な目標全般に有効なのかどうか、スーパーリッチな人たち、またはよくあることだが大金持ちのふりをしたい人たちのマネをするために購入しているのかを判断しなければならないだろう。

●内省の一環として、財務に関するあらゆることについて自分の強みと弱みを自己評価しなければならない。自分独自の特徴が経済的目標を設定し、それを達成するうえでどう役立つのだろうか。経済問題に関連する目標を、自己改善のリストに加えなければならない。つまり、より集中し、より自信を持って経済的判断を下し、そしてより質素になることだ。

●自分で収入を生み出すことが必要となるが、それゆえ自分にとって仕事がどのような意味を持つのか、どこで、どのように、そしてどのくらいの期間、週に四〇時間超も懸命に働きたいと思うのか、または収入を生み出すために、浮き沈みは避けられないとしても自分で事業を起こすことができるのかどうかをよくよく考えなければならない。さもなければ、仕事に就いて早い時期から積極的にお金を貯め、三〇年余りの年月を九時五時（または八時六時）で他人に身を預けながら独自に早期退職を追い求めようとするであろう。

●最後に、そうして得た収入は投資をして増やさなければならないが、熟考の末にどのように投資をするのか、そしてどこでファイナンシャルアドバイスを求めるのかを決めなければならない。認知能力の資源の使い方についても、意識的に判断しなければならない。これらの資源、つまり自分たちの注意力や時間は再生できないものであるが、経済的自由を得るチャンスを増大させもすれば、稼いで使って、使って稼いで、というサイクルから抜け出せなくもするものである。

第2章　神話を無視する

「金持ちと見せて、無一文の人がいる。貧乏と見せて、莫大な財産を持っている人がいる」

――聖書箴言第一三章七

アメリカでは連邦政府、社会環境、そして経済市場が大きく変化したが、若者たちに対する過去二〇年にわたるアドバイスは次の一文にまとめることができる。つまり、長期にわたり富を築き、維持するためには、消費、貯蓄、収入の創出、投資といったすべての財務管理に対しては、周りにいる人たちとは異なる規律あるアプローチで取り組むことが必要である。そのためには、単なる信念や姿勢または性格ではなく、自ら行動を起こすことが必要である。前者の三つは自らの行動に影響を与えるが、つまるところ長期にわたり富を築き、富を増大させる能力は何を考えているのかではなく、何をするのかによって形づくられるのである。

現在のとなりの億万長者、そして未来の億万長者たちにとって、医療費の大幅な増大、または一九八四年から二〇一六年にかけて一五三％も増大した大学の学費[1]は何を意味するのだろうか。自ら思いどおりに富を築きたいと思っている現在、そして将来世代はこれら費用について考え方を変えなければならないということである。どの大学に通うのか、またはどの大学に通わないのか、またはどのようなキャリアを思い描くのかという問題でさえ、取り組み方を変える必要があろう。われわれは費用や連邦政府の政策、または金融市場をコントロールすることはできない。われわれがコントロールできるのは、好むと好まざるとにかかわらず、何を買うのか、どのように投資するのか、どのようなチャンスを追いかけるのか、そして自分たちのファイナンシャルライフに関するその他の側面だけである。

これらは明白な原則の上に成り立つ、基本的な、分かりきったことである。だが、多くの人々が富にまつわる神話を受け入れ続け、それゆえ自力で責任をもって富を築く可能性を低くしているという事実にかわりはない。

神話1――グループの一員である

自分の成功の可能性は自分の周りにいる人口統計学的特性が同じ人たちと変わらないと考えていると、独自の特性や実際に自力での成功を可能とする活力を見失ってしまう。過去には、

何が必要なのか

富を築くためには何が必要なのか。今日のアメリカでも富を築くことはできるのか。父は二〇一四年に経済的成功を次のようにまとめ、経済的に自立するために何が必要なのか、その要点を説明している。

メディアでよくもてはやされることとは対照的に、今日、わが国の経済にはお金持ちになるチャンスが歴史上最も多くあふれている。だが、それらのチャンスを生かすためには、私の著書『なぜ、この人たちは金持ちになったのか――億万長者が教える成功の秘訣』（日本経済新聞出版）で取り上げた経済的成功の公式の八つの要素を十分に理解することが重要となる。

①わが国の経済が見返りを与え続けるであろう主たる成功要因を理解しなければならない。つまり、勤勉、インテグリティ（誠実さ）、そして集中である。
②学歴によって経済的生産性が妨げられることがないようにしなければならない。
③いくばくかの個人的な財務上のリスクをとる勇気を持たなければならない。そして、

失敗を乗り越える術を学ばなければならない。

④優れた、儲かる職を選択しなければならない。つまり、好きな職業に就くことである。

⑤配偶者は注意深く選ばなければならない。経済的に生産性の高い人たちは成功に相応しい性格を持った夫や妻と結婚している。

⑥経済的に生産性があるように家計を切り盛りしなければならない。多くの億万長者が新しいものを買うよりも、修理したり補修したりすることを好む。

⑦家を選ぶ際は億万長者に倣う。学び、探し、そして積極的に交渉するのだ。

⑧バランスの取れたライフスタイルを送らなければならない。億万長者は何でも「安上がり」にすることを好む。そうすれば、家族や友人たちとの交流もさほどお金をかけずに楽しむことができる。

能力や知識やスキルではなく、肌の色や性別に基づいて特定のグループを阻害する法律が存在していた。これは五〇〇年前の話ではない。ほんの数十年前のことなのだ。

今日でさえ、異なる世代（これも生まれた年に基づくグループだ）の人のなかにはミレニアム世代のラテやアボガドトーストを笑う人もいれば、もっと前向きに、ベビーブーマー世代は二度とお目にかかれないと言う人もいる。グループに関するこのような一般的な結論は、マーケティングや政策の面では便利であるし、有効なのかもしれないが、富を築くために何が必要かを見いだそうとする場合にはあまり役に立たない。

そのような考え方がもたらす結果ははっきりしている。われわれすべてに言い訳を与えることになるのだ。自分が成功できない、または現在のような行動をとっているのはあれこれのグループに属するからだと非難する。「あなたはジェネレーションXの女性で、白人で、三人の子供がいて、既婚で、この地域に住んでいますので、ここに置きましょう」となるわけだ。

かつて賢明な女性教授が、教えていた心理学の大学院生に「グループ間よりも、グループ内のばらつきのほうが大きい」と言い聞かせたことがある。言い換えれば、われわれの心理や行動のばらつきは、二つの人口動態統計のカテゴリー間よりも、一つのグループ内（例えば、興味や性格や能力のばらつき）のそれのほうが大きいということだ。それよりも、第5章で記すとおり、長期にわたり富を築き、維持する能力に大きな影響を与えるのは、肌の色や生まれた時期ではなく、われわれの行動なのである。

民族性と意欲

『となりの億万長者』で焦点を当てた分野の一つが、先祖、つまり両親や祖父母の出身はどこなのかという問題があった。私が数年前に父の調査に加わった際、私はまず長期にわたって変化する特徴や変えることができた行動により集中するように導いていった。集団の帰属関係は記事や調査結果で報告するには簡単かつ関心を呼ぶものではあるが、われわれが変化し、成長し、成功する役にはあまりたたないのだ。

同じように、家族の生活を改善したいと願ってアメリカに移住した経験が自力で富を築いた第一世代のアメリカ人の能力に影響がなかったとは想像しにくい。アメリカにたどり着きたいという願いと活力は、彼らの民族性よりも、移民たちの成功について多くを語り得るものである。

次に挙げるアメリカにやってきたとなりの億万長者の例と、新たな国で一からやり直すという困難にもかかわらず経済的な成功を収めることができた彼の行動と選択とを考えてみてほしい。

私は移民第一世代で、七歳のときにアメリカにやってきました。私の家庭は貧しかったのですが、衣食に事欠くほどではありませんでした。私が通った高校にはアドバンストプレイスメントのクラスはなく、新入生のおよそ半分は卒業しませんでした。幸運にも、私は教育の価値を認識していたので、カリフォルニア大学に進むことができました。

私はコンピューターサイエンスを専攻したのですが、そうした理由の一つが就職の見通しにありました。一九九六年に卒業して最初に得た仕事の給料は年収三万八〇〇〇ドルでした。経済が急成長したので、私の給料も増えました。家は比較的安く、サンフランシスコの一九万二〇〇〇ドルのコンドミニアムを一〇％の頭金を払って買いました。二〇〇〇年、ニューヨーク市の大きな投資銀行での素晴らしい仕事に恵まれました。最終的にニューヨークで一二年働くことになります。給料はかなり良かったのですが、非常識というほどではありません（年収の平均はおそらく二〇万ドル）。

私は抜け目なく投資をして、昨年「引退」を決意し、オレゴンに移りました。賃貸収入で月におよそ三〇〇〇ドル、さらに配当が月に三〇〇〇～四〇〇〇ドルあります。ＩＲＡ（個人退職年金）があって、そこで月一五〇〇ドルの配当があります。現在四一歳ですが、もはや働こうにも働けません。

注記　現在は車を所有しておりませんが、私が今まで買った一番高い車は二二〇〇ドルでした。腕時計は持ったこともありません。靴に二〇〇ドル以上かけたことは一度もありません。


この個人の物語が、彼の職業倫理や消費行動、最終的には経済的な成功に大きな影響を与えなかったと想像するのは難しい。

アメリカに移住する？　それは第一歩にすぎない

もちろん、アメリカに来るだけではすべてがかなうわけではない。アメリカに来たすべての人が、ここに住むわれわれ同様に、アメリカでわれわれが享受している自由は懸命に働き、事業を起こし、望むような人生を送る機会を与えてくれると実感するわけではない。父が数年前に書いた次のエッセーでも分かるとおり、アメリカの道路は金（ゴールド）で舗装されているわけではないのだ。

ナターシャは「アメリカでの暮らしはどうですか」という質問に答えるために三〇分間ノンストップで話し続けた。ナターシャ・「コンプレインスキー」ことナターシャのアメリカでの暮らしは幸せなものではない。美容師で、カットチェアを借りている個人事業主である彼女と、硬材の床を張ったり、補修したりしている彼女の夫は二〇〇四年にロシアからアメリカに移住してきた。二人ともやがてお金持ちになると考えた。だが、それにはほど遠い。二人が、計六五兆ドルとも言われるアメリカの巨額の個人資産に関する見出しばかりを読んでいることは明らかだ。フォーブス四〇〇で取り上げられるような億万長者を忘れてはならない。ロシアの報道でも、何百万ドルも手にしたプロスポーツ選手や企業幹部や大学学長を取り上げられていた。

ナターシャは、およそ五七万五〇〇〇ドルというアメリカの世帯の平均純資産に対するＦＲＢ（米連邦準備制度理事会）の見積もりにより強い衝撃を受けていたのかもしれない。彼らが移住する以前でさえ、四〇万ドル以上あったのだ。彼女と夫はアメリカに定住すればすぐに富を生み出して、より良い生活ができるようになると考えていたのだ。コンプレインスキー婦人、ご注意を。アメリカの世帯の純資産の中央値は八万五〇〇〇ドルで、五七万五〇〇〇ドルという平均値のおよそ一五％にすぎないという事実を忘れている。そして、収入の中央値は一〇〇万ドルどころか、コンプレインスキー夫妻が稼いでいるよりもわずかに多い五万二〇〇〇ドルほどなのだ。年に五万ドルで億万長者になるのは容易ではない。[2]

ナターシャは、自宅の市場価値にも落胆している。彼らは不動産市場が暴落する直前に、すぐに市場価値が上がるだろうと思って、わずかな手付金を払って購入した。だが、今日の実勢価値は購入価格の七〇％である。実際のところ、好況期でさえ、現実の住宅の値上がり幅はほとんどの人たちが予想するよりもはるかに小さいのである。

コンプレインスキー夫妻は多くの努力や規律や犠牲を払わずとも、アメリカでは簡単に富を手にできると考えるという誤りを犯したのだ。最も幸運な移民を除けば、それもまた神話にすぎないのだ。

神話2――収入＝富

第1章で強調したことだが、収入と富という二つの概念がよく誤って受け取られていることを肝に銘じるべきである。収入が増大するにつれて消費を増やす人たちは、それが同じものだと思い込んでいるのだ。そして、この神話を信じることで、実際には本当の億万長者たちよりも買い物で無駄使いしているだけなのに、お金持ちに見える人たち（高級車を乗り回す隣人や二〇〇ドル以上もするジーンズをはいている友人）が裕福だと誤った認識を抱いてしまうのだ。

父はかつて「多くの親たちばかりでなく、学生も先生も多くの物書きもリポーターも政治家たちも学校に通い直す必要がある。収入と富とを混同しているのだ」と記した。収入と富は同じであると多くの人たちが思っている。実際に、タックスファウンデーション[3]ですら、純資産ではなく、納税額という点から「億万長者」について議論をしているのだ。

富という言葉を使うとき、われわれは世帯の純資産、つまりすべての資産からすべての負債を差し引いた額を指している。世帯の収入は簡単に定義している。つまり、実収入とは個人の所得税申告書に記載される、または記載されるべき金額のことである。これら二つの用語が混同されることで、多くの経済的・社会的トピックについて誤った結論が出されている。この混同は、われわれが財政的・経済的独立を達成しようとしているときに注意を払う指標や数値を歪めてしまうという実務的影響がある。

億万長者の収入はその富の八・二％にすぎない

数年前、三六歳のイギリス人と彼の妻は多額の借金をして購入した住宅が暴落し、純資産がマイナスとなって、クレジットカードだけでも六万ドル以上の負債を抱えていた。今日、このカップルはおよそ二万ドルのプラスの純資産を有している。このイギリス人は負債の返済に困難を極め、多くの犠牲を払ったと説明する。二人はそれを成し遂げたことを心から誇りに思っている。だが、それにもかかわらず、イギリス人夫婦は落ち込み、「落胆し、二人とも懸命に働いてはいるがお金持ちになれるとは思えない」と言う。

自分たちはけっして裕福にならないだろうと考えている人々はその予言を実現させてしまうものだ。父は、かつては究極の収入型（ＩＳ）富裕層クラブのメンバーであったイギリス人に、となりの億万長者タイプになる素晴らしいチャンスがあり、典型的なとなりの億万長者は五七歳（当時）だと説明した。このカップルが多額の負債を返済した際に示した意欲と規律こそがそれを物語っている。同様の意思の力は少なくとも収入の一五％を貯蓄と投資に回そうとする際に有効である。

では、典型的なとなりの億万長者クラブのメンバーとしてどのような状況を求めるべきであろうか。

①第1章の富の公式に注目すること、実際の純資産はそれによる推定価値の二倍以上である。
②住宅の市場価値は純資産の二〇％以下である。
③負債は純資産の五％以下である。
④年間の所得税は純資産の二％以下である。
⑤年間の実収入合計は純資産（中央値）のおよそ八・二％、言い換えれば一〇〇ドルの資産に対して八・二〇ドルの収入があるに等しい。

父の調査で判明したこの八・二〇ドルという数値は、ほかの研究者たちの研究結果にかなり近い。例えば、財務省が採用した三人の学者は、三万六三五二件の連邦相続税の申告書を通じて二〇〇七年に亡くなった億万長者たちの富の特徴と、生きている間の彼らの収入とを比較した。これらの億万長者は、結婚し、年齢も七〇歳に満たない（私の父が調査したとなりの億万長者の大半と同様である）が、純資産一〇〇ドル当たり八・四五ドル相当の実収入を得ていた。この数字は、父の調査で判明した金額（八・二〇ドル）と三％も違わなかった。[4]

収入と純資産が互いに関連する要因であることはもちろんだが、それらは同値ではない。経済的健全性や進捗具合を評価するためには、それぞれ異なる方法で用いられるべきである。

神話3――何に乗り、何を買い、何を着ているのかで人の財産を判断することができる

だれもが「お金持ち」について意見を持っているが、それはメディアやある政治勢力が自分たちの目的のために流布する話に大きな影響を受けている。富を生み出すためには何が必要なのか、またはお金持ちは自分たちのお金をどうしているのかという富にまつわる神話を一掃することが、私の父が人生を賭けて行った研究の重要な点であった。父はそのような神話を無邪気に信じている人たちのケースを通じて神話をよく説明していた。例えば、レンジャー・X・リッチを取り上げてみよう。これは父が二〇一〇年にアトランタ近郊の国立公園で会った人物の仮名である。リッチ氏に関する父の考察は、富に関する神話にしがみつくことの弊害、そしてお金とお金を持っている人とお金を持っていない人に関する誤った思い込みが、自分の経済的な独立を追い求める際の満足度や努力にどのような影響を与えるのかを説明するものである。

自然保護区に隣接する大きな駐車場から歩きだしたとき、最初に森林警備隊員に気づいた。

彼がちょうど反則切符帳を開いているときに、妻が私に「あなた、駐車券をダッシュボードの上に置いてきたの」と聞いてきた。私はそうしていなかった。駐車券はコンソールのなかだ。そこで私は警備隊員に「急いで戻って駐車券をダッシュボードの上に出してきたほうがいいでしょ。でないと、駐車違反のチケットを切るよね」と言うと、彼は笑って駐車場を指さしながら、車種を尋ねてきた。私は「トヨタのフォーランナーだ」と答えた。それから彼が言ったことにわれわれは驚いた。「たぶんトヨタ車の近くにはいきませんよ。トヨタ、フォード、コルベットに乗っている人のほとんどは三ドル支払って駐車場を利用しますよ。いつも支払わないのは、メルセデスかBMWかジャガー、最悪でもレンジローバーに乗っている連中ですね。私はこの仕事を長いことやっていますが、この国でお金を払うのは労働者ですよ。お金持ちは税金を払わないし、駐車料金も支払いませんね」

われわれの実証研究ではお金持ちの駐車の習慣は取り上げていない。それゆえ、高級メーカーの車に乗っている人が駐車料金を支払うという考えを一蹴する可能性が最も高いというレンジャー・X・リッチの仮説が正しいのかどうかは分からない。だが、興味深いのはレンジャー・X・リッチはそのような高級車に乗っている人々は定義上「お金持ち」だと言っていることである。しかし、父が『〝ふつうの億万長者〟徹底リサーチが明かす　お金が〝いやでも貯まる〟5つの「生活」習慣』（イースト・プレス）で指摘したとおり、高級車に乗っている人の八六

％は億万長者ではない。それゆえ、高級車に乗っている人の多くは駐車料金を支払ったり、レストランのウエーターやキャディーにチップをあげるだけのお金がないのかもしれない。

お金持ちに見える車に乗るのか、お金持ちになるのか

レンジャー・X・リッチは切符を切りながら「お金持ち優遇のシステム」を信じていた。彼は、お金持ちは税金を支払わず、また駐車料金も支払わないと考えているので、切符を切る際にまずは高級車を探していたのだ。そして、レンジャー・X・リッチは、お金持ちは高級車に乗っていると信じていたのだ。だが、父のブログと『〝ふつうの億万長者〟徹底リサーチが明かす　お金が〝いやでも貯まる〟5つの「生活」習慣』で指摘したとおり、「億万長者が最近購入した最も高価な車の値段の中央値はたった三万一三六七ドルであった。デカ億万長者が支払った代表的な価格は四万一九九七ドルである……多くの億万長者はいわゆる大衆車に乗っているのだ」。われわれが最近行った研究では、億万長者が直近で購入した自動車の中央値は三万五〇〇〇ドルだった。

だが、レンジャー・X・リッチは多くの人たちと同じように純資産ではなく、収入を基準にお金持ちを定義している。車に乗る人の多くが、高級車を手にすることで自らの社会経済的成功を誇示する必要があると考えていることも確かである。彼らの多くは、高収入を手にした人は高級車に乗るものだと考えているのかもしれない。それに呼応するように、より大衆的なメ

ーカーの車に乗っているのは平均的な収入の証である、と。だが、車のステータスとそれを運転している人の収入との間にはまるで相関関係が見られないことを確たるデータが示している。実際に、高級車に乗っている人の多くが、収入の面でも、純資産の面でも大きな経済的成功を収めた人と呼ぶに値しないのである。

同じように、フォーブス・コム[5]に記事を寄せているジョアン・ミューラーは「ホワット・ザ・リッチ・ピープル・リアリー・ドライブ（What the Rich People Really Drive）」というタイトルの記事を書いた。彼女は純資産ではなく、収入を基準にお金持ちを定義しているのだが、「最も裕福な人々が高級メーカーの車を買う可能性が最も高い『世帯所得が二五万ドルを超える人の三九％が高級車を買ったのに対し、年一〇万ドル以下の人は八％』……二五万ドル以上稼いでいる人々の六一％は高級メーカーの車をまったく買おうとしないのだ」。

彼女の分析は、高収入の世帯が高級車に乗る可能性が最も高いことを示している。しかし、高級メーカーの車に乗っているからといって、必ずしもその人が高額所得者、ついでに言えば大きな純資産を有しているとは限らないのだ。

だが、二〇一二年に父が記したとおり、「年間の実収入が二五万ドルを超える世帯は二五〇万、全体のおよそ二・二％と見積もっている。『お金持ち』の三九％が高級車を買うというミューラー女史の推定を用いると、その数はおよそ九七万五〇〇〇世帯となる。だが、残念ながら、この数字は高級車に乗りながらも、年間所得が一〇万ドルに満たない世帯よりもはるかに少ないのだ。年間収入が五万～一〇万ドルの範囲にある世帯はおよそ三〇〇〇万である。三〇〇〇万の八％は二四〇万世帯で、彼らは高級車を買いながらも、いわゆるお金持ちではない。この二四〇万世帯という数字は、高級車を買ったお金持ち世帯のおよそ二・五倍にもなる」[6]

高級自動車メーカーを支えているのは、偽富裕層や見栄っ張りということができるのではないだろうか。

現在、われわれが行っている調査だけでなく、二〇〇七年から行っていた一五九四件の高収入で純資産が多い世帯に関する調査においても、自動車にかける金額を予想するには純資産（富）よりも世帯の年間実収入のほうが優れていた。二〇〇七年、二〇万ドル以上の収入があった回答者の四八・五％が直近で購入した自動車に三万二〇〇〇ドル以下しか支払っていない。五〇万ドル以上の収入があった人の三分の一以上、つまり三五・九％は三万二〇〇〇ドルしか支払っていない。二〇万～五〇万ドルの収入がある人の半分以上の五四％が支払った金額も三万二〇〇〇ドル以下であった。

神話4――「お金持ち」は公平な分担金を支払わない

レンジャー・X・リッチが「お金持ち」を嫌うのには仕事に関連した別の理由がある。彼は、お金持ちはアメリカで税金を公平に払っておらず、自分を雇っている州が徴収する税収が減少

わがクラブにはふさわしくない

『となりの億万長者』から得られる不朽の教訓は、億万長者は「お金持ちのふり」などしないということだ。二〇一一年に父が書いた次の記事は、億万長者は高い服を着ないことが多いというコンセプトに今一度焦点を当てたものである。

富裕層やとなりの億万長者タイプの人々をターゲットにすることは、今日助言業を営む人たちにとって変わらない方針である。だが、そのような人々を対象とする人すべてが成功するわけではない。となりの億万長者タイプの人々のニーズに最もうまく応えることができるのはどのような人たちであろうか。それは人格形成期に次のような人々と接した経験のある人たちであることが多いのだ。

ファンドマネジャーとして成功しているトニー・シューマンは幼少期に、目立たないとなりの億万長者と偽富裕層との大きな違いに強い刺激を受けた。シューマンは一〇歳のころに新聞配達をしていた。彼はこう述べている。「ブルーカラーの人たちはいつもその場で支払ってくれるし、チップもくれた。『対照的に』とある弁護士の女性は私に五五セントの新聞代を払う気を起こすまでに二〇分以上も家のなかを駆けずり回るのだ。彼女も彼女の夫も働いていたのだが、チップは一度もくれたことがなかった」

後にシューマンは私と同じようにキャディーとして働いた。ゴルフ場で見かける人たちに関して彼は私と似たような印象を抱いた。『〝ふつうの億万長者〟徹底リサーチが明かす　お金が〝いやでも貯まる〟5つの「生活」習慣』で、パブリックコースで私がキャディーを務めた自力で億万長者となったブルーカラーの人たちは、会員制のカントリークラブで私がキャディーを務めたグルーピーよりもかなり気前良くチップをくれた。本当に惜しみなくチップをくれたものである。シューマンは次の体験を教えてくれた。

今になって振り返ると、ビジネスについてはビジネススクールで学んでいた時間よりもゴルフ場で多くを学んだと思います。自力で成功した人たちはみんな気前良くチップをくれ、大学に通いながら働いている私をいつも励ましてくれました。会員の一人で、師とも呼べるR氏は大きな建設会社を経営していて、クラブの建設費用の半分以上を融資していました。コネチカットの冬は寒いので、彼は夏の間に二倍仕事をしなければなりません。彼は仕事があったので、土曜にほかのメンバーとゴルフをすることはできませんでした。R氏は土曜の午後にクラブに来てテラスでビールを飲むのですが……彼一流の「となりの億万長者」ユニフォームとも言えるカーキズボンに安全靴を履いていました。ある日、新しいメンバーの奥さんでクラブの長老格を気取っていた人物が、R氏がテラスでビールを飲んで、タバコを吸っているのを見かけました……彼女は彼に向かって、単なる労働者にすぎないあなたがテラスに座ってビールを飲んだり、タバコを吸ったりする権利などないと金切り声を上げたのです。彼女が放った最後の爆弾が……「あなたは自分をだれだと思っているの、ここは自分のものだと思っているの」。R氏は静かにこう答えました。「九分どおりね、奥さま、九分どおりです」。当然ながら、彼女は「マネジャー」に詰め寄ったのですが、やがてマネジャーはR氏は実際にクラブのおよそ七五％の株式を所有していて、これ以上質問があるなら、彼と直接話をするよう伝えたのです。

しているのは彼らのせいであり、翻ってそれが予算の削減と自分の職務内容の変更を余儀なくさせているると考えているのだ。

ここで、リッチ氏が「お金持ち」は税金の公平な分担をしていないと考えている理由を理解するうえで、収入と富に関する神話が役に立つ。第一にリッチ氏は高級車と富とを混同していた。ただし、彼は収入について語っていたのかもしれないが、それでも間違いである。レンジャー・X・リッチがもう少し賢ければ、金庫のなかのお金や年間収入のほんの一部で高級車を買うことができる高収入のお金持ちたちが支払う税金に考えが及んだことであろう。

所得税――高くつく別の科目

バークシャー・ハサウェイの会長兼CEO（最高経営責任者）であるウォーレン・バフェットは、収入を富に転換することに関しては最高の存在である。彼はどのようにそれを行ったのか。賢明なる投資に、高いインテグリティや広く知られる質素なライフスタイルが合わさって、と言うかもしれない。消費に関して、彼は伝統的な中西部の価値観を有しているように思われる。膨大な富を持つにもかかわらず、彼は比較的質素な家に暮らし、アメリカ製の自動車に乗っている。ほかにもある。父が『となりの億万長者』で述べたように、「億万長者は消費が増えれば増えるほど、実現させなければならない収入が増えることを知っている。実現させればさせるほど、所得税に充てなければならないお金が増える。それゆえ……重要なルールを忠実に守らなければならない。富を築くためには、課税対象の実現収入を最小化し、未実現収入（富、またはキャッシュフローの伴わない資本増価）を最大化すべきである」。

スーパーカーを買い続ける効果

『〝ふつうの億万長者〟徹底リサーチが明かす　お金が〝いやでも貯まる〟5つの「生活」習慣』で父は「マルチピンスキー」氏なる人物を紹介しているが、彼は父の調査書の余白に次のように走り書きをしていたのだ。「持ってるフェラーリは一台じゃない、三台だ！　……ロレックス？　三つ以上は持っている……ブライトリング、カルチェ、モバード、オメガ、タグ・ホイヤー……ワインのコレクションは二〇〇〇本だ」。「華麗なお金持ち」クラブのメンバーであるマルチピンスキー氏がどうして自らの経済的な成果を恥ずかしげもなく語るのかを父はこう説明している。彼は「赤貧の労働者階級である自らの家庭環境から自分を切り離す……強烈な欲望を持っている……一世代で大いに成り上がった人ほどステータスシンボルに多額のお金を費やす傾向にあるのだ」。父はこうも言っていた。

マルチピンスキー氏の最初の正規の職は営業だった。彼はあっという間に成功した。彼は学費の一〇〇％を「手数料……歩合手数料だけ」で支払ったのだ。彼が最初の家を買ったのは二一歳のときで、純資産が一〇〇万ドルを超えたのが三二歳のときだった。彼はまだ三〇歳に満たないうちに、会社から経営側に回らないかと誘われたのだ。

マルチピンスキー氏は一〇〇％自力で成功したのだが、同時に金遣いが荒かった。たくさん使うためには、たくさん稼がなければならない。そして、たくさん稼げば、たくさん納税することになる。一つの例として、マルチピンスキー氏が三三万ドルのフェラーリを現金で購入したケースを考えてみよう。彼が連邦税、州税、そして地元の所得税を支払うとしたら、このような買い物をするために彼は一体いくら稼がなければならなかったのだろうか。このフェラーリを現金で買うために六〇万ドル（六〇万ドル×彼の税率五五％＝三三万ドル）を稼がなければならなかったのだ。残りの二七万ドルはアンクル・サムと州の親族に渡るのだ。『となりの億万長者』で記したとおり、華麗なお金持ちは、「真の愛国者だ……大きな収入（巨額の納税）がこの手の愛国心に贈られる新しい勲章を作るのだ[7]」。

この国には、華麗なるお金持ちに属する人々が果たしている重要な役割を理解していない人があまりに多い。わが国のマルチピンスキー氏たちは税金を公平に払っていないと考えている人もいる。自力で成り上がった華麗なるお金持ちなどいないと考えている人さえいる。それは、だまし取ったか、相続したか、だと。この信念こそが、野心あふれる政治家たちの攻撃材料となるのだ。

ここで一息ついて、次のシナリオを考えてみてほしい。ある日、華麗なるお金持ちカップルが豪華な山荘で長い週末を過ごそうと決めたと想像してほしい。彼らの最高級フェラーリを駆るには素晴らしい。二〇一三年のジャスティン・ベルコウイッツによる『カー・アンド・ドライバー・マガジン』の記事にあるとおり、カップルがリゾート地に近づくと、彼らの車とほかの「高級車は路肩に寄せられ、運転手たちは内務省の役人が納税記録を調べている間、シートにきちっと座っているよう指示された。六台に一台――全部で四二台――はスーパーカーを所有するには不十分な年収しか申告していない人が運転していたのだ……血気盛んな税務署の職員は検問所を設置し……フェラーリのオーナークラブの集まりにふと顔を出したり……いまや政府は高額の買い物をした人の納税記録を自動でチェックできるようにしているのだ」[8]

これは二〇一三年にイタリアで実際にあった出来事だ。「チェックポイントカルロ――税務職員がどのようにスーパーカー市場を締め上げたか」というベルコウイッツの記事のタイトルが示すとおり、ほかの階級に対する妬みは政治的に利用されている。このシステムをアメリカで採用したらどうなるだろうか。われわれは「高級ブランド」の市場を失うばかりでなく、追跡されることに辟易するであろうし、マルチピンスキー氏たちは三三万ドルのスポーツカーを何台も買わなくなるかもしれない。結果として、彼らはこのような成功の証しを買うために高額の課税収入を生み出し続けようという思いを抱かなくなるかもしれないのだ。
　華麗なるお金持ちを嫌うのではなく、彼らに敬意を示そうではないか。多くの人たちが、連邦と州のさまざまな税金に自分たちが稼いだ収入の五〇％近くを払ってくれているのだ。興味深いことに、アメリカの世帯の五〇％がまったく納税していない。だが、スーパーカーを買うには収入が少なすぎることをイタリアの警察に発見されたこの四二台中六台の運転手はどうだろうか。そのほとんどまたは全員が多くの資本で生計を立てているなどということがあり得ようか。

　典型的なとなりの億万長者の実収入は自らの富の八・二％（中央値）相当である。だが、純資産に対して収入を最小化することについてバフェット氏ははるかに優れている。二〇一二年のフォーブス四〇〇のリストによれば、バフェット氏の純資産は四六〇億ドルであった。CNNマネーは二〇一〇年の「彼の課税所得は三九八一万四七八四ドル」であったと伝えている。[9]これは純資産に対してたった〇・〇八七％に相当する。読みかえると、典型的なとなりの億万長者の純資産に対する実収入（八・二％）は、バフェット氏のそれよりも九五％（八・二％÷〇・〇八七％）近く多いのである。

この純資産に対する所得税という計算で別の例を考えてみよう。典型的なとなりの億万長者は毎年純資産の二％（中央値）ほどに相当する所得税を支払っている。だが、ここでもバフェット氏は所得税を最小化することにかけてははるかに上を行っている。ロイターによれば、彼が「二〇一〇年に支払った連邦所得税は六九〇万ドルにすぎなかったのだ[11]」。

金額だけ見れば、六九〇万ドルという所得税は巨額なように思えるかもしれない。だが、バフェット氏の純資産に対する納税額に目を向けてみよう。つまり、四六〇億ドルの富に対する六九〇万ドルの割合である。この比率では、彼は純資産のたった〇・〇一五％相当しか支払っていない。これと、一般的なとなりの億万長者が支払った二％を比較してみればよい。その割合はバフェット氏のそれよりも一三三倍も多いのだ。実際に、バフェット氏が同じ比率（二％）で課税されたら、彼は財務省に九億二〇〇〇万ドルという一〇億ドル近い額を支払うことになる。公平に税金を支払わないのは非国民だとあなたは言うかもしれない。だが、バフェット氏はこの点については特別な免罪符を手にしている。それはなぜか。彼は自分の資産の大部分を崇高なる目的に充てることを宣言しているのだ。フォーブスによれば、彼はすでに寛大さを示しているという。「彼は二〇一二年七月にゲイツ・ファウンデーションに一五〇億ドルを提供し、これで寄付の総額は一七五億ドルとなった……八月には保有する株式三〇億ドル分を子供たちの財団に寄付することを誓約したのだ[11]」

こうすることで彼の課税所得のすべてとは言わないまでも、ほとんどが長期のキャピタルゲイン――長期にわたって保有した資本資産の処分によって実現したもの――となり、連邦所得税率も低く優遇されることは確かである。

自らの資産が生み出すお金を効率的に分配できる可能性がより高いのは連邦政府だろうか、それとも見識ある慈善団体であろうか。答えはお分かりであろう。そして、バフェット氏もお分かりのはずだ。

神話5――お金持ちになれないなら、お金持ちを非難してもかまわない

われわれがこれまで受け取った手紙やｅメールの多くは、自分たちが経済的に恵まれていないことをほかの人のせいにする人々のものが多く、次のようなコメントが寄せられている。

毎年ファンドマネジャーにポートフォリオの三％を支払わなかったら、私は本当にお金持ちになっていただろう。彼は毎年お金を稼いでいたが、私はそうではなかった。

高校をドロップアウトした私の二八歳になる兄は今でも実家暮らしで、祖母の資産の九〇％を受け取った。私はＭＢＡ（経営学修士）を持っているが、何の役にもたたなかった。

ママやパパが言ったとおり、ファインアートではなく、ビジネスを専攻しさえしていればよかった。

経済的に成功している人々のほとんどが逆境をバネにする方法を知っているのだ。彼らは、不利な立場や失敗、偏見や縁故主義、「間違った判断」や運の悪さを生かす方法を学んでいるのだ。彼らは不運な状況をあれこれ悩むことはせず、自らの感情的なエネルギーを腹立たしいことではなく、成功することに仕向けているのだ。多くの億万長者が、親戚や先生や勤め先や相談料の高いファイナンシャルアドバイザーやメディアによる「間違った判断」と、数えきれないほどの公平な判定を経験したことが自分の大きな成功につながっていると語っている。または、遺産を手にすることができなかったとある大富豪は最近次のように述べている。「自分の両親が間違った馬に賭けていることを証明しようとしたのだ」

学習性無力感、つまり、何をやっても無駄だという考えが富を築くうえで大きな妨げになりかねないのだ。われわれは、自分たちの仕事に責任を持つのはだれかという考えが、長期的に富を築き、維持することに関係があることを目にしてきた。多くのサンプルを通じて、自分自身の行動が最終的な経済状況に影響を与えると考え、行動するという特徴がその人の収入や年齢に関係なく純資産に関係していることが分かる。[12]自分自身が経済的成功に影響を与えることはほとんどできないと考えている人の多くは、経済的にはあまり有効でない行動をとることになる。[13] 実際に、神話を信じることが長期的な経済的成功にかなりの弊害をもたらすのだ。

だが、アメリカにおける経済状況に対するいわゆる「解決策」の多くは、根本的に連邦政府による規制や統制を伴う。マスコミや評論家などの話を聞くと、彼らの解決策は統制を念頭に置いていることが多い。政治的に右か左かにかかわらず、個人がお金持ちになる方法を規制できると考えているようなのだ。それよりも、われわれは目標の達成は家のなか、心のなかから始まるものであり、まずは姿勢を変え、その結果として行動（こちらが先に代わることもあるが）を変えることであると主張する。自分や自分の家族が常に現状に挑戦すること、消費に明け暮れる他人など気にしないこと、そして時間とエネルギーを経済的、またはその他の目標に集中させることである。

もう少しレンジャー・X・リッチの話をしよう

駐車監視員に話を戻そう。レンジャー・X・リッチは以前からずっとアウトドア派であった。それが、彼が州の自然保護官の職に就いた主たる理由である。直近の景気後退が起こる以前は、彼は広大な公園や森林のパトロールを任されていた。彼は自分の仕事を愛していた。州の天然資源を守る職にあることにプライドを感じ、自尊心を高めていたのだ。だが、二〇〇八年に不景気になるとすぐに、レンジャー・X・リッチの状況は変わってしまった。予算の削減と採用の凍結によって彼の役割は変わってしまった。今日、彼はもはや広大な敷地をパトロールすることも、狩猟法の違反者を狩りだすこともない。今日、彼はモニターを眺め、駐車場をパトロールし、駐車料金を支払わない人に切符を切る役割を任されている。時に駐車場のブースを受け持って、駐車料金を集めることもある。

いまやレンジャー・X・リッチは自分の仕事を嫌っている。だが、彼が州の仕事を続けたいと思えば、この駐車場関係の仕事を受け入れなければならないことは分かっている。彼の心のなかでは、仕事で満足を得られない根本的な原因は景気後退にあるのではないかと考えている。レンジャー・X・リッチによれば、不況は「お金持ち」が引き起こしたのだ。彼は「お金持ち」の定義を詳細に述べることも、彼らがどのように不況を引き起こしたかを詳しく述べることもなかった。彼はただ、自分の役割の変化はつまるところお金持ちにその責任があると確信していたのだ。彼がもはや「天然資源の守り人」でないのはお金持ちの誤りのせいだったのだ。彼は本質的に駐車場係、そして「もぎり」となってしまった。彼は仕事に不満を覚え、お金持ちに腹を立てる人物だと特徴づけられる。

レンジャー・X・リッチは、継続教育プログラムを受講することで自分の職業技能を改善させようとしたことは一度もなかった。彼は自分をもっと売れる人物にすることができたはずである。木々や森をそれほど愛しているならば、森林管理や森林農業などの夜学に通うこともできたはずだ。彼の住む地域にはそのような学科を提供する大学がいくつかある。学校に戻ることで、それらの分野での欠員を満たそうとする会社で働いているクラスメートと交流するチャンスが得られるのだ。

レンジャー・X・リッチと彼の妻には、二人とも働き始めたときからブルーカラー富裕層のメンバーになる優れたチャンスがあったのだ。だが、このブルーカラーのカップルは、収入型（IS）富裕層であるかのような道を選んだのである。下位中産階級に属する職業的地位や学歴や関連する社会経済的特徴を考えれば、この労働者階級の共働き世帯はしゃれた地域の高価な家に住むことは「社会的に求められて」いなかった。彼らは高価な服を着て働くことも社会的に求められていなかった。社交の場で着飾る必要性もなかった。諸経費の低さを考えれば、彼らの世帯は二人が働いて得る毎年の実収入の二〇％を容易に貯蓄や投資に回すことができたはずだ。だが彼らは異なる方向に進んでいた。つまり、予算なし、財務計画なし、自分たちを高めるための投資なし、だったのである。

神話6――自力では成功できない

おおよそアメリカはいまでも宗教や肌の色、または移住してきたのが昨日か二五〇年前かに関係なく、事業を立ち上げ成功することができる国である。会社務めでも自営業でも、何らかの財や価値あるサービスを生み出すことができるのなら、アメリカで成功するチャンスはある。この自由がすべての国々の人々をアメリカに引き寄せ続けており、三億一一〇〇万人の市民のうち、およそ一三％が移民第一世代のアメリカ人である。[14]
アメリカにどれだけ長く住んでいるか、どこの国の出身かにかかわらず、富に関して答えるべき重要な質問は次のとおりである。

●収益を生み出す価値ある何か（財またはサービス）を作り出すことができるか、そしてそれを成長させるために、生み出したお金を蓄え、投資することができるか。
●スキルや経験を生かして、安定的に貯蓄し、満足を得られるようなキャリアを構築することができるか。
●規律をもって貯蓄をし、また市場（労働市場、金融市場）がどのように変化しているか、長期的に自分のスキルがどのように変わる必要があるのかを理解するだけの意識が持てるか。
●消費主義やメディアの雑音を無視できるか。

民族や人種や宗教や性別にかかわらず、だれもが自らの知識やスキルや能力やほかの特徴を生かすことで、仕事を通じて価値を付加したり、自らの事業を始めたりすることができる。だが、多大な努力と規律は必須である。手にしているカードが不利なものならばなおさらのことである。

収入の不公平についてはよく話題になるテーマである。アメリカの収入のある世帯の下位五分の一が全体の収入に占める割合は漸進的に減少しており、一方で上位五分の一が占める割合は増大を続けているのも真実である。

では、メディアが伝えるように、「お金持ちはますます富み、貧しい人はますます貧しくなっている」というのは本当だろうか。一九九六年同様、今日でもマスコミを含むほとんどの人々が収入と富とを混同していることに注意されたい。アメリカは経済的チャンスにあふれた国のはずである。それが今でも真実であることをわれわれのデータが示している。収入の上位と収入の下位の変動は事実である。だが、二〇年前に最下位のグループに属していた人すべてが今もその地位にあるとは限らない。わが国における社会的流動性は非常に大きなものがある。一世代の間でさえ、人々はこの流動性に直面し、上がったり下がったりする傾向にある。それが幾世代にもわたれば、さらに顕著なものとなる。遅すぎたことに気づく両親が数多くいる一方で、自力で億万長者となった人たちの子供のほとんどは両親の成功を繰り返すことはない。

それでもなお、多くの人たちが、富は確実に受け継がれるはずであり、より豊かになった人たちはただ贈与や富の移転を受けただけであると主張し続けている。この主張に反して、億万長者の八六％が前年の収入のうち贈与や相続や信託ファンドから受け取ったものはゼロ％だと答えており、そのような移転によって受け取った富は自らの純資産の一〇％にも満たないと答えた人は八六％を優に超える。[15] 実際に、一九九六年と同じように、ほとんどの億万長者が自力で富を築いたことをわれわれのデータは示している。

アメリカの叩き上げ

自力で富を生み出すことはアメリカでは特に新しい流行ではない。経済学者のスタンリー・レベルゴットによれば、一八九二年に行った億万長者に関する研究でその八四％が富裕層第一世代であることが判明したという。われわれの研究結果もスティーブン・G・ホロビッツ教授のそれと軌を一にするものである。彼は「アメリカは貧富の格差拡大に苦しんでいる」と主張する経済学者たちに反論している。お金持ちか貧しいかという運命は、非民主主義国家の多くにおけるそれのように微動だにしないものではない。ホロビッツが述べているように、「米財務省のデータによれば、一九七九年に下位五分の一に属していた世帯のうち、なんと八六％もが一九九八年までに貧困を脱していたのである」。彼が言う下位五分の一は「新たに形成された世帯で……最近高校を卒業した人たちや新たな移民……収入の階段の第一歩を記した人たち[16]」からなっているのである。

実際の富（収入を代わりに用いるのではなく）について、アメリカの億万長者のうち少なくとも八〇％が叩き上げであることをわれわれは一貫して見いだしている。二〇〇五年と二〇〇六年に収集したデータを用いた『〝ふつうの億万長者〟徹底リサーチが明かす　お金が〝いやでも貯まる〟5つの「生活」習慣』において、億万長者のおよそ四人に一人（二四％）は自分の父親はブルーカラーの労働者（最も多くの億万長者を生み出した職種）であったと答えてい

アメリカ――今なお自力で億万長者になれる国

『となりの億万長者』で最も驚くべきことの一つが億万長者の八〇％が叩き上げだという発見である。遠い昔から、親からの多額の経済救助や信じられないほどの幸運なくしてお金持ちにはなれないと主張する人がいるが、今日でもそう思っている人はまだまだ多い。父は二〇一四年にブログで次のように議論している。

何十年にもわたって億万長者について調査・研究を行っているが、八〇～八六％が自力で成功した人々だという結果が一貫して出ている。これはデカ億万長者にも当てはまる。一九八二年のフォーブスによれば、アメリカで最も裕福な人々の三八％が一代で財を成した人々だった。二〇一二年、この割合は七〇％まで上昇した。[17]

多くの人たちがアメリカにおける社会的流動性に関して最も徹底したものだと考える研究のなかで、ハーバード大学のチェティ教授とカリフォルニア大学バークレー校のサエズ教授はおよそ五〇〇〇万件に上る両親とその子供の連邦所得税の申告書を研究した。[18]ウォール・ストリート・ジャーナルでも言及されたように、この研究では次のように述べられている。「子供が経済的階段を上る可能性は過去三〇年余りにわたって変わっていない……これは、経済的流動性は近年低下しているという首都ワシントンで言われていることとは矛盾するものである」

この国には今でも経済的なチャンスにあふれている。だが、ほとんどのアメリカ人はお金持ちではない。わが国の経済のいわゆる「不公平」を非難するのは容易なことである。だが、アメリカ人たちがさして価値のないものや、あっという間に価値を失ってしまうものに自分たちの収入の全部か、ほとんどを費やしていることは明白な事実である。彼らは富を築くために必要な規律を欠いているのだ。ほとんどの世帯は稼いでは使い、使っては稼いでいるだけなのだ。典型的なアメリカの世帯の年間実収入の中央値は五万～七万五〇〇〇ドルの範囲にある。これらの人々のうち何らかのキャピタルゲインが収入としてある人はたった六・三％にすぎない。

それでもなお、二〇一四年、ニューヨーク・タイムズは「研究によれば、階層の上昇移動は減少していない」[19]という見出しをつけ、チェティとサエズの研究結果に同意を示した。これらの記事は友人、そしてとりわけ子供たちと共有すべきである。今日の経済的勝者が若き日の姿勢や信念を振り返って何と言うであろうか。彼らの成功は、自分たちは成功できる、アメリカは経済的なチャンスにあふれているという信念によるところが大きいと言える。彼らの信念と現実は調和するのだ。だが残念ながら、経済的機会の流れは上向きの経済的流動性とは逆向きに進んでいると主張するメディアの数が増えている。

前述の研究は、収入面での世代間比較だけを扱っていることに留意されたい。収入は富、つまり純資産と相関関係にある。だが、経済的成功を測る指標としては、収入よりも純資産を選んだほうが賢明である。収入によって説明できる富の変動はほんの一部分にすぎず、もちろんその逆もまた然りである。一八八〇年代後半から今日までの研究では、富裕層に属する人の八〇％以上が自力で成功したお金持ちである。そして、「お金持ち」を億万長者と定義するか、デカ億万長者とするか、資産保有者の上位五％、二％、一％とするかはほとんど問題とはならない。

た。一九％が自営業、四％が農業である。引き替えに、企業の経営幹部はたった九％、医師は三％である。億万長者の父親で大学に通ったのはたった四七％、母親は四〇％である。億万長者のおよそ三人に一人は大学の学費を自ら支払っている。フルタイムで働き始めたときの純資産がゼロか、マイナスの億万長者は四二％ほどである。ほとんどの人（八八％）は、調査の前年に親族から信託、遺産、贈与などで受け取ったお金はゼロであると回答している。今日、自分の両親は高校の同級生たちよりも暮らし向きが良かったとした億万長者はたった三分の一であり、基本的に同じ割合（およそ六三～六五％）の人たちが両親はとても質素だったと述べているのだ。

神話7――お金持ちは邪悪だ

裕福な人々の間では、マスコミや政治家たちが自分たちを「邪悪な存在」として描きだしていることに対して不安が高まっている。アメリカで五〇〇～一〇〇〇万人と言われる億万長者世帯のなかには良からぬ人物がいることは疑いようがない。だが、裕福な人々の大多数は昔ながらの手段でお金持ちになった、つまり合法的に稼いだのである。最も裕福な人々の伝統的な価値観に関するわれわれやほかの人たちの調査が公表されているにもかかわらず、それが見出しを飾ることはない。

父はテキサスのD・P氏から次のようなeメールを受け取ったが、彼はお金持ちの本性についてアメリカの若者を啓蒙すべく次のような対策を提案したのである。

『なぜ、この人たちは金持ちになったのか』で行った研究に基づくカリキュラムを作ったり、公立学校に売り込むということを考えたことはなかったのでしょうか。つまり、現在ほとんどの公立学校では子供たちに「お金持ち」を軽蔑するか、敵だと教えています。そうではなく、お金持ちをマネることを教えれば、子供たちが働き始めるまでに状況に対処し、みんなにより多くの富をもたらすことができるだろうと思うのです。私は地元の教育委員会を取り仕切ることになっていますが、テキサスやアメリカの子供たちにとってそうなれば良いなと思っております。

このようなコメントをくれることは本当にうれしいことである。「高校が一校しかない」オクラホマのとある町のお金持ちの男性は卒業生全員に『となりの億万長者』を買い与えたのだ。これらは、自らの時間とエネルギーを費やして、アメリカの子供たちが経済的に自立し、またそのような目標に価値を見いだす方法を教えている数少ない人々である。

正直さと協調性

富に関する正直さやインテグリティ（誠実さ）についてはかなりの悶着がある。邪悪なスクルージ（守銭奴）という考えはいつでもどこにでも存在する。レンジャー・X・リッチがこの人物の存在を信じていたことは確かである。だが第5章で示すとおり、経済的な目標を追及するうえでは誠実性やインテグリティといった性格因子が重要であることを研究が示している。ここで、太平洋岸北西部に住むローレンス博士の例を取り上げてみよう。今日、彼は五〇〇万ドルを超える富を有する億万長者の検眼医だが、つまるところ自らの関心と専門性とを生かして創出した事業は、顧客第一を基礎とすることで成り立っていた。彼はわれわれに次のように述べている。

人類の視覚システムを強化し、保護する人生を私は楽しんでいました。検眼は今でも医療の分野で独立し、起業することが可能な仕事です。私は常に患者のニーズや要望を第一とすることでしっかりしたクリニックを立ち上げました。口コミと先進技術とが組み合わさって、私の仕事も徐々に繁盛するようになりました。私の医院は一度も「売りに出して」はおりませんでしたが、ある若い医師が医院の買収を提案してきました。六一歳のとき、私は彼に医院を売却し、現在は週に二日、彼の下で働いております。当初、私は富を築こうなどとは考えてもいませんでした。しかし、素晴らしく、誇るべき意図を持った医院であれば、それも可能であることを学んだのです。常に真摯かつ正直に、前向きに考え、将来に焦点を当てることです。自宅を除けば、すべての買い物はすでに蓄えていたお金で賄っていました。こうすることで、たいていの場合はいずれ後悔することになる衝動買いをせずに済むのです。

億万長者のモチベーション……そしてビリオネア

「お金持ちは邪悪」という認識は、そもそも神話を持続させてきた組織によってその神秘性を取り除かれることがままある。富裕層の善行に関する父の記述からいくつか例を取ろう。

二〇一一年のニューヨーク・タイムズの記事において、ロス・ソーキンはスティーブ・ジョブズの成功学を研究し、次のように記した。「ジョブズ氏がけっしてお金だけを求めたのではないことは明らかで、自分の富を見せびらかすこともなかった。彼はCEOを退任する以前、アップルから年一ドルの給料しかもらっていなかった……」[20]

億万長者として永遠の眠りについたジョブズ氏は、多くのことを達成しながらも、消費主義的なライフスタイルを求めない典型的なとなりの億万長者と多くの共通点を有していた。例えば、『となりの億万長者』で取り上げたアラン氏は簡潔にこう述べている。「お金を使っていい暮らしをすることがお金を稼ぐ動機であるならば……けっして達成できないであろう。人の価値はお金ではけっして変わらない……お金を稼ぐことは通信簿にすぎない。それは自分の生き様を伝える方法である」

ソーキンの記事ではジョブズ氏の次の言葉が引用されている。「お金に関することに対する私の主な態度としては、それは滑稽なものであり、注意を要するということだ。なぜなら、それは私に起こった最も本質的で価値あるものであるとはとても言えないからである」

となりの億万長者の動機はほとんどの人々に誤解されている。富を築く目的は、高価な品々に囲まれた邸宅で暮らすことよりも、経済的に自立することにある。二〇一一年に『ジ・アメリカン・シンカー』に掲載された記事でクリス・コラードはいわゆる「お金持ち」に対する課税を引き上げるよう主張する人たちに痛快な反撃を加えている。[21] 彼は『となりの億万長者』で取り上げた億万長者たちの特徴を簡潔に説明していた。

「トーマス・J・スタンリーの洞察力あふれる本は、裕福な人々の大半が極めて質素に暮らし、彼らのおよそ八〇％がお金持ち第一世代で、彼らの富のほとんどは相続から得たものではないことを教えてくれている……欲深い金持ちが二〇〇四年製のピックアップトラックを運転し、格安チェーンストアのロスで洋服を買っているときに、『お金持ちに課税せよと主張する人たちが』欲深い金持ちを語ることは容易ではない。

一般的な富のイメージは、道徳的に問題がありそうな男が、イタリア製のスーツをまとい、フェラーリを運転し、自前のヨットに乗って、一〇〇ドル札片手に高級葉巻をふかしながら地中海でのクルーズを楽しんでいるといったものだ。もちろん、コーポレートジェットも忘れてはならない。これは左寄りの人たちから見た富の姿であり、政治的には非常に好都合だ。その成功を妬まれる価値のある人がいるとしたら、どれほど架空のキャラクターであろうと、この高圧的な人物であることは確かであろう」

億万長者ばかりの閨閥

かつてニューヨークの巨大金融機関のプライベートバンキングの代表者が父に興味深いケースを一つ教えてくれた。アメリカの小さな町の弁護士がとても裕福な顧客夫婦をこの銀行家に紹介してきた。夫婦は州外の金融機関との関係を構築したいと考えていたのだ。小さな町に住む裕福な人々と同じように、彼らは地元の金融機関に自分たちが築いた「大きな」富について知られたくなかったのだ。これがとりわけ重要なのは、彼らは自分たちが保有するさまざまな事業から手を引きたがっていたからである。彼らはまた、自分たちの富のかなりの部分をさまざまな慈善団体に匿名で寄付することを計画していたのだ。

二人がニューヨーク市のプライベートバンクに到着するとすぐに、この銀行家は顧客が受けることのできる補助的なサービスのすべてについて二人に語り始めた。つまり、入手が難しい劇場のチケットや、上流階級のクラブへの紹介、売りに出ている高級アパートや邸宅の案内、美術品やアンティークの購入などである。こうして一〇分ほどが経過すると、この夫人は大きなハンドバックから一冊の本を引っ張りだした。彼女はそれを銀行家の机に置き、指さした。そしてこう言ったのだ。「これが私たちです。となりの億万長者。まだお読みでないのなら、今すぐ読んでください」

顔を真っ赤にした銀行家が平静を取り戻すと、彼らはみんな大笑いした。それで部屋の空気は和んだのだ。二人は自分たちが求めているのは、匿名性も含め、プライベートバンキングが提供する伝統的な金融サービスだけであることをはっきりさせたのだ。彼らはコンシェルジュを雇うことに関心はなく、またニューヨークの社交界への切符を手に入れることで自尊心をふくらませる必要もなかったのだ。さらに、彼らはニューヨーク市に邸宅や別宅を買うつもりもなかったのである。

相手のニーズを感じ取ることは、億万長者にマーケティングを行う際の成功の鍵となる。この場合、銀行家は二人に「今日はグラウンドゼロからこちらまではどうやってお越しになったのですか」と尋ねるべきだったのだ。言い換えれば、銀行家は二人に自分たちの話をさせるべきだったのだ。ほとんどの場合、だれもとなりの億万長者に彼らの歴史や業績を尋ねることさえしない。

この夫婦はアメリカで最も多くの億万長者を輩出する「閨閥」に属している。もちろん、彼らは名を伏せた家族である。父は、財団や大学、その他崇高な目的を持った組織や慈善団体などのさまざまな年次報告書を手に入れるためにメーリングリストに登録していた。父がどこを探しても、この匿名夫妻の名は、どの報告書の一万ドル単位、一〇万ドル単位、一〇〇万ドル以上の欄にも載っていなかったのだ。

神話を超えて

富を築くことができる人がいるのはなぜか。平均以上の収入があり、高学歴で、苦労の種もほとんどないのに自力で富を築くことができない人がいるのはなぜか。おそらく彼らはレンジャー・X・リッチの神話に同意しているのであろう。それを詳しく知りもしないで、ひっきりなしに伝えられるニュースや評論や富の神話に関する自己達成的予言を受け入れているのだ。

この国で経済的に成功している人たちは、専門家なる人々や政治的利害を有する人々が語るものも含めて神話を無視し続けるであろう。レンジャー・X・リッチのお金持ち蔑視は感情的なエネルギーではあるが、有益に使われていない。彼はネガティブな感情に囚われているだけでなく、同時に自らが経済的な規律を著しく欠いていることを無視してもいる。彼のソーシャルメディアには一貫してバイアスのかかったニュースや一方的なコメントがフィードされている。この問題を別の方法で考えてみよう。本来、レンジャー・X・リッチはお金持ちを嫌うために時間とエネルギーを無駄に費やせるだけの十分なお金や純資産を持ち合わせていないはずだ。駐車場の切符を特定の対象を狙って発行しても、けっして彼は経済的に自立することにはならない。

一般的な意味での嫌悪は、蓄財に伴うものではなく、単なる代用品であることをわれわれは見いだしている。レンジャー・X・リッチが嫌悪する習慣を維持するために使っている時間やエネルギーといった資源を、経済的に自立するといったもっと生産的な目的に振り向けたらどうだろうか。そうしていたら、彼はお金持ちや現在の仕事を嫌っている時間もなかったであろう。皮肉なことだが、仕事に不満を覚えている多くの人々にはある共通点がある。彼らは意識して、嫌いな仕事に頼らなくてもよいようなステップを踏み出していないのだ。

われわれは、十分な収入のある中流階級について記すことが多い。彼らの多くはその社会的立場からして贅沢な家や高級車や高価な服や魅力的なリゾート地での贅沢な休暇などにお金を次々と費やさなければならないと感じている。だが、レンジャー・X・リッチや彼の家族にはこの手の負担はないのに、なぜ彼らは経済的な安定とは程遠いのであろうか。それは、レンジャー・X・リッチのチームは、超消費主義のカテゴリーに属するからである。

レンジャー・X・リッチや富に関する神話を受け入れている人たちはアメリカの億万長者たちから大いに学ぶことができる。彼らのほとんどが経済的な階段を駆け上がる際に怨念も嫌悪感も抱いていないのだ。確かに、彼らも食い物にされたことはあるだろう。だが、彼らは歩を進め、前向きなことに集中しているのだ。嫌悪感は素晴らしいキャリアもバランスシートも生み出しはしない。より優れた経済的行動をとることで、経済的な満足は増大するのだ。抜け目なく収入を富へと転換させている蓄財優等層（ＰＡＷｓ）のおよそ九三％は人生にとても満足していると答えているが、これは蓄財劣等層（八四％）よりも多い。蓄財劣等層の五六％が経済的独立を達成できないことを不安に思うことに時間かけてしまう一方で、そのような心配事に時間をかける蓄財優等層は四分の一ほどである。また、快適な引退ができるかどうか不安に思う時間があるとした蓄財劣等層は五人のうち四人ほどであるが、蓄財優等層は五人に二人にすぎなかった。

富を築くためには神話を疑え

アメリカでいかに富を築くかに関する神話を無視するならば、あとはどうすればよいのだろうか。その答えは、自分たち自身の行動、選択、そしてライフスタイルにある。

われわれの収入は、統計上は富と関係するが、富ではない。これを理解すれば、貯蓄率の重

お金持ちもいれば、貧しい人もいるのはなぜか

リッチ氏がこれらの神話を無視し、経済的成功に向けて歩み始めることを後押しすることができるのだろうか。そのような信念に凝り固まっていればほとんど無理であろうが、それでもやってみたいと思う。まずは二〇一四年に父が書いたブログから始めよう。これは、人々が信じているお金持ちと貧しい人がいる理由を検証したものである。

この質問に答えるために、先にピュー研究所が成人一五〇四人を対象に行った全国調査に目を向ける。[22]回答者のおよそ一〇人に四人（三八％）が、お金持ちは「ほかの人たちよりも一生懸命に働いたから」お金持ちなのだと答えた。

だが、本当に裕福な人々、つまり億万長者たちは自らの経済的成功をどのように説明しているだろうか。一〇人中九人（八八％）が「多大なる努力」は非常に重要な要素だとしている。[23]

ピューによる同じ調査において、回答者の五一％がお金持ちは「ほかの人たちよりも優位な立場にあったので」お金持ちなのだと答え、五〇％が貧しい人たちは「自分

たちではどうにもならない環境」ゆえにますます貧しくなると答えた。これらの結果とは対照的に、この国の億万長者の八〇％は叩き上げだという事実がある。また、億万長者の九五％が自分たちの経済的成功を説明するうえで「規律正しいこと」は非常に重要な要素であるとしている。

一般大衆の信念と億万長者たちのそれとの間に大きな開きがあることは、とりわけ政治の世界において大きな示唆となろう。

ピューの研究がアメリカの成人人口を代表しているとすれば、回答者のうち億万長者は多くても四～八％にすぎない。それゆえ、この国における蓄財の変化を説明するうえで、この研究で回答した人たちの意見がどれほど有効だというのだろうか。典型的なアメリカ人の世帯の純資産は九万ドルを少し上回るほどであり、年間収入はおよそ五万二〇〇〇ドル（二〇一四年の数値）である。これらの人々は本当にお金持ちになる方法を知っているのだろうか。

経済的に自立することを目指しているのであれば、これら一般大衆ではなく、アメリカの自力で成功した億万長者たちの方法や手段やライフスタイルをマネたほうが生産的であることが分かるであろう。

要性を理解できるようになるだろう。つまり、何を生み出したかではなく、何をしたか（どのように消費し、貯蓄したか）によって左右されるのである。費消するよりも貯蓄をし、身の丈にあった暮らしをするのは自分たち次第なのだ。これが、富を築くうえでの数学的真実である。

消費主義的なライフスタイル、お金持ちに見えることにより強い関心のあるライフスタイルこそがほとんどのアメリカ人を、一生依存し、働き、経済的自由はほとんどない生活へと仕向けていることを理解すれば、われわれの人生やライフスタイルについて別の計画を立てることができる。それは両親や祖父母とはまったく異なるもののようにみえるかもしれないし、よほど幸運でないかぎり、周囲の人たちやソーシャルメディアで目にする人たちとまったく異なるものとなろう。

われわれの経済的自立に目立った変化をもたらす外部機関やパトロンなどほとんど存在しないことを理解すれば、頼れるのは自分だけであることが明白となる。われわれの経済的未来は自分たち次第であって、会社でも政府でも、さらには家族によるのでもない。自分自身の能力以外に富を築くことを可能にするものはほとんどないことを理解すれば、自分たちの時間、エネルギー、そしてお金をどのように使うかを判断することができるようになる。第5章で見るとおり、自らの経済的未来に責任を持つことが富を築くうえでは重要な要素なのである。

自力で富を築いた人たちが例外なく邪悪なのではなく、その点について優れているのだということを正しく理解することができれば、彼らの成功を批判し、自らの失敗を嘆くのではなく、彼らをして経済的に成功せしめた行動を検証することができるようになる。

アメリカにおける富にまつわる神話を脱することができれば、富を築くうえで有効な行動や判断に焦点を当てることができるであろう。特定のグループに属していることとは無関係に、われわれが自由の国において自力で富を築くことを可能にするのはそのような行動と判断なのである。

そうして初めて、われわれは本当の経済的成功を成し遂げた人々の行動を倣うことができるようになる。おそらくリッチ氏もそうなるであろう。

第3章　富に対する影響

「祖父がどれほど背が高かろうと、自分で成長をしなければならない」――エイブラハム・リンカーン（アイルランドの格言）

科学がわれわれの生命のあらゆる面を解明してきたが、われわれは先天的なもの（生まれもった特性）と後天的なもの（どのように育ったか、またその他外部からの影響）との組み合わせに基づいて行動している。行動について考えると、われわれの気質がやろうとすること、またはできることに境界を敷き、その境界のなかで、どのように活動するのか、何をしようとするのかなどを環境が決定する。

経済的成功に関する議論のなかで、この後天的なものにある程度の時間をかけ、われわれの育ってきた環境や配偶者や友人の選択や社会文化が、われわれが収入を富に転換することができるのかどうか、またどのようにそれを可能とするのかについて、どのような影響を与えるのかを検証することが重要である。例えば、自力で成功した億万長者の性格を形づくるうえで家庭の安定が強力な要素となることが分かっている。過去三〇年間で、全国的に調査した億万長者の七〇％近くが、愛と調和に満ちた雰囲気のなかで育ったと回答しており、彼らのうち四分の三ほどは両親が自分が成功できるよう励ましてくれたと語っている。

家のなかの温もりや愛情はどこにでも見られる条件ではない。さらに、われわれは出自や両親や自分が受ける初等教育の程度については選ぶことができない。今日置かれている状況を育った環境のせいにしたいと思うかもしれないし、そのような批判の幾ばくかは正当なものかもしれない。だが、自分たちに判断を強要しない社会に生きる成人として、われわれには、自分たちがだれとどう時間を過ごすのかを選択する自由がある。その判断が、われわれの経済的な結果に影響を与える。経済的に自立している人たちは独自の判断に集中し、お金にまつわる自らの活動や行動に責任を持つことになる。

教室だけでは不十分だ

財務管理能力の杜撰さやお粗末な経済行動を矯正するために教育的アプローチを提案する専門家もいる。だが、経済行動を変えることは、ワークショップや六週間コースを開くよりも複雑だ。人生を通じた経済的成功へと導くような教室や特殊なマニュアルやアプリなど存在しない。それよりも、一貫した経済行動パターンが必要となるのである。始めるのが早ければ早いほど、成功を持続させられる可能性は大きくなる。例えば、となりの億万長者であるジョン・Cの幼少期の経験がどのように彼の成功の礎となった行動の道を開き、また彼の子供たちが示す行動パターンへとつながっていったかを考えてみるとよい。

私は質素な両親に育てられました。彼らは五〇歳になるころまでクレジットカードを持っていませんでしたし、その後、カードを作ったのは旅行するようになって、クレジットカードがないとホテルもレンタカーも予約できなかったからなのです。私の父は一時間かけてわれわれ六人に、なぜ自分たちがカードを作ったのか、そして私たちは最初の支払日までに全額を払い込むだけのお金を手にしないかぎり使ってはならないのだ、と語りました。私は六人兄弟の四番目ですが、私が四年生のとき、父は子供たち全員を居間に座らせ、自分たちがどのようにして大学に通うことになるのかを説明しました。父はわれわれの学費を一ドルたりとも払うことはできないので、われわれは自分たちでそれを支払わなければなりませんでした。われわれは大学を卒業するまで車を買うことはできませんでしたが、父はわれわれがアルバイトの職を得られるよう中古車を持っていました。父は子供たちは一五歳になったらアルバイトをするよう望んでいたのです。

六人はみんな自分のお金で大学を卒業しました。六人兄弟で准学士号を三つ、学士号を四つ、修士号を二つ、ＭＢＡ（経営学修士）を二つ修得しました。

両親は一度だけ借金をしました。二〇年間の住宅ローンです。自動車ローンも、住宅担保ローンもありませんし、クレジットカードも最初の引き落としで払わなかったことは一度もありません。

私ですか。私はファイナンスの学位と、マーケティングとファイナンスのＭＢＡを持っています。クレジットカードも最初の月に引き落とせなかったことは一度もありません。二八年間車を持っていますが、自動車ローンは三回組みました。三回とも金利がとても低かったので、借りたお金を投資して支払う金利よりもたくさんのお金を稼ぐことができました。

現在、住宅ローンと自動車ローンの一つが残っていますが、それ以外の借り入れはありません。私の現在の４０１ｋを見ると、４０１ｋと年金の額よりも、ほかに投資している金額のほうが大きいのです。

妻は二〇年間専業主婦として、二人の男の子を育てました。長男は二年前に大学に通い始めました。彼は奨学金を獲得しましたし、四年間自分の学費と部屋代を払うだけの貯金は持っています。教科書も自分で買っています。

大学に通っている息子の唯一の割りの良い仕事は私のサイドビジネスを通じたものです。

四年生のとき、彼はわれわれのサイドビジネス向けに意匠を作ったのですが、このサイドビジネスは顧客に売却したのです。彼にはデザインが生み出した金額と、私の事業を通して売り上げが発生していたので、商品の製造コスト、さらに私が収入に対して支払わなければならない税金分を差し引いておくことを伝えました。彼はその残りを手にできたわけですが、そのうち八〇％は大学の学費のために貯金させました。また一〇％は貯金に回させました。というのも、人生においては予期しない出費がありますし、洗濯機を買い替えたり、車を直したり、医療費を支払ったりするためにお金を準備しておく必要があるからです。彼が買い物に充てられたのは残りの一〇％ですが、妻も私もそれは認めざるを得ませんでした。

四年生のときの最初の売り上げで、彼は私に製造費と税金分を支払ったあとで三〇〇〇ドルを稼ぎました。彼は好きなことに使える三〇〇ドルを手にしたわけですが、その全額を貯金に回しました。そして七カ月後になって、三〇〇ドルを大きく下回る価格でｉＰｏｄを買うことに決めたのです。

彼は一五歳になると、サイドビジネスとして船舶の書類作りを始めました。彼は製品の荷卸しや点検や帳簿づけもしました。彼が手にしていたのは最低賃金です。彼はさらにいくつかデザインを売って良い稼ぎを手にしました。彼は小学生のときに譲渡性預金（ＣＤ）に投資していましたし、地元の病院でボランティアもやっていました。

彼が大学を卒業するとき、銀行には一万五〇〇〇ドルありましたが、これは私が大学を卒業したときに持っていた額の三倍です。彼は在学中に自分でサイドビジネスを始めていたのです。

一六歳になるもう一人の息子は兄の例に倣っています。彼も成績は優秀で、まだ銀行口座は持っていませんが、あと二年間で五〇〇〇ドルを貯めれば、兄に追いつくことになります。

二人とも車もクレジットカードも持っていませんが、自分の家電製品は自分のお金で買っています。小学生のときに最新のゲームボーイを欲しがったので、今持っている現行バージョンを売って、そのお金を新しいバージョンの支払いに充てるように言いました。彼らは物を綺麗にして、箱ごと取っておくことを覚えました。というのも、そうすればeBayでより高く売ることができるからです。

しばらくすると、彼らは中古の電化製品は新品よりもはるかに安く手に入ることに気づき、それからは古いバージョンを売ったお金で、別の中古品を買うようになりました。

彼らはやがて裕福になるでしょうか。時がたてば、分かります。ただ、彼らは素晴らしいスタートを切ったのです。

ジョンの一家のような結果は、先に議論した先天的なものと後天的なものの組み合わせによって得られるものである。だが今日、われわれがコントロールできるのは後天的な部分である。ジョンとその配偶者、さらには彼の子供たちが手にしたような結果を達成するチャンスを獲得するために、次に挙げることをどれだけ進んで行う親がいるであろうか。

- 子供に自分のお金を貯金するよう勧める
- 子供たちに働くよう勧める、または要求する
- 子供たちに自分の家電製品（最新のスマートフォンを含む）を自分で買わせる
- 消費財にまつわる責任と自分のおもちゃを大切にすることを教える
- 子供の大学の学費を（親と子供で一緒に）貯金する

お金を大切にすることを教えることも含め、ジョンの規律ある子供の育て方には、一連の厳しい選択、そして消費者主導の、ソーシャルメディアでシェアされるような生活にはつながらないであろう選択が求められることになる。

経済的成功に向けた訓練

われわれの成長過程での経験が、今日の経済的判断にどのような影響を与えるかを考えてみ

よう。われわれの育った環境や家族の影響ほど、われわれの貯蓄の仕方やお金の使い方を形づくる一助となる要素はほとんどない。この環境という要素が必ずしも富の要因だと確信をもって言うことはできないが、相関関係があることは確かである。

第5章でさらに詳しく議論するとおり、経済的に成功した人々には多くの共通する特徴がある。また、彼らは幼少期に似たような体験をしてもいるのだ。彼らの家庭環境は安定したものであることが多く、しつけもしっかりしており、また目標志向である。安定した幼少期や思春期の経験がなかったとしても、彼らは大きな障害を一つずつ乗り越えていく傾向にある。ほとんどの場合、一〇〇万ドル単位の純資産は最初に貯めた一ドルから始まり、それがもう一ドル、もう一ドルと続き、つかの間の堅実主義ではなく、長きにわたり一貫した行動パターンとなる。

もちろん、愛にあふれる和やかな家庭で、家計を管理することなどとは縁遠く育てられるということはあり得る。言い換えれば、至福の子供時代には経済観念や教育を完璧に欠いていたということもあり得るのだ。例えば、この国だけでも金融リテラシーはあきれるほどに低いことが知られている。TIAAインスティテュート・GFLECパーソナル・ファイナンス・インデックスはパーソナル・ファイナンスの幾つかの分野における経済的な知識を測定している。彼らの研究では、質問票の七五％以上を正解した回答者である「パーソナル・ファイナンスに関して高レベルな知識と理解を有する人」と呼べるアメリカ人はたった一六％にすぎないことが判明した。反対に、低レベルの知識しかなかった人は五人に一人いた。[1]

思春期や幼少期の人生経験に関する調査が、われわれの幼少期がいかにキャリアや収入、大人になってからの性格に劇的で予測可能な影響を与えるかを説明している。ウィリアム・オーエンズ教授が一九六〇年代にジョージア大学の心理学部で始めた研究では、環境や思春期の人生経験が大人になってからのさまざまな成果に与える影響を検証している。オーエンズ博士と彼の学生たちは一九六〇年代後半と一九七〇年代に大学一年生の調査を始め、後に彼らが大人になった一九九〇年代になって改めて調査した。研究者たちは、自宅にあった雑誌や新聞の数から両親から受けた愛情に至るまであらゆる事柄を含め似たような人生経験をしてきた大学の一年生たちは、後に大人になってからのキャリアの選択や性格、そして収入の水準も親と似たものとなる傾向にあることを発見した。[2] もちろん、社会経済的立場がより高い世帯のほうが経験する可能性が高いものもある。

二〇一二年から二〇一三年にかけてアメリカのマス富裕層や富裕層に関して行ったわれわれの調査の一つで、思春期の経験のパターンと蓄財に関する行動について質問している。われわれは、親の倹約ぶりと喜んで子供たちに経済観念を教える姿勢が、収入を富に転換するその子供たちの能力に影響を与えていることを発見した。中流階級と富裕層に属する個人を対象に行った調査では、親の倹約ぶりは子供の純資産と正の関係があることが分かった。言い換えれば、両親のあらゆる行動が富を築くことに有効であるならば、自分も富を築くことができるようになる可能性が大きくなるわけだ。自分の両親は質素で、お金に関する話題を議論し、そして優れた経済観念を示していたと答えた子供は、同じような育ち方を経験していない人たちに比べて蓄財優等層となる可能性が高かったのである。

ミネソタ大学のある研究は、家族のライフスタイルや両親の影響が経済面で子供に与える影響について豊富な知見を提供している。[3] 研究者たちは、親たちが貯金、お金の管理方法、そしてどのように経済的な問題を議論するかという経済観念に関する三つのテーマを提供していることを発見した。これらの研究で取り上げられた子供たちの大多数が、貯蓄や経済観念に対する家族の傾向を、それらの行動に関する会話を通じてではなく、実体験を通じて学んでいたのである。言い換えれば、両親の行動はお金に関して日常的に話される話よりもはるかに強く子供たちに染みつくことになる。

これらの結果にかかわらず、自分たちの成功要因ということに関して、われわれが調査した億万長者たちは、親の影響はレジリエンスや多大な努力（第5章の**表5－5**参照）といった要因よりも重要性は低いとする傾向にある。教育熱心で愛情にあふれた両親を持ったことが自分たちの成功に役立っているとした億万長者は四二％であり、五九％は自分たちの成功は両親が応援してくれたおかげだと述べている。

幼少期の体験を断ち切る

その他にどのようなタイプの幼少期の体験がわれわれの経済的結果に影響を与えるのであろうか。両親たちが範を示した素晴らしい家計管理を目の当たりにすることに加え、経済的なストレスもまたわれわれの経済的軌跡に影響を及ぼす。実際に、億万長者の回答者たちは、経済環境がいかに家族や人間関係に影響を与えるかをじかに目撃していた子供のころから興味深い見解を持っている。それらの状況の多くが、ネガティブな経験を断ち切ることの重要さを浮き彫りにしている。

「この年になるまで、あたかも何の価値もないものかのようにお金を費やす両親を持った子供たち、そして、そのような子供たちが後に人間の何とも哀れな例となったことをたくさん見てきました。例えば、誕生日に新車のメルセデス（彼女にとっては初めての車）をもらった娘が一週間もしないうちに事故を起こし、その後もう一台新しいのをもらったのです」――一二〇万ドルの純資産を持つニュージャージーの億万長者

「私の両親は経済観念ゼロの生き方の最たる例でした」――一九〇万ドルの純資産を持つフロリダ州マイアミの億万長者

「父が経済的に苦労するのを見ていました。父はホワイトカラーの職に就いていましたが、

どれだけ稼いでも、お金がありませんでした。使ってしまっていたのです」――一一〇万ドルの純資産を持つテネシー州ナッシュビルの経営者

「私は両親が家を失ったことで喧嘩しているのを耳にしました。願わくは、自分は信用、貯蓄、投資について学べていますように」――一七〇万ドルの純資産を持つフロリダ州クリアウオーターのマネジングディレクター

ジョージア州の小さな町に住む、となりの億万長者になろうとしているこの人物（純資産八二万五〇〇〇ドル）が詳しく教えてくれたとおり、お粗末な経済観念によるストレスを子供たちが理解していることも多いのだ。

私は高校生のとき、両親は一生懸命に働いているにもかかわらず経済的なストレスを抱えていることを認識するようになりました。今になって思えば、父はお金に関してはひどいものだったのです。五万ドル稼ぐと、六万ドル使ってしまうのです。あらゆる経済的な判断はやけになって下していました。母は父の経済的未熟さ、または経済音痴のせいでひどく苦しんでいます。何百万ドルものお金が父の事業を通り抜けていったにもかかわらず、現在両親は生活保護で暮らしています。父のせいだと思います。現在、私の経済的判断の

ほとんどすべては父の視点から下しています……単に彼ならするであろうことと反対のことをしているのです……自分がお金を貯めること、お金を投資すること、クレジットカードを慎重に使うこと、そして純資産を積み上げることの重要性を学んできたと願うばかりです。それについては両親からは何も得ていません。しかし、両親は兄弟や私を本当に愛してくれています。素晴らしい両親ですが、お金については教えてくれなかったのです……妻が三三歳、私が三一歳のときの純資産はマイナス四万ドルでした。今日、五〇歳と四八歳になりますが、八二万五〇〇〇ドルの純資産があります。何が変わったのでしょうか。われわれは個人退職勘定（ＩＲＡ）を最大限利用し始めました、つまり４０３ｂとＩＲＡｓです。また、借り入れを少なくするように努めました。幸運にも、われわれはお金の管理方法を理解したのですが、両親がやっていたように安易に無駄遣いしかねなかったと思います……両親がお金で失敗したことを書き記すのは楽しいことではありませんが、私の知見が、現在、そして将来の親たちが子供にお金について教えることの重要性を認識する一助となればと思っています。われわれはお金を管理することの大切さを八歳になる息子に教え込んでいます。彼はやがて家族や友人こそがお金よりも重要なのだと語るようになるでしょう。同時に、お粗末な経済観念は人生を台無しにしかねないのだから、お金は大切なのだとも語ることでしょう。

幼少期の経験次第で、自らの心理に効果的な訓練を施すことにも、非効率な訓練を施すことにもなるが、自らの経済的成功をもたらすのは、現在の行動なのである。

お金を大事にする

経済に関する知識は富を築くうえで重要であるが、貯蓄や消費においては規律のほうがより大きな役割を果たす。これら二つの組み合わせ、つまり経済知識と節約が将来の経済的成功には強力な取り合わせとなる。経済リテラシーとその個人が持つ誠実さは資産（固定資産と流動資産）の多寡と正の関係にあるのだ。[4] ある研究では、経済リテラシーと規律と経済的成功を結びつけることは、「自制心の向上を目的とした幼少期や思春期や成人に対する心理専門家による介入療法の役に立つ」[5]と結論されている。

富はお金を大切にする人々に引きつけられるが、お金を大切にすることにはそれを効果的に管理するために必要な規律も含まれている。予算を立てたり、年間の消費を把握していない人はお金に対する敬意を欠いているのだ。そのような世帯で育った子供たちは両親と同じようになり、「収入型（ＩＳ）富裕層」となる傾向にある。われわれの最近の研究では億万長者の七〇％が自分の両親は非常に質素であったと述べている。

父が教えてくれたことだが、世帯の実収入合計が一〇万ドルを超えたことがないとなりの億万長者タイプの人物にたくさんインタビューをしたところ、彼らはあらゆるものにそれぞれいくら予算を充てるかを口にすることができたという。そして、彼らは自分たちの予想収入、消費、投資や引退後の生活、大学の学費などに充てるために蓄えておく金額に基づいて年間予算を策定していた。お金を大事する環境で社会勉強をしている子供たちが受ける影響を想像してみればよい。自分たちの経済状態に配慮している両親を見ることで、大人になったときに富を築くことを可能とするスキルに触れているわけだ。

成長する過程で得た財務管理に関する経験について考えてみよう。お金の話題はタブーであったり、両親が「それは今月は買えないわ」という言葉を発するのを一度も聞いたことがなかったとしたら、経済的な行動の基礎は、『女性ミリオネアが教えるお金と人生の法則』（日本経済新聞社）で父が初めて取り上げたクリスティという名のとなりの億万長者の幼少期の体験とはまったく異なるパターンとなることであろう。彼女は、自分の成功は受けたしつけによるところが大きく、とりわけ彼女がお金に敬意を払うことを両親が熱心かつ寛容に助けてくれたおかげであるとしている。世帯の家計と家族の質素なライフスタイルとが彼女が最初に受けた社会勉強の一部であった。彼女はこう説明している。「毎月第一土曜日の午後にみんなでテーブルに座る。うちはあまりお金がなかったの……いつもパパの給与明細を見て、それから宿題を始めたものよ」

彼女の両親は慈善事業への寄付を最優先とし、それから未払いの請求、そしてその月の費用

表３－１　億万長者の幼少期の体験

	非常にそう思う・そう思う（%）		
質問	1996年	2000年	2016年
両親は質素だった、または分相応の暮らしをしていた	66	61	70
両親は成功を後押ししてくれた	-	63	73
愛情と調和に満ちた雰囲気のなかで育った	-	-	70
両親は高校のクラスメートよりも暮らし向きが良かった	-	-	32

を見積もっていた。クリスティは、両親が微笑みながら家庭の収入のかなりの部分を子供たちの大学の学費のために割り当てていたことを覚えている。「両親にとってわれわれを大学に行かせるために貯金するのはどれほど大変か分かっていた。でも、パパは学費の積み立て用の小切手を書くたびに笑いながら、こう言ったの……『学費を支払うために小切手を切るのは大好きだ。お前もいつか自分の子供のために、それをする日が来るだろう』」

今日、クリスティが成功した理由の一つが育った環境にあった。クリスティと彼女の兄弟たちは家族会議のメンバーとして認められていたのだ。彼らは早くから家計について学んでいたのだ。彼らは新しいノートや靴が欲しいときはその理由を説明しなければならなかった。これらの経験が、ビジネスリーダーとしてのクリスティの現在の使命の備えとなったのである。

もちろん、極端にケチであることはマイナスの影響もあり、それがあまりに貧乏と感じるようではなおさらである。幼いころにそのような経験をした人は、最終的に繰り返し貯蓄や消費に気を配ることは自分の世帯にとって無価値であると考えてしまいかねない場合がある。極端にケチな家庭で育った子供たちが、幼少期の質素なライフスタイルを前向きにとらえるかどうかは神のみぞ知ることである。経済的に成功したアメリカ人でこの手の背景を持つ人のなかには、極端なケチぶりの最良の面だけを取り上げ、それを自らの経済面に生かすことができている人もいる。

超消費体験

主に米南東部の高額所得者や富裕層を相手とする資産管理会社の代表者は、彼の顧客たちの富にまつわる体験は『となりの億万長者』で取り上げた人物たちとは異なるものだと教えてくれた。彼の顧客のほとんどは質素だからではなく、収入が非常に多く、それゆえたいていは自分たちの費用を賄えてしまうがために裕福なのだという。確かに、質素にならなくても大きな富を築くことができる人々はいるかもしれない。

同様に『〝ふつうの億万長者〟徹底リサーチが明かす　お金が〝いやでも貯まる〟5つの「生活」習慣』（イースト・プレス）において父は「華麗なるお金持ち」と命名した人々を取り上げた。これは収入や純資産が非常に多く、家計に上限を設けない場合がほとんどといった人々である。彼らは計画を立てないのだ。その必要もないのだ。彼らが何にお金を使おうとも、そ

『となりの億万長者』の原則に従って生きる若きＣＰＡ

幼少期の体験と経済面の指導者による継続的な支援は、経済的成功に大きな影響を与えることができ、またあらゆるたぐいの多額の経済的贈与を受けた人たちが棚ぼた式に手に入った大金を頼って消費を増大させるという罠を回避する備えともなる。次に挙げるとなりの億万長者のケーススタディーについて考えてみてほしい。彼女は両親から多額の贈与を受けたにもかかわらず、効率的な経済的行動を維持しているのだ。なお、これは父が二〇一四年に記したものである。

となりの億万長者タイプやその途上にある人たちは、調和、相互尊重、規律、そして倹約で満たされた環境で育った人が多い。一つの例として、私の読者の一人が提供してくれたケーススタディーを取り上げる。

「まだ高校生だったころ、両親は弟と私に『となりの億万長者』を読ませました。その中身には二人とも興味を抱きましたが、われわれは両親のやり方と似かよった点がたくさんあることを知りました。父は州の公務員として週に三七・五時間働いていましたし、ずっと一緒に暮らしていました。母は専業主婦でガレージセールで買い物をするのが大好きでした。外食は年に四回……弟と私は幼いころから働いていましたが、それが楽しかったからです。両親はわれわれにお小遣いをくれたので、われわれはお金の管理の仕方を学ぶことができましたし、お金が必要なときにただ欲しいとお願いすることもありませんでした。弟と私は現在『二〇代後半』で、幼いころに学んだ教訓が効果を生んでいます……三年前に母を亡くしましたが、母の死によってわれわれ家族は多額のお金を受け取りました。その大部分を父が管理していますが、弟と私もそれぞれおよそ二五万ドルずつ受け取りました。父はこれまでと同じ家に暮らし、今でも二〇〇三年のトヨタ・アバロンに乗っています。弟は近所に家を買いましたが、今も仕事を続け、二〇〇五年のトヨタ・カムリを運転しています。私もまだ仕事（ＣＰＡ［公認会計士］として非常に厳しい職）をしています。また、四人の女の子と一つの家で暮らすことにしましたが、これは多くの理由から良いことで、ワシントンＤＣ郊外でも平均よりはるかに低い賃料で済むのです……遺産は自分の投資口座に入れていますし、引き続き収入の二〇％を引退に備え積極的に貯蓄しています。われわれはけちん坊ではありませんし、みんな少しばかりの贅沢を楽しんでいます。私は旅行、弟は美食ですが、それも分相応のものです……私がこの話をするのは、弟と私は今日のアメリカでは特異な存在だと思うからです。ほとんどの二三歳と二六歳（われわれが遺産を受け取った年齢）がこんな大金をもらったら（もっと少ない金額であっても）、仕事を辞め、かっこいいスポーツカーを買い、気前良く散財したり、旅行に行ったり、その他さまざまなことに使い果たしてしまうでしょう。弟と私は仕事を続けていますし、同じ車に乗っていますし、ライフスタイルもちっとも変わりません。というのも、われわれは満足する術を心得ているからです。

　それゆえ、子供たちに幼いころからお金に対する健全な見方を備えさせ、お金を効果的に管理する術を身につけさせることで、親たちは子供たち（そして自分たち自身）に親からの経済的援助に頼らないという価値ある教育を植え付け、いち早い経済的独立に向けて走り出させることになるでしょう。


れは純資産のほんのひとかけらにすぎないのである。言い換えれば、華麗なるお金持ちといっても、分相応の暮らしをしているということだ。もしこのグループに属しているなら、素晴らしいことである。アメリカで上位一％に入る財産家だ。

　最初から収入が多ければ、一流の華麗なるお金持ちの水準に達しなくても、まったく異なる道筋を進むことはできよう。質素で経済的制約に染まった育ちと、贅沢にお金を使い、まったく制約のない消費行動を当たり前として育った環境とを比較してみればよい。確かに、華麗なるお金持ちであればそのようなことをしても、向こう数世代はほとんど問題ない。だが、収入型（ＩＳ）富裕層派や蓄財劣等層派には自分たちが乗っている車、着ている服、身に着けるアクセサリー、さらには旅行でどこに行くか、どのような娯楽をたしなむか、とこれ見よがしの消費を地でいく人もいる。実際に、これは自分の子供たちや周りにいる人々に対して、自分がお金を使っていること、そして自分たちにはどれだけの価値があるかを表現しようとしているのだ。

では、高収入で、自力で成功した両親を持つ子供たちが次のような幼少期を送ることを想像してみよう。高級車に乗って私立学校に通う、同級生よりも早く最新のテクノロジーやファッションを手に入れる、エキゾチックな外国の地に旅行する、ほとんど発音もできないような名前のレストランで夕食をとる。これらの子供たちは独立したあとにこのような贅沢をあきらめることができるだろうか。彼らは自分の両親がほんの一握りの人しか手に入らない水準の富を手にし、このような消費は高収入によって賄われていることを理解するだろうか。一〇歳の子供にこれらの概念を理解させようとしても無理である。やがて親からの経済的援助が必要となるであろう。

実は『となりの億万長者』の読者から寄せられる最も多い質問の一つが「どうして私の子供は超消費主義なのだろうか」である。その答えは単純明快だ。超消費主義の両親に育てられた子供は超消費主義になる傾向にある。このような親たちは『となりの億万長者』で示した生産

的な大人を育てるためのルール1を破ったのだ。つまり、

親は自分が裕福であることをけっして子供たちに教えてはならない。

さらにひどいことに、自分たちは十分な富を持っていない（収入があるだけ）にもかかわらず、超がつくような消費を通じて子供たちに金持ちと思わせてしまうことが多いのだ。

高額所得者であろうが、富裕層であろうが、さらには華麗なるお金持ちであろうが、このグループにも倹約をする両親はいる。なぜか。おそらく彼らは経済的成功を確かなものにするうえでの二つの理を認識しているのだ。つまり、自分たちがどれほど裕福かを子供たちには教えない、そして富を築くうえで倹約は不可欠とは言わずとも、重要な要素である、と。

多額の遺産を一時に手にする、または信託基金の受益者となるほど幸運ではない人にとっては、長期的に富を築く唯一確実な方法は身の丈に合った暮らしをすることだ。これは規律と算数と関連している。第4章で詳述するとおり、倹約は年齢や収入や贈与や相続を通じて受け取った富の割合とは関係なしに、純資産を予測する行動なのである。自力で富を築いている人たちにとって、それは必須条件だ。父が『となりの億万長者』で記したとおり、

質素であることは蓄財の礎である。

華麗なるお金持ちでないならば、自ら蓄えた富で自分や自分の子供たちが暮らしていたとしても、貯蓄や消費に慎重でなければ（つまり、質素でないならば）、それが孫の代まで続く可能性は低くなる。華麗なるお金持ちでないかぎり、孫たちは計画を立てずに済むという贅沢は享受できないであろうし、少なくとも自ら富を蓄えずに済むということはない。また両親が「お金持ちのふり」をしていた（晩年にならないと分からないことかもしれないが）としたら、消費財や高級品を終始見せびらかせないと達成感が得られないので、自分は両親ほど「成功」できないという感覚を覚えるかもしれない。

コースを外れることの利点

両親から受けたしつけや成長する過程で学んだお金に関する教訓、これらすべては自らの消費、貯蓄、そして投資行動に影響を与え、最終的に自らの経済的成功に影響を与えるものだ。だが、望みあるニュースを記すなら、幼少期の経験ゆえに今ある道筋も、意識をもって行動を改めれば、たとえゆっくりとはいえども、変えていくことができるということだ。

過去二〇余年にわたり研究してきた億万長者の多くが幼少期の逆境を乗り越えて成功していることは特筆に値する。たとえ不利な状況にあっても、彼らは生き抜く道、そして成功する術を見いだしたのだ。自分たちが過去に耐え忍んだこと、または親たちの振る舞いが自分たちの将来のファイナンシャルライフを方向づけるかどうかはわれわれの選択によるのである。自分たちの幼少期の体験を教えてくれたとなりの億万長者のストーリーについて考えてみてほしい。

「私の両親はいつも金遣いが荒く、まともに貯金をしたことがありません。彼らはお金持ちのように見えましたが、実際にはそうではありませんでした。父は六一歳で亡くなりましたが、母にほとんどお金を残しませんでした……このような不快な思いをしたことで、私はまったく反対の方向に進むことになりました」――二〇〇〜二五〇〇万ドルの純資産を持つ経営者

「金遣いの荒い父親が「家賃」で贅沢な美術品やその他ステータスを誇示するような品物を買っているのを見ていましたが、私には理解できませんでした。というのも、やがて母がうちには『十分な』お金がないと嘆くことになったからです。家では私も父の代わりに電話に出ることになっていました。母が看護師の夜勤に出ているときです。マスターカードかアメリカンエキスプレスが父を捕まえようとすることが月に何度かありました……彼らは返済を求めていたわけですが、当時一四歳だった私には印象に残っています。両親は私が一六歳になるまでに離婚しましたが、それで母の人生は救われたと思いました。そこで一言。身の丈以上の暮らしをすることは破滅への道です」――七〇〇万ドルの純資産を

持つマーケティング担当の企業幹部

不利な状況に打ち勝つためにそれを無視することができた素晴らしい男女がたくさんいる。ある意味では、彼らはこれから起こりそうなことを毅然と無視し、より良い何かを期待することに集中しているのだ。新しい事業が失敗する確率、組織でリーダーとなる可能性、結婚で成功するチャンス、または経済的に自立する可能性を考えてみればよい。自らの行動や判断を考えることなく不利な状況にばかり目を向けていたら、第一に挑戦することすらしないかもしれない。まもなくとなりの億万長者となるウィスコンシンのエンジニアの例について考えてみよう。

私は当時二三歳で、離婚したばかりで、仕事のスキルもなく、最低賃金の仕事で二人の子供を養うことに苦労していました。祖父母が近くまで旅をしてきて、私を尋ねてきたのです。電話は止められていたので、彼らは前もって電話をかけることができませんでした。祖父は私が今まで自問したことのない最も重要な質問をしてきました。「どうしてこんな暮らしがしたいんだ」。もちろん、だれもこんな暮らしはしたくありませんが、われわれはアメリカに住んでいること、そして自分が望まないかぎり無一文になる必要などないことを説明してくれました。最終的に祖父は大学に行ってエンジニアリングの学位を取るように私を説得しました。アメリカならではの話です。

次のケースは、いまや一〇〇～一五〇万ドルの純資産を持つジョージアの企業幹部である。

引退直前だった私の母はその数年前に失業しました。この出来事が四つ年上で、三〇年ローンで購入したばかりの新しい高価な家の支払いのために働いていた父親にさらなるプレッシャーをかけることになりました……私が両親の下で育つ間、両親はいつも経済的に困っているように見えました。買い物はいつもクレジットカードで、新しい車もローンで買うといった具合です。「この」行動パターンを振り返って、私は家族のような生き方はせず、借金とも無縁で、われわれが住んでいたような多額のローンを抱える大きな邸宅を除いては、車も現金で買えるような立派な仕事をしようと心に決めました……これは私の目を開かせる体験です……家族のなかで働いているのは私だけでした（妻は子供たちと家にいました）。私はできるかぎり早く住宅ローンを完済し、家族のために本当の経済的自由を手に入れるのだと意思を固めました。

前述のケースは、過去二〇年間にわたって集めた富を築くうえでは理想的とは言い難い環境から抜け出す方法はいくつもあることを示すストーリーや逸話の一部でしかない。おそらくはこのような幼少期の体験ゆえに経済的に成功した人々は経済的に自由な人生を求め、そのような目標を達成すべく取り組んだのだ。だが、そのような軌道修正が可能となったのは、彼らが経済的な目標に向けた自らの姿勢と、最も重要なことである行動を改め、富を築くうえで有効なものへと調整したがゆえである。

本当のアメリカンドリーム

超消費主義的で、落ち着きのないわれわれの社会では、アメリカで手に入る自由、多くの犠牲を払った人々が勝ち取った自由を忘れてしまっている（もしくは、無視している）。われわれに自らのストーリーを語ってくれた多くの億万長者は、自分たちの家族のアメリカまでの旅路はほとんど覚えていない。われわれの多くは、先祖たちの旅路、そしてアメリカで暮らし、働くための航海に出るために彼らが支払った感情的・心理的・経済的代償をまったく分かっていない。その旅路に思いを致し、その代償を尊いものと考えるのではなく、われわれはわが国が与えてくれる機会を当然のことと考えている。最近われわれの仲間になった人たち、アメリカに移住し、新しい生活を始めた人たちの話を聞くとまったく異なる絵が見えてくる。次の段落では、もう一人の読者であるH女史が、移民である彼女の母親がどのようにして億万長者になったかということに対して独特の見方を示してくれている。

私は一九八〇年代前半にアメリカに移住したシングルマザーに育てられました……彼女は英語をうまく話すことも書くこともできませんでした……私が知っているなかでもおそらく一番質素な人物でした。彼女はまるでしみったれCEO（最高経営責任者）のように家計を切り盛りしました。つまり、経費を削減するのです……。

彼女のケチな母親が貯めたお金は自分たちのベンチャー事業にすぐに再投資された。その初めがレストラン経営である。H女史は小学校に通うようになると、家族で経営するレストランで兄弟とともに一生懸命に働いたのだと説明する。H女史の母親は子供たちの服ばかりか自分の服もリサイクルショップやグッドウィルの店舗や厳選したフリーマーケットで購入することでお金を貯めたのだ。それにもかかわらず、自分たちは不利な条件にあるとか、経済的に恵まれていないと考えている家族は一人もいなかった。一家は富を築きながら、自分たちは中流から富裕層への過渡期にあるのだと認識していたのだ。それゆえ、リサイクルショップで購入した服を着ていても、彼らは一度も落ちぶれているとは感じなかった。

後に、彼女の母親はビルを購入し、そこでレストランを開いた。それから彼女は時間をかけて収益物件を次々に取得し、最終的にはいくつかのショッピングセンターを手にし、やがてマルチ億万長者として引退する。現在、H女史の母親は、経済的に自立した高齢者のほとんどがそうするように、ゆったりとした生活を楽しんでいる。

グッドウィルのようなお店をひいきにする人はすべて経済的に最下層にある人々とは限らないということを肝に銘じるべきである。後の章でみていくとおり、起業精神のある野心家もいれば、抜け目ない消費者もいるのだ。彼らは質素に暮らすことで事業と、最終的には富を構築せんとしているのだ。すでに指摘したとおり、この手のライフスタイルはすべての人にとって魅力的なわけではない。だが、富を蓄積するための信頼できる道筋ではない、ということではない。

H女史がわれわれに手紙をくれた目的は、母親を批判することではなく、むしろ愛情をもって育ててくれたことを称賛することにあった。H女史と彼女の兄弟は、母親は家族のために経済的に自立するという夢を持っていることを認識していたのである。さらに、彼女の子供たちは母親以上に長時間懸命に働き、また自分のことにはお金をかけない人物は存在しないと考えていた。H女史は母親を通じて次の教訓を学んだのだ。

母は、お金をどのように「消費した」か、お金によって自分たちがどう変わったかではなく、お金を貯め、そして公平に人と接することで、いかに本当に偉大なことができるのかが、人間の本当の価値を決めるのだということを教えてくれました。真っ当に働いているかぎり、職業に貴賤などないのです。

Ｈ女史の母親の蓄財方法からわれわれは何を学ぶことができるだろうか。慎重な消費と貯蓄を続けた結果、だれもがうらやむような経済的チャンスを手にすることが可能となる。マーケティングやメディア業界の人々が消費や貯蓄や収入に関して、われわれにどのような影響を与えようとしようが、お金を使えとけしかける社会の風潮にあらがうことがどれほど難しかろうが、経済的に自立した生活には規律ある行動パターンが必要なのだ。経済的に自立するという目標に明確に焦点を当てなければならない。質素に暮らすことは、アメリカで社会経済的に成功するまでの一時的な暫定措置だと考えてはどうだろうか。

経験がものをいう

発達心理学者でも子育ての専門家でもないにもかかわらず、われわれが幼少期の体験について議論するのは、①人生で経験したことが将来大人になってからの結果を予測することを示す調査が不足していること、②この分野についてわれわれにアドバイスを求める読者が多く存在すること——が理由である。自力で富を築き上げた人々のライフスタイル、習慣、そして心理に関するわれわれの調査を総合すると次のことが分かる。

●両親の倹約ぶりや資金管理の習慣は、その子供たちが経済的に成功する可能性を高めることを示す証拠が存在する。これはわれわれが過去二〇余年にわたって集めたストーリーによって経験的証拠、事例証拠として示されている。

●子供たちが両親の経済的行動をいくら学んでも、最終的にそれらの行動を実行するかどうかの判断は個人による。

確かに質素な両親から出発する億万長者は多いが、自分の両親は高校の同級生の家庭よりも暮らし向きが良かったと答えた億万長者はたった三二％にすぎない。そして今日でも当てはまることだが、裕福な親族が持つ資産から収入を得ている億万長者はほとんどいない。実際に、われわれが調査した億万長者の収入のうち遺産や信託財産が占める割合はたった一四％であり、親族からの現金などの贈与はたった一〇％である。

結婚と蓄財

われわれは平均すると日に二・五時間配偶者とともに過ごすので[6]、結婚がわれわれの経済的行動や富にまつわる行動、そして成功に影響があることは容易に理解できる。われわれがこれまでに調査した億万長者たちはたいてい既婚か再婚しており、配偶者は自分たちの経済的成功に重要な要素であるとみんなが答えている。億万長者に関する最近の調査では、九三％が既婚か再婚であり、そのうち八〇％以上が協力的な配偶者の存在が自分たちの経済的成功の主たる要因の一つであると認めている。全米経済研究所は、六五～六九歳の既婚カップルの純資産の中央値は、同年代の未婚者のそれの二・五倍になることを発見した。[7]また、互いに愛し、尊敬する関係であり続けることは経済的にも効果がある。というのも、オハイオ州の研究では離婚によって平均七七％の富が減少することが分かったのだ。[8]

第5章で議論するとおり、家庭での財務管理に関するさまざまな仕事はだれかが引き受けなければならない。夫婦で役割分担をするにしても、二人が共通の認識を持っていれば、それも容易になる。経済的に成功している夫婦は自分たちの経済的問題に共同で取り組み、また概して、目標や目標を達成するための方法論について意見が一致している傾向にある。[9]配偶者双方が相手に寄せている信用度が似ていることが将来設計について一体感をもたらすという証拠もある。[10]ある引退した億万長者が結婚と富に関する彼の考えを教えてくれた。

妻との出会いは私の人生を変える出来事だったと言えます。彼女は私の成功を百パーセント信じてくれました。彼女は、私が自信を失っているときでさえ私はきっと成功すると考えていました。われわれは同じ人生の目標を持っていたのです。われわれは身の丈に合った暮らしをし、いつも将来を見越して貯金していました。結婚してから最初の八年間は共働きでした。彼女が子供たちと暮らす家（少なくとも子供たちが学校に通っている期間）

を欲しがっていることは知っていましたので、一人分の給料を基準に家を買いました。その効果は分かっていました。私のキャリアを通じて彼女が私を支え続けてくれたことで、私はビジネス上のリスクをとることができ、それが今日の経済的に独立した生活への道を開いたのです。

仮に典型的な世帯を事業ととらえると、その世帯のリーダーたちは資源を管理するうえで異なる役割を担っていることが分かる。となりの億万長者の妻の一人が次のように語っている。

私が世帯のCOO（最高執行責任者）であり、CPO（最高調達責任者）でもあると言うと、夫は笑います。彼の役割はCFO（最高財務責任者）ですが、私たちはいつも予算配分の方法で意見が合いません……つまり、予算は検証されるべきか、使われるべきか、守られるべきか、といった具合です。お金に関してちょっとした争いがあると、ほかのすべてが台無しになるように思います。でも、たとえ私たちがお金に関して異なる考えを持っているとしても、たいていの場合は考えを共有できるよう努めています。

配偶者の一人が財務管理の大部分を引き受けなければならない場合もある。次に挙げるような、その妻に言わせれば配偶者がかなりの浪費家であるとなりの億万長者夫婦は理想的な例である。

私の夫がわが家の家計に興味を持ったのはほんの数年前、私たちが引退するときです。結婚は三二年続いています。私でなかったら、誇るべき貯金などまったくなかったでしょう。私たちはペースを保つために、結婚してすぐに個人的な消費は別々にしなければなりませんでした。彼には自由に使えるお金が必要でしたので、私が世帯の支出と貯蓄は管理しました。

『なぜ、この人たちは金持ちになったのか』（日本経済新聞出版）のなかで、ほぼすべての億万長者は自分の配偶者は正直で（九八％）、責任感が強く（九五％）、愛情にあふれ（九五％）、有能で（九五％）、協力的だ（九四％）と答えていた。これら億万長者のほとんどが、プロポーズをする前に自分の将来のパートナーがこれらの性格を持ち合わせていることを知っていたのだ。あるデカ億万長者で企業の経営幹部を務める人物が、自らの成功に奥さんがどのような役割を果たしたかを語ってくれた。結婚から二年がたったとき、彼は彼女に誕生日に何が欲しいか尋ねたのだ。彼女は、世界で最高のプレゼントは彼が大学に戻って、学位を修了させることだと答えたのである。彼女は学生寮に生活の場を移し、彼を支えるべくフルタイムで働くと言いだした。このプレゼントは最終的に、彼のキャリアと二人のライフスタイルという点で大きな実を結んだのである。

われわれはオーエンという営業担当の企業幹部からのeメールを読んで、このケーススタディーを思い出した。オーエンは五〇歳になったときに職を失い、自らの最良の日々は過去のものとなったと考えるようになった。それが現実か妄想かはともかく、彼は心配するようになった。それは、彼の妻には寝耳に水であった。だが、彼女は夫のキャリアの行く末を信じて疑わず、自ら五〇〇〇ドルを投じて一流の職業斡旋業者を雇い、オーエンが仕事の口を得る手助けをしたのである。

将来の配偶者を選ぶリトマス試験

前向きな読者のなかには、配偶者の選択についてよく父に質問する人もいた。それが自らの将来の経済的成功に大きな影響を及ぼすことを知っていたか、学んだことは明らかだった。われわれの研究はこの問題を解決する水晶玉を持っているわけではない。父が彼らに伝えることができたのは、億万長者のうまくいった結婚に貢献する配偶者には特別な素養があるようだ、ということだけである。『なぜ、この人たちは金持ちになったのか』のなかで男性の億万長者の八六％が「利他的であること」が大きな要因だと答えている。また、それら億万長者のほとんどが自分の妻は愛情にあふれ、安定した環境で育ったと父に語っている。彼女たちは、当初の慎ましい生活を過度に補うために浪費に走るようなこともなかったようである。
『なぜ、この人たちは金持ちになったのか』の「金持ちになるための配偶者の選び方」の章で次のように記している。

典型的な億万長者の夫婦は三〇年近くをともにし、彼らの絆は不変であるばかりか、経済生産性も高い傾向にある……彼らの世帯の生産性の高さを説明するよう夫や妻に問うと……互いに大きな信頼を寄せている。

協力的な配偶者を持つことが自らの経済的成功の重要な要因ではないと答えた億万長者が一〇〇人であるのに対し、配偶者は重要であるとした人は一二一七人いる。自らの配偶者を信用していない一〇〇人のうち、二二人は一度も結婚したことがなく、二三人は離婚や別居をしていた。つまり、配偶者が自らの経済的成功において重要な役割を果たしていないと考えている人は一三一七人中たった五五人（四・二％）ということになる。

正直こそが結婚の最良の方策である

結婚を真剣に考えている一方で、借金が残っていたとしたらどうするだろうか。ここでは正直こそが最高の方策である。自分の将来の配偶者に自らの経済状態を伝えるべきであるし、借父は数年前に記した次のブログで自らの状況を特定のグループのせいにすることと、そのグループから学ぶことの違いを強調している。

配偶者……そして一％

数年前のフォーブスの論説で、ニーナ・イーストンは「お金持ちを非難するな、一％の防衛」と記した。一％に属する人々を終始非難するかわりに、ほとんどの人々がそのような裕福な人々の習慣を理解すれば、蓄財について多くを学ぶことができるだろう。彼女は簡潔にこう記している。「有力者や欲深いお金持ちについて嘆くことは楽しいものだ。だが、拡大する格差を真剣に是正しようと思うなら、一％が正しいことをしていることも把握すべきである。そしてそれらのアイデアのいくつかを格差を縮めるために取り入れるべきである」[11]

『となりの億万長者』の当初の題名は『だから彼らは裕福なのだ』であった。必ずしも富を予測するものではないが、長きにわたって安定した婚姻関係と億万長者というステータスは切り離せない傾向にある。そして、離婚や引っ越しや財産の分与や別れた子供たちの養育費は、結婚の解消に関連する不幸で予定外の出費である。『なぜ、この人たちは金持ちになったのか』で記したとおり、「安定した婚姻関係は最終的にかなり大きな富につながるのだ。反対に、長きにわたって婚姻関係を維持できない人々は大人になってから積み上げる富が少なくなる傾向にある」。

億万長者や、おそらくその地位を獲得するであろう人々は特定の特徴を持ったパートナーを選び出す独特の能力を持ち合わせている。億万長者が自分たちの配偶者について、最初に口にすることには「堅実」「利他的」「伝統的価値観を持っている」「私の感情面の支え」「忍耐強い」「理解がある」[12]などがある。

過去の研究で調査した全米のおよそ六七〇人の億万長者のうち、六八％が終生同じ配偶者とともにあり、一方で二五％が再婚していた。同じ調査で、八六％の億万長者が自分が一八歳の誕生日を迎える前に両親が離婚したことも別居したこともないと答え、二〇〇五年に『〝ふつうの億万長者〟徹底リサーチが明かす お金が〝いやでも貯まる〟5つの「生活」習慣』で行った調査ではそれが九〇％をわずかに下回った。

収入と富とが高い相関関係にあることは十分に立証されている。高所得世帯の夫婦は伝統的なタイプである傾向にある。所得水準が二〇万ドル以上の世帯が行った税務申告のうちおよそ八五％が夫婦合算申告である。五万ドル以下の収入で合算申告を行ったのはたった一八％である。[13]夫婦ともにフルタイムで働く高所得世帯はこれまでになく多くなっているのだ。

り入れを減らす方法について正直に議論することが賢明である。人生を変えるような瞬間について話してくれたダグという名の男性がこのことを思い出させてくれた。

私にとっては将来の妻に会ったときでした……彼女は私に「借金のある人とは結婚しない」と言ったのです。借金（四万五〇〇〇ドル）を清算するのに一四カ月かかりました……彼女は私にデイヴ・ラムジーと『となりの億万長者』とを紹介してくれました。二つとも私に大きな影響を与えました。

正直さに欠けること、とりわけ借金に関するそれは盛り上がる求愛を突然に止めてしまいかねない。ヘンリーとサリーの例を考えてみよう。数年間のお付き合いのあと、二人は結婚することに決めた。だが、結婚も間近に迫ったころ、ヘンリーはサリーの債権者から書状を受け取った。彼の名前は彼女の借入申請書のいくつかで信用照会先として挙げられていたのだ。後に彼は、彼女が借入契約に違反していたことを発見する。彼女はすでに二万ドルの消費者ローンで債務不履行を起こしており、さらに一万五〇〇〇ドルの借り入れでもそうなりそうだったのだ。しかも、これらは彼女の学資ローン残高には含まれていなかったのだ。

ヘンリーが信用状況についてサリーに問い詰めると、彼女は解決策を提案した。高額所得者であるヘンリーに債務残高の支払いを「助ける」よう求めたのだ。彼女は、ヘンリーが「そうしよう」とさえ言えば、自分の借金問題はヘンリーにとってさしたる問題ではないだろうと考えていたのである。彼女はヘンリーを大変誤解していた。彼は婚約を解消した。それは、借金問題のためでも、信頼を裏切られたためでもなかった。ヘンリーは、サリーはお金については大変無責任だと判断したのである。

付き合う仲間たち

家庭での生活が愛情にあふれたものか、家計に関するある程度の教育がなされているか、配偶者や大切なだれかが経済問題に対する自分の考え方を共有しているかにかかわらず、経済的目標を達成する能力に影響を及ぼす可能性はあるが、われわれがその影響をある程度はコントロールできるさらに二つの重要な事柄がある。

一つ目が周囲の人たちとの比較だ。つまり、自分が持っているもの、自分が消費することができるもの、そして自らの成功を周囲の人のそれと比較するのである。計量社会学の分野では個人がいかにグループに適合するかに関心があり、そこでのランキング、つまり周囲の人たちとの関係で自分がいる位置が自らの行動や態度にどのような影響を与えるかに焦点の多くが当てられているのだ。主観的な幸福度（一般に、自分自身と人生の多くの点についてどう感じるか）は自らの社会経済的立ち位置よりも、計量社会学的立ち位置に関係することが研究によって分かっている。言い換えれば、自ら手にしているものに対する満足度は、富や収入という点で自分が全国民のなかでどこに位置するのかとは必ずしも関係がなく、むしろ自らのコミュニティーに密接に関係するのである。[14] 計量社会学的な立ち位置は、身近な仲間たち（たいていは日々やり取りのある人々）がどれだけ自分を尊敬し、称賛するかによって定義されるのである。

二つ目はそもそも周囲の人々の消費習慣を気にしないことである。億万長者やほかの母集団に関するわれわれの調査では、他人がしていることを気にしないということ（『となりの億万長者』の主題である）は、年齢や収入にかかわらず純資産と関係があることが分かっている。

例えば、グループでの買い物は、消費をどのように考えるか、最終的にはどのくらい頻繁に買い物するかに影響を与えることが分かっている。通常、これらの結果は直接足を運んで行う買い物（一〇代が好例だ）に関係することが分かっている。[15] ケチな買い物客でさえ、自分は倹約家だと思っていても金遣いの荒い友人といるといつもよりも多く買い物をしてしまいがちになるように、[16] 倹約ぶりは周囲にいる人によって強まりもすれば弱まりもするのだ。消費については次章で焦点を当てるが、ここではだれもが興味を持つ家族、ジョーンズ一家について考えてみよう。

社会的無関心――だれもジョーンズ一家を気にしない

他人が乗っている車、買っているもの、着ている服を気にしないという概念をわれわれは社会的無関心と呼んでいる。あらゆる分野の消費に関して高い水準での社会的無関心を発揮する人たちには富を築くより良いチャンスがある。他人の車や洋服やおもちゃ（最新のスマートフォンを想起されたい）に対するこの無関心は長期にわたり富を築く能力と関係がある。[17] 具体的に言えば、社会的無関心は生活のなかでの人目を引く買い物を競い合うことへの免疫として役立つ。

信頼性をもって評価したところ、自らの周囲の流行に対する無関心さは年齢や収入にかかわらず、純資産と関係があることが分かった。他人が買っているものにひたすら注意を向け、一貫して最新かつ最良の消費財（テクノロジーやアクセサリーなど）を求める人は長期にわたって富を築く可能性が低くなる。社会的無関心は、年齢や収入、またはどれだけの富を相続したり、贈与されたかにかかわらず、純資産を予測できる。『となりの億万長者』で紹介した蓄財優等層と同じように、社会的無関心を実践する人は富を築く可能性がより大きくなるのである。

収入を富へと転換することに成功する人たちは、乗っている車や仕事着やソーシャルメディアの投稿内容などに一貫した行動パターンがある。その一例が次に挙げるオハイオの億万長者だ。

事業を起こしてから最初の一〇年、妻と私は「ジョーンズ一家に追いつこう」ともしなかったのです……私の友だちはスポーツイベントやコンサートのシーズンチケットやカッコいい車を持っていました。私は懸命に働いていましたが、われわれはそのような彼らの行動に加わらないことに決めたのです。後知恵ではありますが、われわれは何も恋しいとは思いませんでしたし、本当に「苦しむ」こともありませんでした。われわれは常に質素で、貯蓄に努めていますが、みじめではありません。われわれはただ自分たちの事業を拡大すること、そして子供たちを育てることにばかり力を入れていただけです、つまり一生懸命に働いていたわけですが、今となってはわれわれが手にした恩恵を少しばかり楽しむことができています。

消費者の貪欲さには勝利はないであろう。新たな商品への買い替えを促すような流行やスタイルや流行は常に存在するであろう。自らの収入を富へと転換することができる人たちは、富を追及する過程で消費動向や新しい商品や流行のきらびやかなアクセサリーを無視することができるのだ。例として、C夫人を取り上げてみよう。彼女の友人は日々の買い物競争で人の一歩先を行くことにとても熱心である。

別の友人が口にするまで私はこのパターンに気づきませんでした。私が車を買うと、彼女はより大きく、より高価な車を買うのです。私の子供たちが学校で良い成績を修めると、彼女は自分の子供たちが手にした賞や表彰状で応戦するのです。私は家を購入したので、最初に買った家は賃貸に出していました。すると彼女はより大きく、より高価な家を購入し、別の家を賃貸に出したのです。これは育児から教育や休暇に至るまで、あらゆることについて行われました。そして、彼女はいつも時間をかけてこれらのことにいくらかかったか、また自分たちの稼ぎがいくらあるか、そしてどれだけの「もの」を所有しているかを説明するのです。

もし彼女が私と張りあうことを望んでいたのであれば、実際には彼女は真逆のことをしていたことになります。彼女がお金を使えば使うほど、そしてそれを自慢すればするほど、私はお金を使いたくなくなっていたのです。

幼い女の子がC夫人の友人はお金持ちなのかと尋ねたとき、C夫人は彼女に「あれだけのものを持っているということは、隣人がどれだけお金を使ったかというだけであって、彼女にどれだけの価値があるかということではないわ」と答えた。そしてC夫人は心のなかでこう思っ

成功は胸に秘めておく

これほど多くのとなりの億万長者たちが、自らの大きな社会経済的成功を控えめに述べることを不思議に思ったことがあるのではないだろうか。彼らは贅沢な商品や高価な住宅を買うことで、自らの経済的生産性を誇示する必要はないのである。自らの成果そのものが彼らの成功の証しなのである。例えば、経済的な成功、とりわけ経済的な独立はそれ自体が褒美である。反対に、期待どおりにお金を使うことができる自らの大きな能力を誇示したいと飽くなき願望を持っている人々は収入型（ＩＳ）富裕層の群れに落ちる結果となる。確かに、自分が高額所得者であることを一般の人に納得させるためには多額のお金がかかる。通常、そのような人々はハイパー消費を繰り返しながら暮らしているのだ。ほかとの比較に加えて、自分たちの消費パターンを通じて他者にステータスを示すことがステータスだと考えているわけだ。億万長者やデカ億万長者だけでなくマス富裕層や新興富裕層を調査するなかで見てきたとおり、ジョーンズ一家に関心のない人々、そして自らの立場を他者に誇示する必要性も動機もない人々は経済的成功を手にしやすい。例えば、自らスポットライトを浴びるのではなく、裏方であることに満足しているエンターテインメント業界での成功者について考えてみればよい。父はこの原則を説明したウォール・ストリート・ジャーナルの記事にいたく感銘を受けていた。[18]

ダイアン・ウォーレンはセリーヌ・ディオンからロッド・スチュワートに至るまで多くの人たちに一五〇〇以上の楽曲を提供してきた。実際に、彼女の顧客リストはまるで「ポップ音楽業界の紳士録」である。私は、「歌手」に分類される人々はほとんどが超消費主義の収入型（ＩＳ）富裕層であることを発見した。彼らは常にステージで観客の前に立つことを求めており、ただ生活費を稼ぐことを目的としていない。ある意味で、これらの人々は原始的な生活形態を取っている。彼らは自ら狩りをし、収入を集め、そして際限なく楽しむのである。

だが、ダイアン・ウォーレンはまさにその正反対だ。彼女は人類学者たちが「農耕民族」と呼ぶ部類の存在だ。農耕民族は種をまき、作物や木々を育て、家畜の世話をし、そして曲を書くのだ。ライブのパフォーマンスとは異なり、曲は蓄えることができるし、一生涯を超えてなおロイヤルティーを生み出すことができるのだ。

記事によれば、「ウォーレン女史は、一般のリスナーが自分が曲を書いたことを知ろうが知るまいがかまわないという。『彼らには歌い手がそれを書いたのだと確信するほどに歌い手を信用してほしいと思っている。私は作曲家として小切手に名前があればそれだけでいい』」。

それが車であろうが、家であろうが、旅行であろうが、消費を通じて成功を誇示したいと思う欲求は富を築くうえでは大きな障害となる。自分の子供たちには農耕民族の美徳とやむことのない狩猟採集生活の厳しい現実とを教えたほうがよかろう。

た。「私の経済状態は安定しているし、快適な引退生活を送れそうだ。隣人によれば、彼女は自分の引退後の生活を支えるべく大金が得られる日が来るのを待ち望んでいるらしい」

『〝ふつうの億万長者〟徹底リサーチが明かす　お金が〝いやでも貯まる〟5つの「生活」習慣』のなかで、消費主義の影響、そしてそれが子供たちに与える影響にいかに立ち向かうかを強調するために次の質問をした。つまり「自らの子供たちが学校に通うようになり、たくさんの高価な消費財を見せつける子供たちと互いに交わるようになったら、何が起こるだろうか。子供たちはなぜ同じ商品を与えてくれないのかと言ってくるであろう。彼らにはこう伝えるべきである……買ってもらったもので、その人間の本当の価値や能力を判断してはならない、と。まるでお金持ちのように着飾り、車に乗っている人ほどお金持ちではないことが多いのだ[19]」。

自らに満足するかどうかは、周囲の社会的グループにおける自らの立ち位置と関係がある。

社会的グループからより強い影響を受ける人たちもいる。友だちと時間を過ごすことはプラスの効果を持つが、もし終始身の丈に合わない暮らしをしている人たちと自分とを比較するのであれば、それもマイナスのものとなる。自分は不幸だと感じ、やがてすっからかんになるであろう。

医師というステータスにまつわる悩み

内科医や外科医の年収は、平均的なアメリカ人の四倍にも上る（四万九六三〇ドルに対して二一万〇一七〇ドル……これらは平均値であり、中央値でないことに注意）。アメリカの内科医や外科医はおよそ六五万人[20]であるが、彼らは蓄財に難のある（多少は正当化される）高額所得者の典型に分類されてきた。これはデータポインツで行った流行調査でも分かることで、医師の大多数は倹約という点でのわれわれの評価からすると三三パーセンタイル以下に分類され、また投資や財務管理の知識や専門能力の指標となる経済面での判断力は低い傾向にある。父は二〇一一年版の『となりの億万長者』のまえがきで、いつの時代も存在する高収入を得ながらも富の蓄積が少ない個人について次のように述べている。

今日多くの実収入を得ている人々は、例えば二〇年前のそれよりも富を築くことが上手だろうか。「そうでもない」というのが明確な答えである。私が二〇年前に記したことのほとんどが今日でも当てはまる。今日でも、高い収入を誇る医師や弁護士や企業の中間管理職などは、収入を富へと転換することに関しては平均以下である。そして、概して高収入を得ている多くの夫婦が資産型（ＢＳ）富裕層というよりも収入型（ＩＳ）富裕層タイプに属するのである。[21]

医師たちの純資産の中央値は、たいていは学資ローンと年齢ゆえにマイナスとなることが多いが、ほかにも要因はある。医師というステータスに対する執着だ。

とりわけ難しいのは、隣人や友人やソーシャルメディアを通じた友人の友人や同僚たちの金遣いが荒い場合である。また、自分が特定の（つまり、医師や弁護士、企業幹部など）職業に就いている場合などはさらに難しいかもしれない。多くの人たちが医者が乗っている車、または住んでいる地域はかくあるべしという固定観念を持っている。次の例について考えてみてほしい。われわれが最近行った全国的な調査で、億万長者たちが今までに買った腕時計で最も高かったのは三〇〇ドルであったが、われわれが調査した医師の腕時計は七〇〇〇ドルであった。『となりの億万長者』で父は次のように述べている。「非常に教育水準の高い人々が富を基準に見ると後れを取っているもう一つの理由は、社会が彼らの属するものだとみなすステータスと関係があるに違いない[22]」

富を築くためには、医師とてもコントラリアンでなければならない。彼らは、周囲の人たちや仲間の医師たちによって影響を受けたり、他人が医師はかくあるべしと思うような役割を演じるのではなく、自らが経済的に成功することを可能とするような判断を下さなければならないのだ。富を築くためには、われわれは自分のことに集中し、高い給料を富へと転換させることに焦点を当てる必要がある。ジョーンズ医師が乗っている車、彼女が住んでいる場所、彼女が最近買った高級腕時計を気にしないことが富を築くうえでは重要なのである。

つながる経済の財政的マイナス面

ジャーナリストや読者は、今日、となりの億万長者になるのは一九八〇年代や一九九〇年代よりも難しいかどうかとひっきりなしに尋ねてくる。おそらく、本書の読者の方も同じ疑問をお持ちであろう。答えは、イエスでありノーである。さもなければ、心理学者や社会科学者の多くは、一概には言えない、と答えるであろう。

医療費や教育費を見ると、節約して何百万ドルも作ることなどあり得ないように思える。だが、『となりの億万長者』を初めて出版して以降行ってきたケーススタディーやインタビューや調査を通じて示されているとおり、経済的独立と財政的成功の礎は変わらないのだ。

だが、この目標はテクノロジーの発展とその高まる影響によって、達成するのがかなり難し

そんな車に乗れない

これまで議論してきたとおり、多くの場合、そして自分自身のケースでも、だれかが下した経済的判断、通常は消費者の購買行動に反映される判断をバカにすることがある。父が二〇一四年に議論していたとおり、経済的に有利な判断かもしれないが、一方でそれはバカにされるものかもしれないのだ。

『〝ふつうの億万長者〟徹底リサーチが明かす　お金が〝いやでも貯まる〟5つの「生活」習慣』で、私は華麗なるお金持ちを、非常に高い収入を得て、自由に使える膨大な富を持ち、したがって高級車や邸宅にお金をつぎ込める人々として紹介した。だが、彼らが何にお金を使おうとも、その額は彼らが持つ純資産全体からすればほんのわずかにすぎないのだ。このような人々は、わが友ジョン・ロビンが「ブルーブラッドエステーツ」と呼ぶ地域に集中している。

私はお気に入りのアメリカの歴史博物館のレセプションで一時間以上を過ごした。私がフォーチュン一〇〇企業の幹部で高給取りのギリスに初めて会ったのはそのときである。展示されている美術品に関する短い会話ののち、われわれは高性能の自動車という共通の趣味があることを発見した。ギリスは私に、ポルシェとＢＭＷとＶ12メルセデスを所有していると語った。そして「新しいコルベットをどう思うか」と尋ねるのだ。『カー・アンド・ドライバー』『ロード・アンド・トラック』『オートウイーク』『モータートレンド』でも最も高い評価を得ていると私は答えた。するとギリスは私に本当は一台買いたいのだが、それができないのだと言う。「ブルーブラッドエステーツの真ん中に住んでいると、コルベットなんて乗れないんだよ」。実際に、この話題はギリスと、近所にコルベットなんて望まない彼の隣人たちとの間でも議論されていたのだ。

私は、なぜギリスのような人々がコルベットに乗ろうとしないのかをたびたび説明している。ポルシェに乗る華麗なるお金持ち（ギリスもそのひとりだ）は、「金のチェーン」をつけた庶民だと思われるようなことは望まないのである。それゆえ、彼らは性能に勝るコルベットを買うのではなく、ポルシェにはるかに多くのお金を投じることになるのだ。過去の記事で、私は次の三つの変数のうち消費の予測因子として、どれが最も優れているか問うたことがある。つまり、収入、純資産、そして自宅の市場価値だ。三つのうち自宅の市場価値が最も優れている。もしブルーブラッドエステーツにある高価な家に住んでいるとしたら、性能よりも高級ブランドを優先するよう

強烈な社会的プレッシャーを受けることであろう。

くなっている。計量社会学的なステータスという考えを踏まえれば、テクノロジーによって今や、われわれは友人や家族やかつての同僚や知人やセレブたちとも関係を強めることができる。このような関係が至るところに広がっているため、無数にある彼らのお金と時間の使い方をいつでも調べることができる。われわれの人間関係やキャリアやコミュニケーション手段がテクノロジーを通じていつでもつながるようになるにつれ、われわれは怠慢にもそれがもたらした経済的な危険を排除しなくなってしまう。

今日、われわれは自分のポケットや手帳にまで周囲の人々の影響を受けており、平均するとソーシャルメディアに一日二時間、フェイスブックだけでも日に五〇分も費やしている[23]。その二時間を新しいスキルの開発や新たなビジネスアイデアの調査や、友人や同僚や社員と直接接することに使ったらどうなるか想像してほしい。これに比べて、われわれの最近のサンプルとなった億万長者たちはすべてのソーシャルメディアを合わせても週に二・五時間しか費やしていない。ソーシャルメディアネットワークが、われわれが許容できると考えているたぐいの行動に影響を与えることは分かっているが、これは買い物や消費行動でも同じである。友人が買っているもの、着ているもの、そして見せつけているものは、われわれの同調願望を通じて、われわれに心理的影響を与える。ソーシャルメディアに費やす時間が多ければ多いほど、製品やサービスや経験のマーケティングがわれわれの購買習慣に与える影響が大きくなるのである。[24]

最近インタビューした一人の億万長者がわれわれに語ったように、「今や簡単にフェイスブックで見られるでしょう。これらすべての人たちは素晴らしい暮らしをしているかのように見えるけど、実際はそうじゃない」。

別の億万長者はもっと手厳しい。「もしソーシャルメディアに自分の写真を載せることに費やしている時間の半分だけでもほかのことに活用すれば、われわれはみんなもっと成長できるでしょう。そのほうがはるかに賢明なのは間違いない。それは何の役にもたたない時間の無駄遣いであり、刹那的であり、何らかの価値を持つ永続的な製品ではない。その時間はすべて無駄であり、人々は重要な問題に時間を費やそうとしないのです」

つながりにはコストが伴うようだ。そのコストとは、われわれの認知的・感情的注意力というコストであり、経済的目的を考えるならば、われわれのお金である。われわれはニュー、シャイニー、そしてナウに慣れてしまっている。一九九〇年代以上に、テクノロジーが多くの人に浸透したことでわれわれはスキナー箱のネズミのようになっており、ニュースやたわ言や消費財といった新しい餌を手にするべく終始スマホを触っているのである。科学者たちはスマホの画面を見る行動とそこから得る満足をドーパミンと関連付け、その利用をほかの依存性の習慣と同一視している。[25] 特に、周囲の人たち（家族、友人、隣人）やソーシャルメディア上で見る他者（セレブや政治家やプロスポーツ選手）の消費習慣にあこがれを抱くようであれば、それは経済的成功を達成するためには障害になるので、見ることを制限するべきである。

新しいマーケティング

ネット上や直接的なソーシャルメディアネットワーク上で話題になっている流行を無視することは質素なライフスタイルの始まりにすぎない。今日、テクノロジーによって可能となったもう一つの強力な情報源がある、ソーシャルマーケティングだ。二〇〇〇年代初頭までは、非ソーシャルの、追跡不能な方法でしかマーケティングはわれわれの生活に介入することができなかった。言い換えれば、雑誌のページをめくったり、テレビやラジオのチャンネルを変えたり、道路脇にある広告看板を無視することができたのだ。マーケターたちは調査をし、広告のキャンペーンをし、それからさまざまな非ソーシャルなチャンネルを通じて自らのブランドを売り込まなければならなかった。われわれは彼らに自分の一日を邪魔される許可を与える必要などなかったのである。だが、今ではｅメールによるマーケティングやソーシャルメディアへの投稿、そしてウェブサイトの追跡が可能なため、われわれは自らの認知資源を重要な物事のために取っておくという選択をしなければならない場合が多い。ここで、セス・ゴディンが生み出した概念であるパーミッションマーケティングの定義、そして彼が強調しているその上手な使い方、多くの企業が無視することにした方法論について考えてみよう。

パーミッションマーケティングとは、それを本当に欲しがっている人々に対して、期待されている、個人的、または関係のあるメッセージを提供する特典（権利ではない）のことである。

最良の顧客にマーケティングを無視する新しい力を認めるもので、人々に敬意をもって接することが彼らの注意を引く最良の方法だと理解しているのである。「注意する」がここでのキーワードであるが、パーミッションマーケティングを行う人たちは、注意することを選択した人には実際に貴重な何かを支払う意向があるということを理解しているのだ。そして、彼らが心変わりしてしまえば、マーケターたちが彼らの注意を取り戻すことはもうできない。「注意」は価値を置くべき、無駄にしてはならない重要な資産となったのである。[26]

今日、デジタル上に残された足跡によってマーケターたちはダイレクトに顧客予備軍に接触することができるようになり、オンライン上における行動パターンに合わせてコンテンツ、メッセージ、そして接触頻度を調整することができる。独創的かつ効率的なこの新しいマーケテ

最高のシャンプーに見る消費者の科学

マーケティングリサーチのバックグラウンドを持つ父は、消費者心理がわれわれの行動に与える力や影響を十分に承知していた。二〇一〇年に父が記した次の一節は、シャンプーの利用に関する自尊心のバカバカしさ、マーケティングがわれわれの認識や幸福に与える影響、そしてそれ以上に重要なことに、マーケティングの威力と富を築いて維持しようとするわれわれが認知的注意力を働かせるために必要となる規律を説明するものである。

先週のことだと思うが、私はかなり興奮し、誇りに思い、興味をそそられ、そして意識していることに気づいた。逆に言うと、あまり反感を抱かず、恥ともせず、神経質にもならず、イラ立ちも罪の意識もなかった。この高揚感は私の本の売れ行きが伸びていたことと、おそらくは二〇一〇年型トヨタ4ランナーの新しいカタログを手に入れたことに何らかの関係があると思った。だがその後、私はこの高揚した感情の本当の原因であるだろうことを突き止めた。シャンプーを変えたのだ。

二〇一〇年夏、私はシャワールームでパンテーンの「エクストラダメージケア」のボトルを見つけ、使い始めたのである。以来、ヘアスタイルが決まらない日はなかった。その後、P&G（プロクター・アンド・ギャンブル）がどうすればより多くの人にパンテーンの商品を買ってもらえるかという研究に多くの労力を費やしたことをリポートしたウォール・ストリート・ジャーナルの洞察力あふれる記事を読んだ。[27]多額の資金を費やしたマーケティングリサーチは十分に報われたようである。その記事によれば、P&Gのパンテーンには三〇億ドルの売り上げがあるという。P&Gによる最近の研究では、およそ三四〇〇人の女性を調査し、彼女たちが髪の毛で経験した二〇の感情の度合いをランク付けさせたのだ。決まらない髪の毛には、敵意や恥やイライラといった感情が伴うことが分かった。P&Gはイェール大学の心理学教授を雇って、調査結果の分析までさせた。教授であるラフランス博士は「決まらない髪の毛は自尊心にマイナスの影響を与え、社会的不安をかき立て、人々に自分たちのマイナスの面にばかり注意を向けさせてしまう」[28]ことを発見した。初めて知ったよ！

もちろん、パンテーンに関するP&Gの売り込み文句が「冴えない日」を終わらせる、であることは承知している。結果として、パンテーンを使う人たちは自尊心が高まると暗示されているわけだ。そして私は、富を築き、経済的に自立するためには同じことをしなければならないと考えた。

『〝ふつうの億万長者〟徹底リサーチが明かす　お金が〝いやでも貯まる〟5つの「生活」習慣』で私の師であり、マーケティングの特別栄誉教授であるビル・ダーデン博士が大学院生に常々こう言っていたと記した。「本当の才能をもって市場で競争する準備をしなければならない。アメリカでは本当に優秀な人物は国務省では働かない。医学研究所でも働かない。本当に優秀な人はマーケティング分野の仕事をしているのだ。ある薬品会社の痔の薬が競合他社の薬よりも優れていること……ある会社の漂白剤は白いものをさらに白くすること……それゆえ母親は夫や子供たちから愛され、尊敬され続けるということ。優秀な人はそう納得させる方法を考えているのだ」

彼は真剣にこの話をしたのだ。もしビルが今ここにいて、彼にアルコール（または整髪料）業界のマーケティング努力を評価するようお願いすることができたら、彼はきっとこう言ったであろう。言うまでもなく、「アメリカで最も優秀な人物たちはシャンプーのマーケティングの仕事に就いているのだ」と。

ィング戦略が、それぞれに合わせた説得力あるイメージやメッセージを信じがちな人々に危機をもたらしている。このマーケティングに対する免疫、つまり注意という貴重な資源を奪われないようにすることが富を築くためには重要である。われわれに影響を与え、経済的目標を達成する道筋からわれわれを逸脱させようとする存在に、われわれの注意力などをはじめとする資源を無駄遣いさせないことが市場に対するわれわれの力となるのである。

世界最大のマーケティング会社の幹部の次の言葉について考えてみてほしい。彼はわれわれが残している「ビッグデータ」の力と、マーケティングの関与について説明している。

買い物客の行動は変わり続け、彼らの「エンゲージメントに対する期待」は高まっているので、広告主たちは包括的な戦略を採用し、大衆に対する商品提案だけでなく、伝統的方法とデジタルの手段双方を通じてターゲットを絞った内容を届けなければならない。このような高まる期待に応える一方で、消費者に価値を届けるためには、市場で生み出されるビッグデータを効率的に分析することが求められている。[29]

データ分析の威力と人々がオンライン上に残した足跡によって、マーケターたちはそれぞれの製品とサービスを人々に提供する方法について確信を持っただろう。だが、となりの億万長者は一九八〇年代、一九九〇年代と同様に、この広告と雑音とを無視し続ける。日々強まるメディアとテクノロジーの影響を受けやすい人たちは、投稿された友人の写真と並んで表示されるターゲットの広告や疑似の記事を無視するためには桁外れの規律が必要であることに気づくであろう。

今日のマーケティング、そして前出のコラムで議論したパンテーンのシャンプーに関する広告をいかに信じるようになるかを考えてみればよい。

●コンテンツマーケティングは、一見、編集者やライターが書いたように見えるグッド・ハウスキーピングやレッドブックなどの雑誌記事を読ませるようにするものだが、実際にはP&Gが書いたものである。

●ソーシャルメディアマーケティングはグーグルでシャンプーを検索した人を「フォロー」するものだが、それによって閲覧したすべてのサイトの有料広告欄でシャンプーが提示される。

●最終的にシャンプーの購入を決断すると、ずる賢いマーケティング会社はアマゾンなどのレビューで付けられたレーティングを買い取り、お金をもらった評価者の「正直な」レーティングと引き換えにマーケティング会社は商品を提供する。

P&Gは消費者に影響を与えるために、二〇一七年には広告費に七五億ドルを費やした。[30]今日、富を築くためには、われわれは提示されている情報の種類、その情報源、それがわれわれの購買行動や自尊心に潜在的に与える影響をはっきりと自覚しなければならない。私は、最も効率的なマーケティング方法やデータマイニングを活用する企業を責めることはしない。というのも、それが彼らのビジネスであるのだから。われわれは自分たちが標的であることを肝に銘じなければならない。富を築き、富を維持することに集中する人たちは、賢くも「いつまでもタダ」なものはないことを心に留めておくことが重要だ。

倹約の流行

『となりの億万長者』を批判する人には、ケーススタディーで取り上げた人々の質素な購買習慣について優越感を誇示しているように見える人もいる。興味深いことに、二〇〇八年から二〇一二年の不況期には質素であることが流行となった。格安ショップやアップサイクルやリサイクルショップでの買い物や自宅で自作することが流行となった。

流行に乗った質素な人々は、それが便利であり、また有名ブランドの製品を割安で購入するなど、自分たちの倹約ぶりを通じて自らを示すことができるかぎりは、分相応の暮らしをすることの美徳を喜んで褒めそやしていた。この手の人々、そして無意識ながら多くの人々にとって、質素という流行は経済や流行の変化とともに移り変わるのである。

例えば、別の分野での流行同様に、アメリカ人によるクーポンの利用はシクリカルである。インマールという世界的なマーケティングリサーチの会社が流通（企業がどれだけのクーポンを発行したか）と償還（どれだけの人々がクーポンを利用したか）とを追跡している。彼らの調査結果によると、倹約は長期的な流行であることを示している。例えば、二〇一一年には三五億枚のクーポンが償還された。二〇一五年に償還されたクーポンはたった二五億枚だった。クーポンの利用によって億万長者になれるのだろうか。必ずしもそうとは言えないが、クーポンの利用はシクリカルであり、それが経済的独立をもたらす唯一当てはまる方法かと言われればそうではないだろう。富を築くことに鋭敏な人たちは、もっと一貫性と規律のある購買パターンを示すものである。それゆえ、持つべき疑問は、今日質素なのはだれかではなく、経済や流行やどこに住んでいるかにかかわらず、消費について規律を持っているのはだれか、である。一時的な偽倹約家の隣人たちとむやみに流行を追うのではなく、一貫性と規律を持つことが質素な行動には最も大切なのである。それは移り気な倹約ではなく、消費に関する一貫した行動パターンのことである。この考えは、好調な経済と完全雇用、そして株式市場の活況が倹約を、再びカッコ悪いものとしている今日こそ、とりわけ意味をなすのである。

富を築くための実証済みの方法に基づいて判断を下す人たちが経済的に成功するチャンスは大いに存在する。経済的なあらゆる点において前向きな経験を積んでいたとすれば、正反対の経験をしてきた人よりも容易に経済的独立への近道をたどることができるような行動パターンを身につけていたかもしれない。どのような育ちをしようとも、自らの経済的判断に責任を持つことが純資産の増加につながるのだ。そして、同じ人生を歩む相手とともに、今日、そして明日下す判断、少なくともこの国では自由に下すことができる判断がわれわれの行く末に影響を及ぼすのである。注意深く選択すべきだろう。

幸せになるためには、お金持ちのふりをするのをやめろ

富の追及、それ自体は空虚なものである。思うがままにお金を使い、その消費が将来の自由（この自由とは生涯収入を得続けるために仕事の奴隷になる必要がない、という意味である）にどんな意味をもたらすのかなど気にもしないで買い物ができるというのも浅薄な話である。父は常々こう言っていた。お金では幸せは買えない。信頼、人間関係、崇高な目的を持つこと、そして人生の意義を生み出すこと、父がインタビューした億万長者たちはこれらを追及することで、ポートフォリオのパフォーマンスよりもはるかに大きな満足を得ていた。二〇一〇年、父はお金と満足と幸福の関係を次のように記している。

人生における幸福をどう説明するのか、私にはまったく分からない。だが、私の本やブログを見直すと、人生における幸福と、自分がはめている腕時計のブランドや値段、ひいきにしているお店、乗っている車のブランド、または飲んでいるウオツカのブランドとはほとんど関係がないようである。人生全体の幸福は、買ったワインの価格や家の規模や市場価値や整髪にかけたお金すらまったく関係がない。

この問題にもう少し光を当てるため、私は人生における幸福と、全国的に調査した一五七四人に上る高額所得者や富裕層たちに見られた二〇〇以上の特徴や行動や姿勢との関係を検証してみた。ここでの相関関係は必ずしも因果関係を示すものではないことに注意してほしい。

健康、家族、そして仕事という要素を超えて、人生に満足する人と満足しない人がいるのはなぜであろうか。統計的有意性という面で見ると、次に挙げる項目（寄与度順）の同意が多い人ほど、幸福の度合いは高くなる。


一．自分は、富や収入の同じグループに属するほとんどの人よりも多くの富を保有している。

二．われわれは近所の人たちよりも経済的に裕福だ。

三．昨年、自分は収入の五％以上をチャリティに寄付した。

四．自分は身の丈に合った暮らしをしている。

五．自分は愛情と調和にあふれた雰囲気のなかで育った。

六．自分の両親は投資とお金の管理方法を教えてくれた。

七．政治的に、自分はリベラルよりも保守寄りである。

八．自分が相続した資産は現在の純資産の一％以下である。
九．配偶者は自分よりも質素である。
一〇．昨年、自分は収入の一〇％以上を投資に充てた。

また、純資産と収入の双方が幸福度と関係することに注意してほしい。統計的には、純資産のほうが重要性が高い。だが、純資産以上に重要なのが相対純資産（右の一の項目で分かるとおり）である。相対純資産とは、つまり自分が同じ収入や年齢の人たち、また近しい人たちと比較して、どれだけ効率的に収入を純資産へと転換させているのか、ということだ。

自らの消費生活を容易に賄うことができる人は、お金持ちのふりをして、やりくりに苦労している人たちよりもはるかに幸せである傾向にある。同じ収入や同じ年齢層に属する人たちのなかでも、愛情にあふれた両親に育てられた人たちのほうが、愛情に乏しい雰囲気で育った人たちよりも無駄遣いが少なく、また貯蓄に回す額が多いという結果が一貫して出ている。

第4章　消費する自由

「私の目標は金利を稼ぐことであって、金利を支払うことではない、と常々家族に語っています」――五四歳で引退したジョージア州の億万長者

経済的成功に至る道筋はさまざまである。アメリカで平均以上の収入を得ている人にとっては、経済的成功に至るまでにはある程度消費を抑える必要がある。そのためには、高い所得水準にある世帯の多くに蔓延している消費主義や「金満病」を自覚し、それに陥らないようにすることが重要だ。

平均並みの収入で、生涯を通じて大量消費のライフスタイルを維持していて、億万長者になれるアメリカ人などほとんどいない。経済的に成功した人の大多数が、第1章で紹介したヤコブセン一家のように経済的成功を目指して働きながら消費を抑える道を選んだことをわれわれ

は知っている。多くの場合、彼らは億万長者になったあとでもこの習慣を続けている。

理想的な経済管理行動をする両親を持っていて、消費したいという気持ちを何とか乗り越えて裕福になったとしても、周囲のグループやメディアからの影響や最新の消費財に目が行くようになると、大量消費主義の犠牲になってしまうかもしれない。われわれが持つ時間の使い方の自由と合わせ、消費をする自由にはコストが伴うのだ。その自由を最大限に活用することを選択するのであれば、消費との折り合いをどうにか見いださなければならない。仕事と消費の悪循環は、たとえ質素な地域の質素な家で同じような生活レベルの人たちに囲まれて暮らしていても、逃れるのは難しい。われわれは遠い昔から消費することを教えられ、そしてアメリカには消費者たちを惑わすたくさんのものが提供されている。

『となりの億万長者』の『倹約、倹約、倹約』の章で、父は経済的に成功した人々の消費面での行動や習慣について記した[1]。消費財を購入する際に倹約の心を持つことが収入に応じた生活をする一助となるし、貯蓄を促す行動につながる。多くの人たちにとって、質素な消費者となることは、テレビ番組のエクストリームクーポンにあるように名誉の印なのである。だが、その日の経済的状況に応じて質素なスタイルを取ったり取らなかったりする人もいる。

本書や富全般の研究において、われわれはシンプルかつ経済的なライフスタイルを持ち、一貫して分相応の暮らしをしている人たちを質素な人々と定義する。質素な人々は、本質的に経済的で、身の丈にあった経済行動パターンを示すものである。われわれは過去に次のように指摘した。

質素な生活を送れば、ある一定の水準の消費で快適な生活を送ることができる。

過去二〇年にわたるわれわれの研究では、億万長者は質素であること、そして富裕層を蓄財優等層（ＰＡＷｓ、第１四分位）と蓄財劣等層（ＵＡＷｓ、第４四分位）に分けると、これらのグループは倹約に関する項目でそれぞれ異なる意見を持つことが示されてきた。マス富裕層や新興富裕層の家長のサンプルでは、その年齢や収入にかかわらず、一貫した質素な行動パターンと純資産との間には明白な関係があった。[2]富裕層に属する人たち、また中間層に属する人たちでもこれは真である。質素であること、少なくともシンプルな消費生活を送るためには、規律と世の中の流行に対する無関心が必要となる。本来、質素なライフスタイルとは、予算立て、計画、目標設定、飾らないこと、そして規律によって浮き彫りになる。質素たるためには、知識、能力、人間性に加え、最も重要なことは、だれもが進んで経験しようとは思わないであろうライフスタイルにつながる一定の行動が必要となる。

企業幹部や教師やくず鉄商など、いかなる職業で収入を得ていようとも、経済的に成功し、経済的に自立せんとする人たちにとって質素倹約というスタイルは廃れるものではない。われわれの研究では、蓄財優等層の五七％が常に質素であるとした一方で、蓄財劣等層で常に質素であると答えた人は四一％にすぎなかった。これは一九九六年の調査結果と軌を一にするものである。

出費は自宅から始まる

ほかにわれわれの経済的判断に影響を与えるものはあるだろうか。居住地の選択が仕事に対する姿勢に影響を与えることは分かっているが[3]、それはまたわれわれの消費にも影響する。われわれは自分自身と近所やコミュニティー（計量社会学的立場というコンセプトを思い出してほしい）の人たちとを比較するのだ。『〝ふつうの億万長者〟徹底リサーチが明かす　お金が〝いやでも貯まる〟5つの「生活」習慣』（イースト・プレス）で父は次のように記した。「富を築くうえで最大の障害となるのは住宅や近所の環境である。高価な家や高級住宅街で生活しているなら、近所の人と同じように行動し、買い物するであろう……近所の人たちが裕福であればあるほど、そこの住民がありとあらゆる製品やサービスに費やすお金が多くなるのだ。われわれは近所の例に倣って買い物をする……自力で億万長者となった人のほとんどは……世帯にかかる諸費用が富を築くことを難しくするような住宅や地域ではけっして暮らさなかったので、富を築くことができたのである」[4]。前章で議論したとおり、これはわれわれが自分を周囲の人たちと比較してしまうこと、そしてその人たちがわれわれの消費行動に与える影響に一因がある。[5]ご近所さんは、高収入だが消費も多い、収入型（ＩＳ）富裕層タイプであろうか。もしそうであれば、よく自らの消費パターンを検討してみるとよい。それは独自のものであろうか、または蓄財劣等層に列する人の影響を受けたものであろうか。

家よりもライフスタイルが重要

近所の影響に加え、われわれの収入に対する住宅価格の割合も長期にわたって富を築くのに悪影響を及ぼす。この国のほとんどの人々にとって、持ち家は賃貸よりも好ましいことだが、富を築く鍵は容易に費用を賄える家に住むことである。われわれが研究してきたとなりの億万長者のほとんどが、自分たちの年収の三倍以上の住宅は買わなかったと答えている。

最近、調査を行った億万長者たちの住宅の市場価格の中央値はおよそ八五万ドル（彼らの現在の収入の三・四倍）、もともとの購入価格の中央値は四六万五〇〇〇ドルである。調査対象となった億万長者の六六％が過去一〇年間、住まいを変えていないことに注目してほしい。アメリカにおける平均引っ越し費用が一万二〇〇〇ドルを超える[6]ことを考えれば、引っ越ししないことが経済的には優位なのだ。

どのような要因で新たに住宅を購入するのだろうか。最近の研究で調査対象とした億万長者のうち、住宅を売るように営業を受けたことで住まいを変えたと答えた人は皆無であり、経済

表4－1　億万長者が最近住宅を購入した最も重要な理由

最近住宅を購入した理由	重要だと答えた割合
品質のより良い家が欲しかった	81.2
最新の家の外観が気に入った	80.2
質の高い公立学校が近くにあった	71.6
より良い環境で暮らしたかった	69.0
金利が有利であった	59.9
収入が増えた	59.1
仕事が変わったので引っ越す必要があった	58.14
前の住宅の資産価値が大幅に上昇した	54.9

的に成功したことで不動産業者からより良い家に移ることを提案されたからと答えた人はたった三％であった。それよりも、このグループが新たに住宅を購入した理由は主に、質、外観、公立学校、そして近隣環境（**表4－1参照**）にある。収入増が動機だとした億万長者は六〇％を少し下回る。住宅保有に関するプロフェッショナルマーケティング戦略も社会的マーケティング戦略もわれわれが調査した億万長者にはほとんど影響を与えなかった。

背伸びをして家を買う

住宅購入における社会的プレッシャーとは、特定の場所、コミュニティー、または住宅地（「スプリングフィールドには最高の学校がある。そしてハンプトンハイツにはたくさんの若き専門家たちがいる」）の家を購入するように同僚や家族から受ける広範な圧力を意味している。また、特定の専門職にかかるプレッシャーを指して

表４－２　億万長者が最近住宅を購入した理由のうち重要でないもの

最近住宅購入理由	重要だと答えた割合
退職金をもらった	6.9
事業の一部か全部を売却した	6.1
経済的成功を知った業者から勧められた	3.3
特許権を売却した	1.6

表４－３　億万長者が保有する住宅の購入価格と現在の市場価値

	各カテゴリーに属する億万長者の割合	
価格	購入価格	現在価値
40万ドル未満	41.4	4.7
40～60万ドル未満	19.9	19.6
60～80万ドル未満	15.2	21.4
80～100万ドル未満	7.0	19.0
100万ドル以上	16.4	35.2

いるが、例えば法律事務所で働く高収入の弁護士の場合、「アソシエートの人材維持政策」の一つとして組まれる巨額の住宅ローンがそれである。ここでも、分不相応な暮らしをすることによる経済面での悪影響が見られる。この場合、背伸びして住宅を買うことで、若いアソシエートは自分の家族が住む住宅の支払い、そして必然的なライフスタイルの変化を賄うために働き続けざるを得なくなるということだ。さらに、「背伸び」をすることに伴うもう一つのコストは健康に関係する。次に挙げる、自らの健康と家計を見直す必要に迫られることになった億万長者のケーススタディーについて考えてみ

てほしい。

二〇〇六年七月のことでした。四〇歳になって一カ月ほどたったころ、私は仕事場から車で帰っていました。胸に痛みがありました……医者に深刻な心臓病になりかかっていること、そして現状は糖尿病であることを告げられました。私は真剣に自分の健康について調べ始めました……生活の一つの面を改めようとすると、別の面でも改善が必要であることに気づくようになりました。経済面では、われわれは典型的な中年の、六桁の収入がある家庭です。多額の住宅ローンを抱え、消費者ローンも八万ドルあり、基本的にカツカツの生活でした。引退に備えて貯蓄はしていましたが、個人的な財産を含めた純資産は収入をほんの少し上回るほどにすぎませんでした。われわれは何人かのファイナンスの「専門家」にはよくやっていると言われていたのです。でも、自分たちはそうは思っていませんでした。自分たちの状況に気づいたので、どうにかしようとし始めました。そして、目標を設定しました。計画を立て、それを実行しました。借金も返済しました。緊急時用の積み立てもしました。住宅ローンも完済しました。今日、借金はなく、純資産も一〇〇万ドルを超えました。私たちは子供たちの教育を自宅でしていますし、望むような暮らしもしています。これまでは長く、険しい道のりでしたが、お金持ち（お金持ちというのは、稼がなくても、けっしてお金に不自由しないという意味です）になるにはまだ数年かかります。

われわれには目標と計画があります、そしてそれを日々実行しているのです。

バブルの教訓

住宅バブルとその結果として発生した二〇〇八年のリーマンショックは、年収の三倍を超える住宅を買うことの危険性を教えてくれる。われわれ、そして将来の資産型（ＢＳ）富裕層に属するアメリカ人たちは、住宅の価値、収入、そして富についてそこから何を学ぶことができるだろうか。二〇一〇年、ジェリーという名の男性が自分が所有する不動産の状況に対する懸念を父に伝えてくれた。ジェリーはコンピュータープログラマーで、彼の妻はパートタイムで働く歯科技工士である。この夫婦の調整後の年収総額はおよそ一〇万ドルであった。彼らには三人の子供がいた。

不動産市場が崩壊する直前、二人は新しく開発された分譲地に四九万五〇〇〇ドルで新居を購入した。二〇〇九年から二〇一〇年にかけて、同じ分譲地でジェリーの家と同じような新築物件が三軒、三〇万ドルで売れたが、そのすべては担保権流れの物件であった。「あいたたぁ」とジェリーは言った。「数年後に大きな利益で」家を転売するという彼の夢はあっという間についえてしまったのだ。だが、三〇万ドルを超える彼の住宅ローン残高は消えなかった。父がジェリーにしてあげられることは、パニックを起こすなと伝えることだけだった。幸運にも、ジェリーにとって事態は好転したが、それは彼の家が全国的にも評判の高い公立校の学区内にあったことが大きい。

利益の動機以外に、ジェリーと彼の妻が二八万ドルの家を売って四九万五〇〇〇ドルの家を買った理由は何であろうか。その理由は次の三つだった。

一．不動産ブローカーが彼らに支払いは十分にできると語ったことである。『となりの億万長者』で述べたとおり、これはキツネに鶏舎にいるヒナの数を数えるように頼むとか、理髪店主に散髪が必要かどうかを尋ねるのに等しい。自分が支払えるかどうかに関するアドバイスとやらをだれができるのだろうか。彼らのアドバイスがどれだけ彼らの報酬につながると思っているのだろうか。

二．近所の人々の人口統計上、または社会経済学的な特徴がジェリーや彼の妻と似ているように思えたことである。言い換えれば、彼らの新たな隣人たちは、似たようなキャリア、関心、目標、そして消費者としての願望を持っていたのだ。これなら、ジェリーと彼の妻が近所の人に受け入れられようと、同じようなものを買ったり、同じようなことをしたいと考える可能性はより高まるだろう。

三．これが最も重要なのだが、二人の一〇万ドルという収入は結婚してからの二〇年で最大だった。今や六桁を稼ぐ自分たちは「お金持ち」だと考えてしまったのだ。そして、ジェリーの論理に基づけば、お金持ちは二八万ドルの家や今いるような地域には住んでいない、となる。裕福であることとはどういうことかというジェリーの認識が、住宅に関して健全な判断を下す障害になったわけだ。

ジェリー、ご注意を。お金持ち、富裕層、裕福、いずれも関係ない。要は純資産なのである。収入は純資産ではなく、また富とは収入の純額でもない。この二人の純資産は現在一五万ドル以下である。ジェリーが自分の話を語っている間、父は三五〇万ドル以上の遺産のある人たちを対象とした相続税に関する二〇〇七年のＩＲＳのデータを見直した。故人の住宅の市場価値の中央値は四六万九〇二一ドルであった。これはその人たちの純資産の中央値の一〇％以下である。そして、平均すると、これら故人が投資用不動産に投じた富は自分たちの自宅の投資額のおよそ二・五倍にもなった。もしジェリーがこの事実を事前に知っていたらどうだろうか。それでも彼は、典型的な億万長者が遺した家よりも高い住宅を購入しただろうか。それは、ジェリーがお金持ちのふりをしたいのか、それともいつか本当にお金持ちになりたいのかによるであろう。

必須条件としての高級住宅街

経済的生産性の高い住宅購入者は、住宅を探す段階で大いに優位に立っているものだが、それは自分たちが住む場所の「うわべ」やステータスに関してほとんど制約を持っていないことが大きな要因である。彼らは、「今や高額所得者の自分は『お金持ち』の地域に住む必要がある」といったジェリーのような考え方をしない。だが、ジェリーのような人たちはたくさんいるし、不景気から何年も経過すればなおさらである。もうじきとなりの億万長者となるデブが住宅購入に関する自らの考えを話してくれた。彼女はちょうど『〝ふつうの億万長者〟徹底リサーチが明かす　お金が〝いやでも貯まる〟5つの「生活」習慣』を読んだところで、次のことを思い出したという。

夫と私は……家を買いました……住宅市場は落ち込んでいました……そして、私たちは特定の学区に移る必要があったので、ブルーカラーの地域で探していました……小さな分譲地の新築物件があったので、私たちは4ベッドルームの家を手に入れました……。その後、私の同僚もフィアンセと暮らす家を探し始めました。彼女は泣きながら仕事場に出てきました、というのも彼女たちにはステキな家を手に入れる余裕がなかったのです。「あなたのところのようなのが欲しいのよ」と彼女は言っていましたが、彼女は高級住宅街ばかりを探していたのです。私は彼女に、自分のようにブルーカラーの地域で家を買うならもっと良いものを手に入れることができると伝えました。すると彼女は私の言ったことにひどく気分を害したのか、一週間も私と口をきこうとしませんでした。

おそらくデブは身をつまされたうえでの進言であっただろう。たぶん、デブの友人は、ロックスターのブルース・スプリングスティーンがかつてインタビューで、最も安い地域から高価な邸宅がひしめく地域まで自分が住んだすべての地域に気に入らない奴がいたものだと答えていたのを知っていたら、いわゆる「高級」住宅街に対してもう少し現実的な見方をしたかもしれない。主要な都市の邸宅を扱う一流不動産業者は、そのような地域の住人も、ブルーカラーの地域と同じように騒がしく、境界を守らず、また不動産の管理がずぼらであることを見てきている。迷惑な隣人はどこにでもいるようだ。

だが、住まいの選択の経済性に対してデブの友人と同じような反応を示す人はいる。既述のとおり、質素倹約とはだれもが受け入れられるものではないのだ。控えめな消費もまた万人受けしない。『となりの億万長者』の読者には典型的なファンたちとはまったく異なる反応を示す一団がいる。経済と株式市場が好調であった一九九〇年代後半を振り返ると、『となりの億万長者』がアトランタの空港のトイレに突っ込まれていたり、捨てられていたりしたものである。いくつかの理由があってそのような行動に出るのだろうが、一貫性や規律といった教訓を期待していなかった読者がいたことは明らかである。おそらく彼らは手っ取り早く稼ぐ方法や、年に一八万ドル稼いで、銀行口座がほとんど空になっても背伸びした家を買って、子供を私立学校に通わせ、駐車場には高級ＳＵＶ、といった生活を奨励してくれることを期待していたのであろう。だが、データはこの手の行動を称えないばかりか、実際には、自分たちの経済的将来を阻害していることを示していることを知って、ただただガッカリしたのであろう。

隣人、そして遺産からの収入

最近の研究では、現在一〇〇万ドル以上の価値のある持ち家に住んでいる億万長者はたった三五％にすぎなかった。彼らがどのように収入を得ているかに目を向けると、少しばかり驚くべき（ではない）統計数値がある。第一に、信託財産や遺産から収入を得ている億万長者（およそ一四％）と、そのような収入がまったくない億万長者（われわれのサンプルの八六％）との違いを検証すると、信託財産や遺産から収入を得ている億万長者のほうが一〇〇万ドルの家に住んでいる割合が高いことが分かる（信託財産や遺産から収入を得ている億万長者の五五％が一〇〇万ドル以上の価値がある家に住んでいる）。

近所の典型的な住宅の市場価値が高ければ高いほど、その地域の住宅所有者で富を相続した人の割合が大きいのだ。一例として、アメリカで最も高級な住宅地、つまり現在の市場価値が一〇〇万ドルを超える地域に住んでいる人の四人に一人は信託財産や遺産からある程度の富を相続していたのだ。これと、典型的な住宅が五〇万ドル以下で売られている地域に住む億万長者とを比較してみよう。これらの住宅所有者のうち、信託財産や遺産から何らかの収入を得ていた人はたった八％であった。

表４－４　住宅の購入価格――遺産や信託財産からの収入がある億万長者とその収入がない億万長者の割合

	当該価格帯の住宅に住む億万長者の割合	
当初購入価格	遺産・信託財産収入なし	遺産・信託財産収入あり
40万ドル未満	42.3	33.3
40～60万ドル未満	20.0	23.6
60～80万ドル未満	15.5	18.1
80～100万ドル未満	6.1	9.7
100万ドル以上	16.1	15.3

表４－５　現在の住宅の市場価値――遺産や信託財産からの収入がある億万長者とその収入がない億万長者の割合

	当該価格帯の住宅に住む億万長者の割合	
現在の市場価値	遺産・信託財産収入なし	遺産・信託財産収入あり
40万ドル未満	5.6	0.0
40～60万ドル未満	21.1	15.1
60～80万ドル未満	23.0	17.8
80～100万ドル未満	19.6	12.3
100万ドル以上	30.7	54.8

陰に陽に、周りにいる人たちのマネをしたり溶け込むことを目的とするなら、勝つのが難しいゲームをしているのかもしれない。一〇〇万ドルの家に住めるだけ稼いでいるジョーンズ一家に追いつくこと、それ自体が容易なことではない。だが、近所の競争相手がお金持ちの親族から多額の補助金を受けていたとしたら、さらに勝つのは難しくなるであろう。

住宅保有と億万長者のステータスは同じではない

かつて一組の夫婦が父に住宅所有と純資産との関係について尋ねたことがある。彼らは初めて家を購入しようと考えていたのだ。「トム、著書のなかでほとんどのすべての億万長者が住宅所有者で……それはおよそ九五％だと言っていましたね」と彼らは指摘したのだ。だが、住宅所有者が億万長者なのではない。また、最初に家を買うからといって、だれかが七桁の小切手を手渡してくれるわけではない。だが、住宅所有と純資産にはいくばくかの相関関係がある。政府の統計によると、賃貸の世帯の純資産の中央値は過去二〇年にわたって四〇〇〇〜五五〇〇ドルの水準だった。同じ期間で、住宅所有者の純資産の中央値は三〇〜四五倍ほど大きい。二〇一六年、アメリカの住宅所有者の純資産の中央値はおよそ二三万ドルであった。[7]だが、お金持ちになるために自宅の価格上昇を当てにしてはならない。『〝ふつうの億万長者〟徹底リサーチが明かす　お金が〝いやでも貯まる〟5つの「生活」習慣』で父は、あらゆる費用を実質価値で勘案したら、住宅はほとんど値上がりしないと記していた。ここでもまた、容易に費用を賄うことができる家に住むことが富を築く鍵の一つであるわけだ。

では、手ごろとはどういうことであろうか。数年前、バンクレート・ドットコムは手ごろな家というのは、毎月の住宅経費（住宅ローンの元金と保険と税金を含む）が世帯の総収入の二八％以下となるものだと提言していた。[8]これは『となりの億万長者』が推奨する額の三倍近いものである。考えるべきは生活費だけでなく、新しい都市やコミュニティー、とりわけ近隣住

表4－6　住宅にかかる1カ月当たりの総費用の中央値と米主要都市における満足指数（2012年）

都市	住宅所有の総費用（ドル）[9]	感情的幸福度	幸福指数（%）[10]
サンフランシスコ	$2,497.68	3	69.20
サンディエゴ	$1,746.21	8	65.80
ワシントンDC	$1,735.45	13	64.14
シアトル	$1,726.50	25	63.16
ミネアポリス	$935.63	9	62.59
ロサンゼルス	$1,474.75	24	59.91
デンバー	$1,160.94	53	59.25
ボストン	$1,833.73	40	56.93
ポートランド	$1,148.11	81	56.11
ニューヨーク	$2,068.96	66	54.66
サンアントニオ	$938.13	79	54.55
サクラメント	$929.22	64	53.90
アトランタ	$606.92	51	52.97
フェニックス	$703.71	66	52.67
ダラス	$1,013.58	53	52.62
シカゴ	$1,172.46	58	52.57
ピッツバーグ	$756.60	109	50.67
マイアミ	$1,073.52	76	49.78
ヒューストン	$1,033.51	70	49.77
タンパ	$840.12	121	46.65
ミルウォーキー	$1,068.35	105	46.44
ボルティモア	$1,276.98	113	45.07
セントルイス	$728.92	132	43.06
フィラデルフィア	$1,183.43	142	42.77
デトロイト	$509.88	150	27.78

民のなかにあって自らの幸せをどう計るのかということである（表4－6参照）。

われわれは今でも個人的な幸せという点については、地元のコミュニティー（学区や近隣住民や地域など）がより重要であると主張している。都市の二ベッドルームの安普請を避けて、郊外の四二〇平米の豪邸を購入することを考えているなら、通勤と引き換えに家のサイズを手に入れているわけだ。自分にとってより重要なのは何であろうか。

おそらく、『となりの億万長者』のささやかな知恵が有効かもしれない。

おそらく、あなたが本来あるべき姿よりも裕福でないのは現在、そして将来の収入の多くと引き換えに高級住宅街にある家に住むという栄誉を手にしているからである。だから、たとえ年に一〇万ドル稼いでいても、裕福になれないのだ。三〇万ドルの家に住む隣人は、お金持ちになったあとでその家を買ったのだということを分かっていないのであろう。あなたはお金持ちになることを期待して家を買ったのだ。よって、あなたがお金持ちになる日はけっしてこないであろう。[11]

将来の富を期待して今日消費するという考えは、大きな買い物が経済面に与える長期的な悪影響を理解できていない、または理解しようとしない人たちを苦しめ続ける。マンハッタンよりもアトランタを選んだケンを思い出してほしい。彼の仲間たちは彼の判断を懐疑的な態度で

億万長者は「節約志向」か

自分の恋人は、身の丈に合わない贈り物や娯楽や趣味に興味があることをほのめかしてはいないだろうか。親密な関係にあるパートナーはお金を使うことばかりに熱心で、経済的成功を求める人たちが採用するより質素なライフスタイルに最終的に適応するのは難しい人物かもしれない。父は二〇一一年に次のように記している。

人が億万長者の行動について尋ねてくると、私は簡潔に答える。『なぜ、この人たちは金持ちになったのか――億万長者が教える成功の秘訣』（日本経済新聞出版）に書いたように、典型的な億万長者は簡単な言葉で表現できる、「節約志向」だ。アメリカの富裕層上位一％に属する人たちは節約志向なのだ。億万長者のお気に入りの活動はお金のかからないものが多い。お金持ちなのか、貧しいのかということは関係がない。人生で最も大切なことは自由で、その自由にいかに近づくのか、ということだ。私は、自営業の億万長者で「まさに……資産型（ＢＳ）富裕層」から最近もらったeメールを読んだときに、「節約志向」というコンセプトを思い出した。そのなかで彼は次のように記している。

「私はバイクで仕事に通います、二〇キロの距離で……もう八年間続けています……年は五九歳で、結婚生活も三八年になり、相続財産はありませんが……三人の子供は成人し、みんな成功しています……三人の子供の私立学校の学費も払いました……住宅ローンはありません……事業を営んでおります……借金はありません……私の仕事は骨の折れるものですが（週に六〇時間）、子供たちのスポーツのコーチもやっていますし、教会のコーラスで歌っています……庭があります……毎年何リットルものアップルサイダーを作ります……ミツバチも飼っています……住宅建設のためにメキシコに六回行きましたし、いくつかの業界団体の委員会にも参加しています……妻と私は多くの面でキリスト教的価値観を共有しています……それが結婚が長く続いている要因です。私たちの友人はみんな、同じような価値観を持っているようです」

彼は新しい車に乗りたいという強い願望はないと言っている。彼が言うように、「私たちは満足しています。どちらかといえば同じ車に長く乗っていますが、二〇〇二年型のタホは一四万キロ以上乗っていますし、三年半前に買った一九九五年型のビュイックは三五〇〇ドルでした」

この億万長者は、大きな満足を与えてくれることに自らの時間とお金をかけている。「節約志向」であっても、彼らを少しも困らせていないのである。

見ていたが、最終的には二〇年以上にわたって生活費を抑えることができたのだ。不動産価格が上昇し、賃金が伸び悩んでいる現在の環境では、とりわけ住宅という点については背伸びするのではなく、身の丈にあった暮らしをすることが今まで以上に重要なのである。

消費者向きの財

『となりの億万長者』で多くの人々に好まれる（嫌がる人もいるが）のは、質素に暮らすことに焦点を当てていることである。出版から何年もの月日がたったが、世界中の人々が自分たちが選んだライフスタイルがやっと証明されたように感じるとコメントしている。つまり、消費を控えるライフスタイルだ。彼らは、クーポン券をためておくという一見些細な行動から、最近自動車を買った方法に至るまで、自分たちの習慣を詳細に説明してくれた。『となりの億万長者』に掲載したケーススタディーによって、彼らは自分たちが独りぼっちではないことを確認したのである。

一九九六年に比べると、消費者の流行のサイクルは早くなっており、社会的つながりでは自分たちの隣人が何をしているのか、何を買っているのかという情報がひっきりなしにもたらされ、マーケティングもまるでジャーナリズムのようである。マーケティングと消費主義は二〇年間で劇的に変化し、第2章で議論したとおり、消費者に提示されるものの質も変わり、買い

表4－7　家計と質素倹約――蓄財優等層と蓄財劣等層

	そう思う・非常にそう思うと答えた割合（%）	
項目	**UAW**	**PAW**
私はいつも質素である	40.7	57.0
蓄えた富という点ではほとんどの隣人よりも成功している	42.9	72.5
考え抜いた年間予算に基づいて家計を運営している	58.0	61.6
毎年家族が食糧・衣服・住居にいくら使っているか把握している	69.0	63.2

物もはるかに便利になっている。これらの変化とメディアや社会が与える影響にもかかわらず、過去二〇年間を通じて億万長者たちの消費に対する控えめな態度は一貫している。今でも蓄財優等層は蓄財劣等層よりも、自分は質素だと説明することが多く、また自分たちは近所の人たちよりも経済的に成功していることを認識してもいる。予算立てにはほとんど違いが見られないが、全体的な富と倹約ぶりには違いがある。

今日、消費に対して規律を持つことは一九八〇年代や一九九〇年代よりも大変なことだろうか。ソーシャルメディアが出現し、またマーケターが追跡する方法や何度も商品を売り込む方法が進歩したことで、それらを無視するにはより強い規律が求められるようになった。

だが、今でも長期的な類似点をいくつか見ることができよう。ほとんどの億万長者が購入している消費財は一九九六年とさして変わっていない。二〇一六年、

表4－8　1996年と2016年に億万長者が買った最も高価な衣服とアクセサリー（2016年のドル価）[12]

		スーツ		靴		腕時計	
	中央値	$612	$500	$215	$200	$361	$300
右の価格以下のものを買った億万長者の割合	右の価格以上のものを買った億万長者の割合	1996	2016	1996	2016	1996	2016
10	90	$299	$200	$112	$97	$72	$50
25	75	$437	$300	$152	$120	$153	$100
50	50	$612	$500	$215	$200	$361	$300
75	25	$919	$1,000	$305	$300	$1,726	$2,500
90	10	$1,533	$1,500	$457	$500	$5,831	$8,150
95	5	$2,148	$2,000	$512	$600	$8,132	$12,000
99	1	$4,296	$4,720	$1,023	$1,656	$23,016	$25,260

億万長者がスーツや靴や腕時計にかけたお金は一九九六年と同じであった。スーツの価格の中央値は一九九六年から二〇一六年の間でおよそ一八％下落したが、これは値段の低下と、今日カジュアルなビジネスウェアが許容されるようになったことが最も大きな要因であろう。だが、ここで重要なことは、少なくともこれらのカテゴリーにおける消費財に対する消費行動を見ると、人目を引くカテゴリーの最高級品を買っているのはとなりの億万長者やその他億万長者ではないということが分かる。言い換えれば、一九九六年と同様に、お金持ちのふりをしたいと思っている人たちでさえ、高級な買い物はしないと答えている。読者の消費行動はこの国の億万長者の行動に似ているだろうか、それとも裕福そうに見える人々の行動に似ているだろうか。

演じることの重要性——弁護士の教え

三六歳のネッド・デービスは訴訟弁護士として成功している。このようにキャリアの早い段階にあっても、彼はその法律上の勝ち星ゆえに別格なのだ。親切にもデービスは、裁判所という場にいる際のアクセサリーの重要性について彼の考えを教えてくれた。

私は腕時計大好きというわけではありませんが、しばらく前から革のベルトのついたゴールドの腕時計が欲しくなりました。一五年ほど前にプレゼントとしてもらったシルバーメタリックのロレックスは持っていますが、折に触れて身につけるゴールドの腕時計が欲しかったのです。私は今まで一つも買ったことがなかった（さらに、妻もバレンタインデーのプレゼントとして買ってくれると言っていました）ので、新しい腕時計に数千ドルかけてもよいだろうと思っていました。しかし、『〝ふつうの億万長者〟徹底リサーチが明かすお金が〝いやでも貯まる〟５つの「生活」習慣』を読み、出かけていって、きらびやかなゴールドの腕時計に数千ドルも無駄遣いすることはないと思いました。結局、私が住む町の外れにあるアンティークショップでタイメックスを見つけました。私が見つけた時計はビンテージのような見かけで（一九七〇年代のもの）、それゆえ高級なドレスウオッチのようにも見えます。でも、タイメックスというブランドですから、四〇ドルと超お手ごろ価格だったのです。

それを買ってしばらくしないうちに、自分が気取った弁護士だと思われたくない場合に、手ごろな価格の腕時計をつけていることがどれほど有効かを認識しました。いまや陪審員の前に立つときや、貧しい依頼人や証人と面会するときには、信頼できるタイメックスを好んでつけています。われわれの服装や時計や車は良かれ悪しかれ、多くのメッセージを発すると考えています。裁判所ではあまりに目立つ服装や腕時計や宝石類をつけないほうが良いことが分かり、私の証人となる人には必ず同じことを伝えています。ところで、『〝ふつうの億万長者〟徹底リサーチが明かす　お金が〝いやでも貯まる〟5つの「生活」習慣』は、二〇〇四年製のボルボを乗り続けるという判断を後押ししてもくれました。七年目の車を乗り続ける間は毎月少なくとも五〇〇～七〇〇ドルを貯金している計算になります。

デービスの数多くの成功と、それとともに自ら勝ち得た尊敬はまさに業績の証しである。衣類やアクセサリーはお店で買うことができるが、それと法律的（または経済のいかなる形であっても）な戦いにおける真の勝利とは違うのだ。また、アメリカ全体の典型的な億万長者は腕時計に最大でも三〇〇ドル（中央値）しか払っていないことを銘記されたい。およそ四分の一は一〇〇ドル以下しか払っていないのだ。だが、われわれの調査では、伝統的な腕時計やスマートウオッチ、または『となりの億万長者』で取り上げた伝統的な腕時計に取って代わったと主張する人もいるその他ウェアラブルのハイテク機器とを区別しなかったことには注意する必要がある。それでも、購入価格の中央値はおよそスマートウオッチの価格と同じである。

高級ジーンズ

「ビジネスフライデー」のオフィスにおける新しい主要商品に目を向けてみよう。ジーンズだ。アメリカのデニム業界は一三七億ドル[13]の規模があり、最近の調査ではアメリカ人は平均七本のジーンズ[14]を持っている。平均的なアメリカ人は一本当たり五〇ドル以下[15]しか支払っていないが、われわれが調査した億万長者たちが支払った金額はそれを少しばかり上回るだけで、デニムには最大で五〇ドルであった。だが、高級品の分野では、デザイナーズジーンズなどがそれよりもはるかに高価であることをわれわれも承知している。試しに、アマゾンで「ジーンズ」とだけ入力し、価格を高い順から並べ替えると、ドルチェ・アンド・ガッバーナのジーンズが出てくるだろうが、それは八〇〇〇ドル以上するのだ。

ジーンズ一本に一〇〇ドル以上を支払った億万長者はたった二五％であるが、これでもわれわれがインタビューした一人の億万長者が買った安価なジーンズからはかけ離れた値段である。彼は家業を手伝うために実業界を離れた弁護士であった。

私はウォルマートでラングラーのジーンズを一二ドルで買います。履き心地も良いですし、長持ちします。私はもはや最高におしゃれである必要などないことに気づいたのです。も

表４－９　億万長者がジーンズとサングラスと家具に支払った最も高い価格

		ジーンズ	サングラス	家具
	中央値	50ドル	150ドル	3800ドル
右の価格以下のものを買った億万長者の割合	右の価格以上のものを買った億万長者の割合	最大価格	最大価格	最大価格
10	90	$30	$20	$1,200
25	75	$40	$50	$2,000
50	50	$50	$150	$3,800
75	25	$100	$250	$6,000
90	10	$195	$350	$10,000
95	5	$200	$500	$15,000
99	1	$300	$800	$39,000

う少し良いジーンズが欲しい場合、コストコでリーバイスがセールになっているときにそれを三本買います。私は五本のジーンズを持っていますが、一〇年は持つでしょう。

本書執筆時点で、ラングラーのジーンズはアマゾンで四〇〇〇件以上のレビューがあり、平均評価も五点中四・四であることに注意されたい。

「ポイント夫人」からの洋服に関する秘密情報

今日、アメリカ人は今まで以上の早さで洋服を買い変えている。米アパレル・フットウェア協会によると、二〇一五年の一人当たりアパレル消費量は六七・九点、靴は七・八足で、不況前の水準に戻ったという。[16]同時にわれわれは衣服をすさまじい速さで処分している。カウンシル・フォア・テキスタイル・リサイクリングによると、毎年、アメリカではすべての男女と子供たちが平均三二キロの衣服やその他布地類を処分しているという。[17]

『なぜ、この人たちは金持ちになったのか』[18]で最初にインタビューしたとき、ポイント夫人と彼女の夫はテキサス州で最も高級な地域であるオースティンの四ベッドルームの家に住んでいた。「その都市の高級住宅街に住むことに価値があると思います……ロケーションがすべてです……高級車とその他たくさんの高級品がなくても暮らしていけますが、最高の家に住むべきだと思います」と彼女は述べている。

ポイント夫人は衣料品の価値を理解している。彼女は衣料品に多額のお金をかけようとは思っていない。というのも、衣料品はあっという間に流行遅れになってしまい、純資産に穴を開けてしまうからだ。だが、彼女はいつも身なりを整えたいと思っている。彼女の解決策は次のとおりだ。「そこで、私はジュニアリーグショップ（確かに、古着屋にも階級がある）で中古の仕立服を買って着ているのです」。彼女が購入する衣料品の多くはいまだ当初の値札が付いているものだ。言い換えれば、それらは一度も着ていないのである。ポイント夫人の衣料品に対する支出には、オースティンの「華麗なるお金持ち」から補助金が出ているようなものである。それら「見栄っ張り」は知らず知らずのうちに、収入を富へと転換する彼女の能力を高めてもいるのだ。サイズがぴったり合わないものがあれば、彼女とポイント氏は億万長者一〇人

高品質家具——長期的には安くつく

向こう何年にもわたって利用し、子孫に伝え、転売し、再度利用できるある一定の品質をもった消費財が存在する。多くの場合、それらは価格が高いものだが、一度購入すれば済むものでもある。二〇一三年に父が記した次の一節は、彼が終生の趣味とした木工細工と消費財の品質についての考えを取り上げたものだが、この品質は二年ごとに部屋のデザインを改める買い物好きには役に立たないものであろう。

オンライン上の私の履歴書には趣味の項目がないのだが、「木工細工は一二歳のころから大好きで、成長の早いヌマヒノキをつかって、丸太作りのテーブルやキャビネットを作ったり、カモの彫刻を作ったりしている……」。私は木工職人として、よく新しい家具や中古家具、時にはアンティークに属するものの木材の品質と仕上がりとを判断している。伝統的な無垢材の家具が私の好みである。作りの良い、伝統的な家具はとなりの億万長者タイプの人々が好みとするところで、彼らはそれを一生涯にわたる投資と見ているのだ。

私のお気に入りの家具ブランドの一つがヘンケル・ハリスだ。同社の木材の品質と職人の技能はまさに一級品である。

二〇一三年、私はヘンケル・ハリスが店を畳んだことを突如耳にした。私は「今日となっては、アメリカには木の良さを生かした伝統的な家具を買う人間はもういないのか」と思ったものである。何十億ドルものマーケティングキャンペーンを通じて、消費者は使い捨て社会の一員になってしまったのだ。家具業界のなかにもこの文化の一翼を確実に担っている会社はある。消費者であるわれわれは、「トレンディ」とか、いわゆる「ファッション家具」を買っては取り替え、また買っては取り替えるよう教育されている。この手の家具はたいていプラスチックの板で作られており、なかにはおがくずをグリスで固めたものさえある。そして忘れてはならないのがブランドXだ。これは安いベニヤ板を組んだものを塗装し、釘ではなく鋲でとめているのだ。こんな家具がいつまでトレンディなのだろうか。

アメリカ経済は世界最大なのだから、世界で最良かつ最も攻撃的なマーケターがいても驚くべきではない。彼らは、家具はもはや何世代にもわたって生き続ける耐久財ではなく、プラスチック製のカミソリと同じ使い捨ての消費財なのだということをたくさんの人々に納得させることに成功している。

高品質の家具が高価であることはだれもが認める。だが、その品質ゆえに、例えば中古のヘンケル・ハリスなどは予算の限られた人にとっては大きな価値を持つのである。アトランタで開かれたスコット・アンティーク・フェアに最後に行ったとき、私はヘンケル・ハリスのマホガニー製のダイニングルームセット（テーブル、椅子八脚、サイドボード、ブレイクフロントキャビネット）が八九九ドルで売られているのを見つけた。今日では、このセットを作るために必要な木材の価格だけでも、少なくともそれをはるかに上回るであろう。この家具が専門業者によって修復されたものだとしても、新品のセットの価格の二〇％以下で購入できることになる。

ここで一つ良いニュースを。私はふとグーグルで「ヘンケル・ハリス」と検索したら、次のメッセージを見つけた。「われわれヘンケル・ハリスは謹んでお知らせします。『ヘンケル・ハリスは復活します』……二〇一三年初頭にヘンケル・ハリスを閉店してからほんの数カ月後のことです……」

のうち四人がしていることをする。つまり、新しい服を買うのではなく、それらの服を仕立て直すのだ。ポイント夫人は蓄えたお金を用いて優良銘柄を買っている。「私は自分たちが医学が奇跡を起こす時代に生きているという事実を心に留めています……私は……医薬品関連銘柄に投資しています。私たちは土地もありますし……採掘事業や石油鉱区のリースにも投資しています。友だちに保有銘柄を教えることはありません。というのもお付き合いのある人々の多くがわれわれほどお金を持っていないからです」。彼女は収入型（ＩＳ）富裕層について語っているのだろう。

自動車――消費の究極の試金石か

一つの消費判断が長期にわたって富を築く能力を生み出しもすれば、壊しもすることはまれである。それよりも、行動パターンのほうが長期的に富を築き、維持する可能性の指標としては優れている。だが、車の購入は富に対して長期的に大きな影響を及ぼす主な経済的な判断の一つである。

二〇一六年、われわれが調査した億万長者たちが最近購入した車の価格の中央値は三万五〇〇〇ドルであった。車に支払った最も高い金額の中央値は四万ドルであった。ほとんどの億万長者が高級車には乗っていないのだ。むしろ、トヨタやホンダやフォードがリストの上位を占めている。これら三つの自動車メーカーは、われわれが調査した億万長者全体の三分の一近くがその名を挙げたのである。一九九六年に上位に名前の挙がったメーカーのうち、二〇一六年には上位一五社にも入らなかったもの（オールズモビル、キャディラック、リンカーン、ジープ）があることに留意されたい。

表4－10　1996年と2016年に億万長者が選んだ自動車メーカー

メーカー	車種例	1996年（%）	2016（%。カッコ内はランキング）
トヨタ	カムリ、カローラ、ハイランダー、プリウス	5.1	12.5（1）
ホンダ	アコード、シビック、CRV、オデッセイ、パイロット	1.6	11.4（2）
フォード	エッジ、エスケープ、エクスプローラー、F-150、フォーカス	9.4	9.0（3）
BMW	325、535、328、428、X3	2.2	6.4（4）
シボレー	エクイノックス、シルバラード、タホ	5.6	5.9（5）
レクサス	ES350、RX350	6.4	5.6（6）
日産	アルティマ、マキシマ、ルージュ	2.9	4.8（7）
スバル	フォレスター、アウトバック	-	4.2（8）
ダッジ	キャラバン、グランド・キャラバン、RAM	2.2	4.1（9）
メルセデス	C300、E350、S550	6.4	3.9（10）
アウディ	A4、Q5、A6、A7	1.8	3.7（11）
フォルクスワーゲン	ジェッタ、パサート	1.1	3.0（12）
ヒュンダイ	エラントラ、サンタフェ	-	2.8（13）
アキュラ	MDX、TSX、RDX	1.6	2.7（14）
キア	ソレント	-	2.0（15）

「億万長者の車」のリストの上位に長きにわたり一貫して名前が挙がるのは大衆車メーカーである。億万長者たちの間で最も人気のあるメーカーはトヨタ、ホンダ、フォードであり、それにBMWがどうにかついてくるだけである。それゆえ、お金持ちのマネをしたい人や自らの億万長者としての立場を見せつけたい人は、今日の億万長者たちが選ぶ上位三社を検討すればよい。

表4－11　1996年と2016年に億万長者が所有する車の年式

	億万長者の割合	
車の年式	1996年	2016年
新車	23.5	15.5
１年落ち	22.8	17.8
２年落ち	16.1	15.1
３年落ち	12.4	10.2
４年落ち	6.3	7.6
５年落ち	6.6	6.2
６年落ちかそれ以上	12.3	27.7

1996年は81％の億万長者が自動車を購入し、19％がリース。2016年は86％の億万長者が自動車を購入し、14％がリース

心の内側に焦点を当てる人たちこそ人生で大きな満足を得ることができ、何を運転しているのか、何を着ているのか、またはどこに住むのかに気を取られている人たちではない。私の父のように車を愛する人たちでさえ、経済的に成功している人々は長期的に富を築く一助となるものにより強い関心を抱いているのだ。ノースカロライナ州ウィンストンセーラム郊外に住むとなりの億万長者の一人に大きな富を手にするために何をあきらめたのかと尋ねたら、彼はこう答えた。「数年おきに新しい車を買うことです。私は十分に手入れした車を二一年間乗っています。そうすることで、繰り返し車を購入した場合にかかったであろう二五万ドルほどを節約できたと思います。最終的な目標は経済的独立ですから」

変わらない品質

一台の車を二〇年以上にわたって乗るためには、その品質が一級品である必要があろう。これこそが、経済的に成功した人々がこの要件を基準に車を購入する理由である。いまだ高級車は収入型（ＩＳ）富裕層の名刺代わりである。**表４－10**が示すとおり、トヨタやホンダは億万長者が運転する車のリストの上位を占めている。次に挙げるのは、億万長者が選ぶ自動車リストで二位になったホンダについて、父が数年前に記したものである。

二〇〇一年のホンダ・アコードの広告には、同じクラスの車のなかで最も高い下取り価格であるとあった。私は驚きもしなかった。自動車がどれだけその価値を維持できるかにはいくつもの要素がある。もちろん、信頼性が重要であることは間違いないが、それだけではない。小売価格とフリートセールスも関係する。購入を検討している車が、フリートセールス（メーカー直販）によって何十万台も売られていたらどうだろうか。このようなフリートセールスのほとんどはレンタカー会社が購入するのだが、彼らはメーカーに大幅な割り引きを要求する。その後、これらの車が一年、二年、三年と経過すると中古車市場で「投げ売り」されることになる。

私がこれを実体験したのは、家族ぐるみの付き合いであるリーがおじいさんの車を売却するのを手伝うよう頼んできたときのことだ。ちなみにその車は三年前に二万五四〇〇ドルの新車で購入したセダンである。走行距離が二万二五〇〇キロしかなく、状態も素晴らしかったにもかかわらずその車は七〇〇〇ドル（彼女はラッキーだ）で売れた。なぜ、そんなに安いのだろうか。その車のメーカーとモデルは、当初購入した年にレンタカー会社が最も購入したものだったのである。

リーの祖父は当時、大幅に値引きされた良い取引だと思ったのであろう。だが、購入時の「原価」としては高かった。彼はライフサイクルコストという点では非常な高値を支払っていて、購入価格の七〇％以上を失うことになった。おそらく彼はホンダを買うべきだったのだろう。そうしていれば、少なくともあと五〇〇〇ドルは手にできていたであろう。

『オートモーティブ・ニュース』の二〇一一年の記事によれば、ホンダ・アメリカが二〇一〇年のフリートセールス全体（二一〇万台）に占める割合はたった一・六％、三万三〇〇〇台[19]であったという。それに比べ、ホンダは小売り販売で一一九万七五〇〇台を販売していた。対照的に、ゼネラルモーターズは二九・二％に当たる六〇万九〇〇〇台、フォードは二九％に当たる六〇万四九〇〇台をフリートセールスで販売していたのである。

皮肉にも最近、私はホンダの大きな販売代理店のオーナーと会った。彼に会うのは大学院以来である。私は、一流のディーラーとして彼が得ている評判を褒めたたえた。彼はこう返事をしたのだ。「素晴らしい車だし、ホンダは一緒に仕事をしていて素晴らしい人々だ。でも、顧客に一度ホンダを販売してしまうと、彼らはずっとそれを持ち続けるか、少なくとも家族と共有してしまう。ホンダの下取り車なんてそんなに出ないから、うちの車両置き場がいっぱいになったことなんてないよ」

リース、高級品、そして見栄っ張り

乗っている車を基準にその人を判断するのは極めて容易である。マーケターたちはそれを頼りに、何十億ドルもの資金を投じるので、高級車の所有者やそれを運転している人たちに対して特定の（少しばかり不正確な）印象を持ってしまう。だが、隣人や友人や親族の持つ富を、その人たちが乗っている車で判断することはできない。そして、そのような高級車はリースであることが多いのだ。とりわけ収入型（ＩＳ）富裕層に属する顧客は経済の繁栄期にリースをする傾向にあるのだ。

二〇一〇年、『オートモーティブ・ニュース』は、メルセデスベンツ・ファイナンシャル・サービスのバイスプレジデントがメルセデス・ベンツの新車販売の半分がリースであることを示唆したと伝えている。さらに、この五〇％という数値は好況期にも不況期にもかなり安定したものなのだ。この五〇％という数値を、アメリカで取得されたすべての乗用車のリースと購入の比率と比較したらどうなるだろうか。標準的な数値よりもはるかに高いのだ。過去二〇年間で、新たに取得された乗用車全体に占めるリースの割合はおよそ二〇％だったのである。[20]

見栄っ張り、つまりお金持ちになることを熱望し、すでに裕福になったかのように消費をすることでお金持ちになったつもりになる人々は、実際に富を蓄えることよりも、お金持ちに見えるように収入を使うことのほうが上手なのだ。もしこの手の人々が本当のお金持ちのマネをすることに興味があるのなら、彼らは自動車をリースするのではなく、購入することを望むであろう。われわれの最近の調査では、車をリースしている億万長者はたった一四％にすぎず、リースしている車の価格の中央値は四万六〇〇〇ドルである一方で、億万長者たちが新たに購入した車の価格の中央値は三万五〇〇〇ドルであった。車をリースした人のうち、億万長者がリースした車の二五％が高級車であり、一方、リースされた車の七五％が非高級車（つまり、ホンダやトヨタ）であった。

父は『〝ふつうの億万長者〟徹底リサーチが明かす　お金が〝いやでも貯まる〟5つの「生活習慣」』のなかで見栄っ張りの姿を描きだしている。シェークスピアはこれらの人々を指して、「光るものすべてが金ならず」と表現している。だが、今でも多くのアメリカ人が、高級メーカーの自動車に乗っているかどうかに基づいてその人の富を判断するという過ちを犯しているのだ。この手の判断は不正確であることが多く、堅実な消費行動の足を引っ張りかねないのだ。父は、消費者の買い物と富という問題について皮肉な言葉を発する一人の男性からｅメールを受け取っていた。

……彼らが住んでいる場所や乗っている車を根拠にその人たちを疑わずにいるのは難しい。私たちは「お金持ち」と思われている教会に通っています……多くの人たちがエスカレードやＢＭＷといった高級車に乗っています……彼らは富を蓄えているのではなく金遣いが荒いのだと思います。われわれの子供たちは教会が運営する学校に通っています……ほかの子供たちが持っているようなノースフェイスやアバクロンビーや高価な靴といった高級品などまったく必要ないということを彼らに教えるのは難しいです……わたしの妻はこのような人々を見て、彼らが高級品を買うだけのお金をどこで手に入れているのか不思議がっています。疑いたくもなりますよね。

彼に対する父のアドバイスは何か。第一に、人間の本当の質をその人が買えるもので判断してはならない。第二に、この読者がいぶかしんでいるように、お金持ちのような服を着て、お金持ちのような車に乗っている人は、実際にはお金持ちではないことが多い。

われわれの最近の調査では、富裕層のサンプルの回答者のすべてにおいて、当然ながら、彼らが最近購入した自動車の価格と純資産との間には相関関係が見られた。また、年齢、収入、純資産の組み合わせによって購入価格のばらつきのおよそ二五％が説明された。現実的な観点からすると、われわれが購入する自動車の価格は、自分たちがいくら稼いでいるのか、年はいくつなのか、どれほどの富を持っているのかという要素だけでなく、高級品に対する態度やその影響や近所の人たちが乗っている車に大いに関係するのだ。このような計量社会学的・心理的要素が働いているかもしれない。そして、次に購入する車にいくら支払うかを予測するには純資産よりも収入のほうが有効であることが分かった。これはとりわけリースに当てはまる。つまり、収入よりも高いリースされる自動車の価格を予測しようとする場合、純資産はほとんど役に立たないことが分かった。

皮肉な読者に対するわれわれの答えは明白である。自動車の購入価格（そして、彼がコミュニティーで目にするメーカーやモデル）はほとんどの人たちが考えている以上に、富や収入以外の要素が大いに関係する。そして自分たちが現在の車に乗っている理由の経済的側面について考えているならば、富ではなく所得水準がより重要なのである。

おそらく、これは旧約聖書の言葉に見事に集約される。曰く「人は外の顔かたちを見、主は心を見る」（サムエル記一六条七）

一三年落ちのトヨタを買うのはだれか

われわれの最近の調査では、億万長者のおよそ二八％が少なくとも六年は経過した車に乗っていることが分かったが、ついでに記すと多くの億万長者が同じ車を一〇年以上乗っていることが分かった。実地調査と呼べるかもしれないが、父は購買傾向に関する事例証拠を検証するために自分の一三年落ちのトヨタの買い手候補の姿を描いている。次の一節は父が二〇一〇年に記したものである。

わが家で最初に買った車を売却したときのことだが、一九九七年型のトヨタ４ランナー４×４は親友のような車であった。だが、私の家族がガッカリすることはなかったのだ。走行距離は二九万キロにもなっていたが、どこも故障はなかった。塗装もいまだ完璧に近い。

われわれは、インターネットに掲載した直後に接触してきた買い手候補の多さに驚いた。ここで議論する価値のある買い手候補が二人いる。買い手候補ナンバーワンは、男性、三六歳、既婚で三児の父である。彼と彼の妻はともにフルタイムで働いている。この夫婦は現在所有している二台の新型の自動車を処分している最中だったのだ。どうしてこの人たちは一三年落ちの五〇〇〇ドルの中古のトヨタを欲しがっているのだろうか。彼らは経済的に困っていたからでも、予想される「ダウンサイジング」に気落ちしていたからでもない。この若者が説明するとおり、彼と彼の妻は実入りの良い仕事をしているのだが、二台のうちの一台分も含めローンの支払いにてんてこ舞いだったのだ。毎月末にすべての支払いを済ませると、彼らの手には投資に向けるお金はほとんど残らなかった。この夫婦は経済的に自立することを決心した。まずは、二台の高価な自動車を売却して、手にするであろう三万ドル以上の資金を株式に投資することから始めた。この夫婦によると、二人が通う教会で開かれたファイナンシャル・ピース・ユニバーシティ・プログラムでこの方法を学んだことがキッカケなのだという。

買い手候補ナンバーツーは、男性、二六歳、婚約中で、フル装備のピックアップトラックを売却したばかりであった。彼はトラックで二万ドル超を手にしたので、来る結婚に向けて蓄えを増やしたかったのだ。彼は連邦政府の公務員で、アルバイトもしていた。彼が住む小さな大学街なら、一九九七年型４ランナーを二年後に売却しても十分に元が取れると考えたのだ。

買い手候補ナンバーツーは、実車を見ると五分もしないうちに購入を決めた。一人目の買い手候補は、カープール（通勤時などに相乗りをすること）にするために七人乗りのSUVを探しており、一台購入したので、私の車は買わなかった。

　これら二人の買い手のように「安物に買い替える」人々すべてが自尊心を傷つけられたと感じるわけではない。ダウンサイズをして投資を行うことで富を築こうとする人たちはプライドが高まり、新たな自信を獲得することになる。すべては自らの人生をコントロールし、消費や過度なクレジットカードの利用に振り回されないためなのだ。幸福や自尊心はローンを組んだりクレジットカードを利用すれば、お店で買えるのだということを納得させるために何十億ドルという資金が広告やマーケティングに費やされてきた。そして、そのような考えは一夜にして変わるものではない。自らを変え、そして経済的自由へと導いてくれる師を持つことが重要なのである。

中古の高級車を買う方法

高級車に乗りたいと思ったらどうするだろうか。となりの億万長者の母集団における「進んで中古車を買う人たち」が、中古の高級車を買うことを選択した人たちへのガイドブックとなる。エンジニアリングを専門とするとある大学教授が最近車を購入した話を詳しく父に語っている。

現金を見せることが強力な効果を発揮する場合があります。そこで私は、緊急用の手元資金から二〇ドル札を二〇〇〇ドル分取って、そのうち五〇〇ドルをズボンの右ポケットに、残りの一五〇〇ドルをシャツの左ポケットに入れました。車を見に行く約束をとりつけ、海軍時代の古い友人に頼んで約束の場所まで車を出してもらいました。売り手は馬術場もあるような高級住宅地に住んでいました。彼の三台入りのガレージには新車のジャガーのセダン、トヨタのセダン、そしてキャディラックのエスカレードSUVが停まっていました。彼の長女が大学に通うのに古いメルセデスを使っていたのです……彼女はほかの州へ引っ越す予定でした……また彼は娘にトヨタの新車を買い与えたばかりだったのです。彼は「妻と私の二人だけなら四台もいらないのですよ」と言いました。これで「におい検査」は通過で、彼がだれかに売り払おうとしていたのが「レモン」ではないことが分かりました。試し運転をしたのち、私はシャツのポケットから二〇ドル紙幣の束を取り出し、メルセデスの屋根に置いて、こう尋ねました。「現金一五〇〇ドルでどうですかね」。彼は喜んで受け入れましたよ。このようなわけで、私は毎日の通勤に一九八〇年式のビンテージ・メルセデスベンツに乗っているのです。とてもよく走りますし、燃費もリッター一一〇キロは出ます。運転も楽しいですよ。この車は、メルセデス・ベンツが極めて高い製造基準と、飽きのこないデザインで当然の評価を得ていた時代のものです。ついでながら、私の心のなかにいる二〇歳の子供が、実現までに三八年という時間がかかったけれども、やっと望みがかなったことを喜んでいるのです。

新車に乗ることで経済的に成功している人々のマネをしていると考えているアメリカ人があまりに多い。だが、最新年度モデルの自動車に乗っている億万長者はたった一六％にすぎない。中古の自動車を乗り回していても落ちぶれているなどと考えてはならないのである。

プロのアドバイザーが買うべき車

ファイナンシャルアドバイザーのジョンはフロリダ南部の高級住宅街に拠点を移すつもりでいた。彼は「理想的な」自動車について父にアドバイスを求めた。となりの億万長者のコンセプトを高く評価するジョンは「特別分配」を求めていたのだ。彼は「普通の（つまり、高級でない）」メーカーの自動車に乗ることで潜在顧客を遠ざけてしまうことを恐れていたのだ。

ジョンのような立場にある人々が、高価な自動車に乗ることはお金持ちに専門的なサービスを提供する人たちにとって必須のユニフォームのようなものであることを父に納得させようとしたことは数えきれない。だが、父は一度も納得しなかった。むしろ父は、成功の鍵は期待を大幅に超えるような高度なコアサービスを提供することであると主張していた。言い換えれば、自分が乗る車のメーカーの心配をするよりも、「華麗なるお金持ち」の顧客の資金を成功裏に運用することのほうがはるかに重要なのだ。

父は『〝ふつうの億万長者〟徹底リサーチが明かす　お金が〝いやでも貯まる〟5つの「生活習慣」』で華麗なるお金持ちについて次のように記している。「これらの人々はあらゆるたぐいの高価な財やサービスに莫大なお金を使う。それでも彼らは身の丈に合った暮らしをしているのだ。というのも、最低でも二〇〇〇万ドルの純資産を持っていることがその基準だからである。華麗なるお金持ちは……BMWやメルセデスやレクサスの最上級車を……所有している……SUVは少なくとも一台保有している。だが、それらSUVの多くは高級モデルではない。フルサイズのSUVは……華麗なるお金持ちの間でも大変に人気がある」[21]

父はジョンに妥協案を示した。フルサイズのSUVは華麗なるお金持ちの間で大変に人気なので、その中古車を買ってはどうか、と。父はGM傘下の車を薦めていた。というのも、大型で、乗り心地が良く、安全で、多くの人たちがフルサイズのSUVのなかでも品質が一番良いと考えているからである。そして、ジョンは難なく一台を見つけられたであろう。父はジョンがいる商業圏で売りに出ているGMのフルサイズSUVの中古車を九三ページ分も見つけたのである。

高額の買い物

消費財や車や家を購入すること以外に、億万長者たちは収入をどのように配分しているのだ

表4－12　億万長者による収入の使い道

支出分野	カテゴリー別支出された収入の割合							
	0%	1%	5%	10%	20%	30%	50%	75%以上
	億万長者の割合							
所得税	0.8	0.6	1.8	5.8	21.8	50.1	18.0	0.3
クレジットカード・割賦払いの金利	71.7	16.4	8.4	3.1	0.2	0.3	0.0	0.0
慈善団体への現金・現金同等物の寄付	3.1	37.0	36.1	19.8	2.6	1.4	0.0	0.0
ファイナンシャルアドバイス・運用・取引の手数料	32.7	56.3	8.3	2.5	0.2	0.2	0.0	0.0
学費	47.6	12.2	16.2	14.8	5.7	2.6	0.6	0.2
親族への現金、有価証券、不動産、乗り物などの贈与	33.6	33.9	23.2	7.3	1.4	0.3	0.2	0.0
年金への拠出	35.1	7.2	19.8	24.3	12.0	0.9	0.5	0.2
投資（年金拠出以外）	20.3	10.8	27.4	19.2	13.8	5.2	2.2	1.1
住宅ローンの支払い	32.6	6.6	14.6	21.8	15.1	8.3	0.9	0.2
会費など	68.1	19.5	9.8	2.1	0.5	0.0	0.0	0.0
自動車購入、リース代・サービス料・ガソリン代・保険料	14.8	34.3	37.2	11.3	1.7	0.5	0.3	0.0
衣料	1.8	59.7	32.3	5.5	0.5	0.0	0.2	0.0
消費者ローンの返済	83.8	5.2	5.5	4.0	0.8	0.6	0.2	0.0
その他（上記以外）	14.2	8.5	19.5	15.9	17.6	12.9	9.2	2.2

ろうか。第7章で取り上げるが、われわれが調査した億万長者のほとんどが世帯の年収の一％しかファイナンシャルアドバイスに使っておらず、三分の一はまったく支払っていなかった。億万長者の三人に一人は世帯の収入を「親からの多額の経済的援助」にまったく配分しておらず、三分の一が世帯の収入のおよそ一％をこれに充てていた。億万長者の三六％が収入の五％を慈善団体に寄付している。そして億万長者のおよそ四分の一が世帯の年収の一〇％以上を高尚な目的に使っていた。

どんな贈りものをするか

億万長者の実業家で前ニューヨーク市長であるマイケル・ブルームバーグは仕事用の靴を二足しか持っていないと伝えられている。また、長い間履くことができるように日ごろから靴底を張り替えてもいるという。アメリカで富を保有する上位一％の人々のうち七〇％が定期的に靴底を張り替えたり、修理したりしていることをわれわれのデータが示している。これは、富を築く傾向にある人々は消費財にお金を振り向けることについては極めて質素だというわれわれの全般的なテーマを支持している。ブルームバーグ氏が蓄財優等層であることは明白で、資産型（ＢＳ）富裕層タイプである。また、蓄財優等層に広く見られることだが、ブルームバーグ氏は高尚な目的のためには惜しみなく自らの富を寄付する傾向にある。対照的に、高額所得者ながら、年齢や収入のわりには蓄えた富の水準が著しく低い人々は自分には多額のお金を使

表4－13　遺産の規模別で見た公益寄付金控除が占める割合[22]

IRS相続税データ（2016年申告分）	
遺産規模	公益寄付金控除
500万ドル未満	2.71%
500～1000万ドル	3.91%
1000～2000万ドル	5.84%
2000～5000万ドル	9.75%
5000万ドル以上	15.80%

うが、高尚な目的に寄付する額は比較的少ない傾向にある。

二〇一六年にわれわれが行った調査の結果、蓄財劣等層の五二％が世帯の年間収入の五％以上を慈善団体に寄付していた一方で、蓄財優等層の七〇％近くが世帯の年間収入の五％以上を寄付に当てていた。一見、このデータは直観に反する（蓄財優等層のほうが他人への贈与が少ないはずではないか）ように思えるかもしれないが、よくよく考えてみると理にかなっている。収入型（ＩＳ）富裕層タイプは、自らの大量消費スタイルを支えるために収入が必要なので、それほど多くを贈与に回さない。蓄財優等層は決まったライフスタイルの費用が少ないので、より多くを分かち合うことができるのだ。ＩＲＳ（米内国歳入庁）の相続税のデータを見ると、遺産規模が大きくなるに従い、慈善事業への寄付が劇的に増大している。

二〇一三年、ブルームバーグ氏は母校のジョンズ・ホプキンス大学に三億五〇〇〇万ドルを寄付したが、それによって彼がこれまでに同校に寄付した総額が一〇億ドルを超えた。

この額を消費財と比較してみると、彼は自分が持っている仕事用靴一足当たり五億ドル寄付していることになるわけだ。

われわれが調査したところ、裕福な個人が高尚な目的を支援する主たる動機は自己顕示欲ではないことが分かっている。他人を助けること、とりわけ将来世代の成長や発展を支えることで得られる満足のほうが大きい。

だから彼らはお金持ちなのだ

質素に暮らすことは自分には向かないし、自分はたくさん消費したいのだと心に決めているとしても、富を築くことはできるだろうか。これこそ、収入型（ＩＳ）富裕層の究極の質問である。問題は、平均以上の所得を持つアメリカ人のほとんどが、永遠に多くの収入と親からの多額の経済的援助や借り入れを必要とするようなライフスタイルを期待することで、自分自身、家庭、そして子供たちに重荷を背負わせていることだ。

既述のとおり、『となりの億万長者』のもともとのタイトルは、編集者のスザンヌ・デガランの提案を受けるまで『ザッツ・ホワイ・ゼイアー・ウェルシー（That's Why They're Wealthy）』だったのだ。「彼ら」がお金持ちである主たる理由の一つは、彼らが分相応な暮らしをしていること、そして買い物上手であることだ。富を蓄えることに成功する人たちは、経済的な独立記念日を目指して一貫した規律をもって一つ一つの消費行動に臨んでいるのだ。そうすることで、彼らは好況期も不況期にも富を築くことができるのである。彼らは生涯にわたって自分たちの買い物を調査し、評価し、そして精査しているのだ。

父は『となりの億万長者』でこう記した。「億万長者の妻は、夫が最近上場公開させた会社の八〇〇万ドル相当の株式を与えられたときにどう反応しただろうか……彼女は『ありがとう、本当にありがとう』と言った。そして、にっこり笑い、キッチンテーブルに座ったまま、新聞広告の二五セント引きと五〇セント引きのクーポンを切り取り続けていたのだ」[23]

流行を無視すること、大衆や世の中に影響されないこと、そして身の丈に合った暮らしをすることが、収入を富へと転換することが上手な人々の特徴である。このようなライフスタイルの結果として、彼らはより大きな自由と安全性をもって仕事を変え、自らの事業を起こし、チャンスをつかむことができるのだ。本質的に、一貫して規律ある消費行動こそが、自力でお金持ちになれる人々、そして今日裕福な人々の目印なのである。

第5章　富を築くための力

「経済的に成功する鍵に関するこれらすべての情報は非常にややこしい。億万長者はどのようにアメリカでお金持ちになったのだろうか。この疑問に答える最良の方法は彼らに聞くことだ」――『なぜ、この人たちは金持ちになったのか――億万長者が教える成功の秘訣』（日本経済新聞出版）より

平均以上の収入がなければ、いくら正社員として働いていても多くの人は容易に富を築くことはできない。そして、小規模事業主も一概に成功しているわけではない（実際に、二〇一六年までの五年間でアメリカの小規模事業者の倒産率は五〇％であった）[1]。長期にわたり収入を生み出すことは重要であるが、仕事に大きな満足を得ていても、それが富を保証するわけではない。簡潔に言えば、収入の多寡にかかわらず、それを富へと転換する能力は貯蓄と自らの収入管理を効率的に行うことを含めた規律と多大な努力によっている。これには日常的なこと（つまり、家計や支払い）も、より複雑なこと（税務申告や投資分析など）も含まれる。

経済的独立を達成するためには、「一家のCFO（最高財務責任者）」としての役割と責任を負い、予算立て、計画、そして家計全般についてリーダーシップを発揮しなければならない人（今日では複数の場合のほうが多い）もいる。市場のチャンスをとらえるのが上手な億万長者と同じように、経済的に成功している世帯のほとんどに、富を築く力を最大限に生かすことができるリーダーやチームが存在する。彼らは、世帯を会社のように運営し、それを効率的にこなすことができるチームのメンバーに仕事を割り振るのである。

そこで、より優れた個人の経済管理を可能にする能力や特徴とは何であろうか、という疑問が出てくる。富裕層の習慣や特徴を研究することが父が人生を通して行った仕事であった。私が父の調査に参加するようになったとき、富裕層の特徴が実際に純資産と関係しているかどうかを理解する一助となるよう、それまでに私が訓練を積んだ科学を適用した。質素であることが人並み以上の経済的な成功につながるというのは本当だろうか、それとも運が作用していたのだろうか。信念や規律が本当に収入を富へと転換する能力に影響を与えると言えるのだろうか、それとも一九九六年に取り上げた億万長者たちは、時代とそのなかで行った幾つかの正しい判断ゆえに経済的に成功したのだろうか。

富裕層を研究するわれわれの仕事の多くは、人口統計や消費者に関連するデータ、つまり何を買い、どこに住み、どんな車に乗り、どのように時間を過ごすのか、に焦点を当てていた。『なぜ、この人たちは金持ちになったのか』で顕著なように、人生経験や人格を検証する調査もあった。二〇一〇年以降、われわれは調査の対象を広げ、富の蓄積のさまざまな段階にある個人に共通する行動を見いだそうとしてきた。つまり、蓄財優等層（ＰＡＷｓ）と、蓄財劣等層（ＵＡＷｓ）の行動である。これによって、富を築くことに成功する人たちに見られる、より高次の行動面での共通点をある程度推測することができるようになった。

この重要な職務を検証するために、われわれは二〇一二年ごろから研究にとりかかった。そこには、クラウドソーシングのサイトから選別した、主にマス富裕層に属するアメリカ人のサンプルも含まれる。これらは、基本的にフリーランスや自分と家族のために追加収入を生み出すために副業をしているアメリカ人である。[2]この取り組みは、いくつかの点でわれわれが過去に行ってきた調査と反対のアプローチであった。かつて、われわれは億万長者の特徴や習慣を検証し、折に触れ、年齢や収入や純資産に応じてサンプルを蓄財優等層と蓄財劣等層とに分割し、それぞれのグループの特徴的な行動を見いだそうとしてきた。最近は蓄財優等層がほかの人たちよりもうまく収入を永続的に富へと転換することを可能にしている、大局的な行動面の共通点は何かを見いだすことに焦点を当てている。買い物に対する判断やキャリアパスに関するわれわれの調査に組み込まれるこれら行動上の特徴はそれほど明白なものではなかった。

世帯のCFOの職務分析

思いがけず手に入った大金や遺産をしばらくの間忘れれば、長期にわたって富を築くうえで最も有効な特徴を検証することができる。年齢や年収を問わず、純資産を予測する、またはそれと関係する特徴は何であろうか。その答えを見いだすため、われわれはまず個人の経済管理を一つの職務と考えた。つまり、責任と一連の明白な行動とが伴う職務である。この方法がどのように機能するかを説明するためには、「ファイナンシャルプランニング」や投資だけでなく、人生におけるすべての経済取引や仕事を管理するために専門家を雇わなければならないと想像してみればよい。費用の支払いから、配偶者や重要な人物とのお金に関するやり取りに至るまで、この新たに雇った人物に取り組んでもらわなければならないわけだ。この仕事の最良の候補者を見つけるための意思決定プロセスには科学と常識の組み合わせが有効であろう。では、この求人票はどのようなものになるであろうか。

求む、世帯のＣＦＯ

職務内容　世帯のＣＦＯの役割は、最終的に経済的な独立を達成するために彼または彼女の家庭が確実に富を築くことができるようにすること。

世帯のＣＦＯは、一家の予算立てやファイナンシャルプランニングを監督します。毎年世帯の予算を策定し、管理し、説明し、順守し、そして交渉すること、そして当該予算に関連する消費と貯蓄とを監視することが求められます。一家の経済的安全性と永続性を目的とした計画を策定することが求められ、とりわけ退職プラン、カレッジセービングプラン、その他予見し得る将来における多額の支出に焦点を当てることが求められます。世帯のＣＦＯは小切手の決済、税務申告書の提出、期限内での費用の支払い、資金計画の策定、遺産計画の策定、投資調査、投資先の監視が求められるとともに、世帯の経済問題全般を管理することが求められます。世帯のＣＦＯは一家の消費を監視する役割が期待され、それゆえ、世帯の最高調達責任者とそのチームメンバー（つまり、配偶者、自分自身、または子供たち）と緊密に連携することになります。世帯のＣＦＯは自らの役割を外部の信頼に足るアドバイザーに委託することができますが、それゆえ、世帯のＣＦＯが預かる家庭の最善の利益にかなうよう行動する一流の専門家を探し、採用する能力が世帯のＣＦＯの職には求められます。

徹底的に調査しても、相応しい候補者が見つからなければ、自分自身か家族のだれかがその資質にかかわらずこの役割を担うことになる。

右の職務内容の最後の部分が現実を言い表していよう。この重要な役割は、それが部分的であろうが（つまり、役割のいくつかは外部の専門家に委託される）、または非効率であろうが、細心の注意を払ったものであろうが、常に家庭のだれかによって果たされるということだ。関心や能力やそれに相応しい性格を有しているか否かにかかわらず、たとえ自分ではそうしているつもりがないとしても、だれかがこの役割を果たさなければならないのだ。経済的に成功するアメリカ人と、そうでない人の違いとして次のような点がよく見受けられる。

●この仕事に必要となる役割全般を把握している
●自分は何が得意で、何を改善する必要があり、また何を外部に委託する必要があるかを理解している
●富を築き、維持するうえで重要となる分野で改善に尽くしている

第3章で議論したとおり、先天的なものと後天的なものの組み合わせによって得た力が富を築くことを可能にすることもあれば、それが経済的に成功する妨げになることもある。あらゆる人が独自の経験や能力と行動や姿勢をもって世帯のCFOという仕事に取り組んでいる。それらの違いにもかかわらず、われわれのファイナンシャルライフを完全にだれかほかの人に委ねないのならば、自分たちで自分たちのお金を管理する役割を果たさなければならないことに

なる。

過去数年間に行った調査では、個人の経済管理に必要となる仕事の分析にも焦点を当ててきた。これは産業・組織心理学の研究方法と同じ手法で行った。世帯のＣＦＯという役割に就く人に必要な条件とは何であろうか。その人物は家計を管理するために何をするのだろうか。仕事の必要条件が分かれば、次はそれをうまくやり遂げるために何が必要かを検証することになる。世帯のＣＦＯとしての役割を果たす際、支出、予算組み、そして事務仕事だけでなく、投資に関する判断を下し、最終的には他者と働くこと（とりわけ夫婦または子供のいる世帯の場合）も彼らの主たる役割となる。

おそらく、一家のだれかが世帯にとって最も重要な役割を果たしていて、「チーム」のだれも（配偶者や子供たち）目的達成の足を引っ張らなければ、その世帯は経済的に成功するであろう。これらの役割にはさまざまなスキルがある程度必要となるが、幸運にも幾つか重複しているものもある。次のリストは、知っておくべきことのチェックリストとして役立つであろうし、とりわけ過去に家計を管理する必要のなかった人や、仲間の助けがなければ今でもそれができない人にとっては有効であろう。

世帯の財務管理における重要な仕事[3]

全般

●行動の方針を決める前に、その行動がもたらす結果を検討する
●世帯の予算、計画、長期的な目標に基づいて経済的な判断を下す
●無借金になることに焦点を当てて経済管理に励む

支出

●身の丈（収入や純資産）に合った暮らしをする
●世帯の総収入以上にお金を使わない

予算組み

●緊急時に備えた貯金をする
●任意の買い物（娯楽系）の予算を組む前に、必需品（食糧など）に十分な資金を割り当てる
●予算立ての準備をするときに必須の日用品（つまり、衣食住）を把握する
●目標に影響を与える人生の大きな変化（転職、出産、引っ越し）が起こる際には予算と経済

目標とを分析する

事務仕事

●延滞金や延滞利息が発生しないように期限内に支払いを行う
●期限内に税務申告書を準備、提出する（自前で行おうが、助力を得ようが）
●延滞利息が発生しないように期限内にクレジットカードの支払いを済ませる
●クレジットカードの支払いを翌月以降に持ち越さない

自分以外の人と相談する

●予定外または想定外の買い物については、あらかじめ配偶者や重要な人と議論する
●世帯の経済問題に取り組むときは配偶者や重要な人と一緒に考える

投資

●投資の本質とそのリスク・リターン特性を理解する
●企業年金制度（４０１ｋなど）に拠出する
●自分の家庭の投資ポートフォリオにふさわしいリスク水準を理解する

家庭が効率的に運営されるように、家庭のだれかがこれらの仕事をやり遂げなければならない。たとえいくつかを外部に委託するにしても、信頼に足るアドバイザーを採用しなければ成功にはつながらない。また、ここで挙げた仕事は氷山の一角にすぎない。つまり、われわれが見いだした世帯のCFOに求められる仕事は二四〇にも及ぶのだが、より重要で頻出するものもあれば、そうでないものもある。

富を築くための行動特性

世帯のCFOの仕事を検証したら、次は自分がこれらの仕事をどれだけ楽めるのか、そしてそれらを遂行するための知識、スキル、能力を持ち合わせているのかどうかを考えてみよう。ここでは、財務管理という仕事に付随することではなく、それが遂行されるうえでの性格特性について議論をしたいと思う。

おそらく、富を築くために必要な最初の最大のステップが、自分の人生をどうしたいのかを認識し、自分の価値観と興味を評価し、目標を定め、そしてそれを達成しようとすることであろう。われわれはみんなさまざまな能力を持っている。これら個人の特徴は、細かいことへのこだわりや几帳面といったものから、細かいことは気にしない、組織化は他人任せといったものまで幅広い。それには、芸術的なものに関心を抱くことから、リストを作り、日々のルーテ

責任の重要性

世帯における経済的成功や失敗の責任を負うことは経済的成功に通じる。[6] 言い換えれば、経済管理を自ら影響を与えるもの、また責任を負うべきものと考えている人は、経済的成功にはその他の要因（政府や金融市場など）が大きな役割を果たしていると考える人々よりも、多くの純資産を有している傾向にある。これは心理学における統制の所在という概念と似ている。つまり、統制の所在が外側にあると、自らの人生の結果をコントロールできない、またはそれに影響を与えることはできないと考えるが、統制の所在が内側にあると、失敗や成功の究極の原因は自分にあると考える。これにはそれぞれ欠点もあるが、経済的な結果に責任を持ち、それに従って行動することは富に対してプラスの影響を与えるし、またこれと同じ考えがわれわれの人生の別の面にも当てはまる。父は責任とリーダーシップの役割を二〇一二年の次のエッセーで強調している。

ロン・チャーナウの著書『ワシントン』（Washington：A Life）[7] はほとんどの批評家から好意をもって受け入れられている。二〇一二年にウォール・ストリート・ジャーナルに掲載されたインタビューでチャーナウ氏はワシントン大統領について次のように述べていた。「最も優秀である必要も、最も独創的な精神を持つ必要もない……だがワシントンの人生が教えていることは、明確なビジョン、揺るぎない目的意識と品性であり、自らの最終的な目標を見失わないようにすれば、人生で多くのことが達成できるということだ」

『なぜ、この人たちは金持ちになったのか』[8]のなかで、私は知性と人間のパフォーマンスを専門とする二人の学者であるフレッド・フィードラーとトーマス・リンクの言葉を引用している。彼らはこう結論づけたのだ。「認知能力試験（標準知能検査）はリーダーシップの予測因子としてはおそまつで……ばらつきの一〇％以下しか説明できない……これほど低い相関関係でも真のリーダーシップを過大に見積もっている可能性がある……特定の状況下でのリーダーの知性は、そのパフォーマンスと負の相関関係にあるのだ」

残念なことに、カウンセラーたちがリーダーシップのばらつきの九〇％は標準知能検査では説明できないということを子供たちに伝えることはほとんどない。学校の成績が振るわなかったり、ＳＡＴ（米大学進学適性試験）の点数が低いことでどれほど多くの子供たちが人生の早い段階で自らの可能性をあきらめてしまったことであろうか。おそらく彼らにはこう伝えてあげるべきだったのだろう。「まだまだチャンスはある。懸命に働く必要があるかもしれないが、君にはほかの人々を導いていく能力があるかもしれない」

私がこれまでインタビューしたうち最も興味深かった億万長者の一人は、学校やいかなる標準検査でも優れた成績を残したことがなかった。しびれを切らした彼の両親は優秀なスクールカウンセラーに相談を持ちかけた。高校時代、このカウンセラーは両親に「ご子息は心配に及びません。彼は天性のリーダーです。彼の才能は測りしれませんよ」と伝えたのだ。このカウンセラーの若者に対する評価は正しかった。今日、長じて彼は桁外れの成功を収めているのである。

成功を収めた多くの人々と同じように、ジョージ・ワシントンは若くしてリーダーとしての責任を負っていたのだ。若い人々には人に付いていくのではなく、導いていく機会を求めるよう働きかけることが重要である。

ィンの記録を付けるといった定型作業に強い関心を抱くといったことも含まれる。また、極めて個人的な価値観もあれば、より集団的で、チームを優先する価値観もある。

長年にわたって行ってきた仕事の成果を予想する研究や、また産業・組織心理学の視点を通じて、将来の仕事の成果を予想する成功要因と同じもののいくつかが経済的成功にも当てはまることが分かっている。ほぼすべての役職に通じる、仕事の成果を説明する個人の性格に基づく因子として最も優れた要素の一つである誠実性[4]は、経済的成功とも関係する。とりわけ、自制心は固定資産や流動資産や純資産の保有状況と正の[5]関係を示す傾向にある。

もちろん、家計管理にはこまごまとしたことが多く、それゆえ事務能力のある人のほうが消費や貯蓄やその他細かいことを行う能力は優れている。経済生産性の高い世帯では、このような細かいことを効率的に追跡できる人物がいる傾向にある。几帳面、または誠実であることが、個人の長期的な経済的成功に関係する傾向がある。

広範なサンプルの純資産の予測因子として最も優れた特徴を見いだすために、われわれは年齢と収入を一定と仮定したうえで、長期にわたって富を築く能力と関係する、またはそれを予測するであろう広範な行動カテゴリーを究明するため、一連の並行試験を行った。純資産が一〇万ドルから一〇〇〇万ドル、また富裕層や超富裕層に属する個人を含めたアメリカ人の広範なサンプルを二組使って、年齢や収入に関係なく、収入を富へと転換する能力に影響を与える主たる行動を見いだそうとしたのである。[9]

これらの行動や体験は統計的にも実証的にも六つのカテゴリーに分類される。具体的には、規律や誠実さ（堅実さや社会的無関心や流行に影響されないことを含む）に関する能力が純資産とプラスの関係にあることが分かっている。規律と誠実さに関連して、経済計画という行動

表５－１　富に関する行動パターンのカテゴリー

カテゴリー	定義	質問例
自信	経済管理や投資や家計でのリーダーシップにおける自信や協調性	どれほど安心して家計にとって重大な経済的判断を下しているか
倹約	安定的に貯蓄し、消費を抑えることに専念し、予算を厳格に守ることを伴う経済的行動	友人や家族は自分を質素だとするだろうか
責任	経済的な結果を伴う行動、能力、経験に関する役割を引き受けること。目的の達成に運が果たす役割は小さいと考えていること	私は家計の経済的結果に対して責任を持っている
社会的無関心	最新の消費財や高級材や衣料品や車を購入するという社会的なものから影響を受けない消費と貯蓄行動	隣人や友人のように買い物熱をどのくらいの頻度で無視しているか
集中	惑わされることなく細かい役割に集中できること	惑わされずに役割を完遂することは容易である
計画	目標設定、計画、将来のニーズ予測に関する行動	日次、週次、月次、年次、そして生涯を通じた明確な目標を持っている

と、集中し、惑わされない能力も純資産に影響を与えることが分かった。経済的な判断に自信を持つこと、そして自らの経済的成功に責任を負うことも、年齢や収入の水準にかかわらず純資産と関係する。一人の引退した億万長者が教えてくれたとおり、学ぶに遅すぎるということはけっしてないのだ。「私が職を失ったのは……一九八二年のことでした。それで私は、家族と経済的な幸福に対して自分が全面的な責任を有していることに気づいたのです。イリノイ州での自分の４５７プランに関心を持つようになり、また投資信託への投資について学んでそれを買いました。われわれは蓄財優等層で、長い時間をかけて一〇〇万ドルの純資産を手

にしました」

まとめると、これら富の要因は年齢や収入にかかわらず、純資産と関係がある。われわれの調査では、富を築く可能性に応じてサンプルを高、中、低に分割し、それぞれのグループで関連するデータを収集した。おそらく、これらグループ間での最も大きな違いは、貯蓄率（つまり、月収や年収のうち使ってしまうのではなく、貯蓄に回すことができる金額）の中央値にあるであろう。「高」のグループの貯蓄率は、「低」のグループのそれのおよそ二・五倍であった。繰り返すと、高のグループが毎月、そして毎年貯蓄する割合は低のグループよりも一四三％も高いのだ。この違いが三〇年という就労期間にどれほどの差を生むか考えてみよう。そしてウォール街で言うところの相対力を考えてみよう。ウォール街では市場平均を一％または二％上回るポートフォリオのリターンを生み出すことができる（少なくともそう約束する）ファンドマネジャーは巨額のお金を稼ぎだすはずである。

「年齢と収入を一定とする」とはどういう意味であろうか。これらの要素は経済的な結果に影響を与えなかったということであろうか。もちろん、そうではない。別な言い方をすれば、年齢や収入は経済状態や純資産に大きな影響を与える。われわれが言わんとしていることは、われわれの調査手法では、これらの変数を一定として、年齢や年収以外で統計上有意な行動面での変数を探し求めたということである。一例を挙げよう。外科医として働き、一〇〇万ドルの年収を稼いでいた六五歳の人物が、二三歳の建設作業員よりも大きな純資産を持っているであろうことは分かりきったことだが、われわれの研究では、年齢と収入が持つ大きな影響に加えて、彼らの経済的結果に寄与する行動上の違いを探し求めたのである。

エンジニアについて

経済的に成功している人たちは、家計管理、収入の創出、そして投資などに関して自らの強みと弱みを把握している傾向にある。彼らは、自らのファイナンシャルライフを管理するスキルや能力を持ち合わせている場合でさえ、より複雑な、または時間のかかることについてはプロの専門家に委託しなければならない場合もある。

自分で選んだキャリアや職業で秀でている傾向にある人たちについても同じことが言える。つまり、彼らは自分の強み、弱み、関心事、姿勢、そして価値観を理解したうえで、自分独自のスキルに適合する仕事を見いだす傾向にあるわけだ。

収入を富へと転換する能力を持ち合わせていることが多い職種がエンジニアである。となりの億万長者の多くがこの職種の出身である。『〝ふつうの億万長者〟徹底リサーチが明かす　お金が〝いやでも貯まる〟5つの「生活」習慣』（イースト・プレス）で、エンジニアに関連する堅実さについて次のように説明している。

裕福なエンジニアが持つ倹約精神は、収入から富を生み出す彼らの優れた能力に間違いなく反映されている。平均すると、エンジニアは実収入一ドルから富を生み出す割合が億万長者の平均よりもおよそ二二％強も大きいのだ。

彼らは収入や年齢で同じ群に属する人たちよりも富を築く傾向が平均以上に高い。また、彼らはステータスを示すような高価な製品やブランド品を好まない傾向がある。[10]

エンジニアが収入を富へと転換するのがうまいのはなぜだろうか。エンジニアリングに対する彼らの興味ゆえか。それとも彼らの姿勢だろうか。彼らをエンジニアたらしめている重要なスキルにある、というのが答えだ。例えば、造船技師に求められる主たる能力について考えてみよう。[11] つまり、信頼性、細部への注意力、分析的思考、独立性、そしてインテグリティである。これらと同じような能力が長期にわたり富を築き、維持する能力に影響を与える。

仕事に関する行動を通して自分の経済力を分析すると、いくつかのことが分かる。

一．われわれは、ある一回または数回の優れた判断によって億万長者となるわけではないことを認識している

二．われわれに不足していること、そして改善が必要なことを見いだすことができる

三．われわれは変えることをいとわないし、長期にわたって改良し続けることができる

これらの富に関する要素、つまり純資産に関係する行動上の特徴は常に改良が必要であることだ。時がたてばより質素になることもできる。知識を積み上げ、経済的独立の過程で小さな成功をいくつも重ねたことで、経済問題に対する自信を高めることができる。そのような成功を通じて、自らの経済的行動が与える影響を理解できるようになる。つまり、貯蓄率を少しずつ増大させ、事前に計画したことを忠実に守り、月末にはより多くのお金を手元に残すのである。

今日の……となりの億万長者

現実のとなりの億万長者に見られる行動パターンを採用することの価値を見てみよう。マイクとホリーのウェルズ夫妻はジョージア州アトランタの上流中産階級に属する地域に住んでいる。居住地、キャリア、子育て、教育、そして人生に対する規律ある取り組みによって、彼らは四〇代前半にしてとなりの億万長者として抜きんでた存在となった。彼らは古い型の車を二台所有し、素晴らしい公立学校がある学区内の控えめな住宅で暮らし、思うがままのライフスタイルを送っている。彼らは、デイブ・ラムジーの教訓の多くを自分たちの蓄財に生かしたという。経済的目標を設定し、支出を見直し、借金を抑えることに集中することで、彼らは自分たちを取り巻く超消費社会のなかにあって経済的に成功することができたのだ。

それでも、ウェルズ夫人はゆっくりと着実に歩を進めることで経済的に成功できる可能性には驚いたと教えてくれた。「このようにして億万長者になれるとは思っていませんでした……遺産を受け取るか、ハリウッドで成功するか、CEO（最高経営責任者）になるかしかないと私は思っていました……本当に驚きです」。まさにウェルズ夫人は億万長者になるためには必ずしも高収入である必要はない、ということを実体験したのである。

ウェルズ氏が計画を立て、家族の経済的目標をしっかりと見据え、人気の高い学区であっても余裕をもって手に入れることができる住まいを見つけることで、一家が着実に富を築くことができるようになったのだ。ウェルズ氏は郊外生活に付随する罠を無視することができた。住宅を見つけるために不動産業者に頼む人たちとは異なり、彼は流行を無視し、売り物を自分たちで探したのである。彼はこう述べている。「私たちはホーム・オーナーズ・アソシエーションもなく、近所にゴルフ場もない地域に引っ越しました。私はゴルフ場に惑わされたくなかったからです。私たちは不動産業者に頼ることをしませんでした」

彼らの目標の一つが、子供たちが同じ機会を手に自ら歩み始めることができるようにすることである。そのためには、三人の子供たちがみんな、後に学資ローンの負担を負うことなく大学に通えるようにするために、自分たちが極端な計画を立てる必要があったのだ。彼らはこの仕事の責任を負ったが、一方で彼らが住む地域の人たちは子供たちは借金を背負って学校に行

表５－２　富に関する規律――蓄財劣等層（UAW）と蓄財優等層（PAW）の比較

	非常にそう思う・そう思うと答えた割合	
項目	UAW	PAW
熟考した年間予算に基づいて家計を運営	58.0	61.6
日次、月次、年次、そして生涯の目標を明確に定義	55.0	59.0
経済的将来について時間をかけて計画	49.0	64.3
常に質素	40.7	57.0
プロジェクトに取り組む際にほとんど迷わない	48.5	51.0

くことが当然だとしていたのだ（またはそのことについてまったく考えていない）。もちろん、教育や老後資金を賄うためには、計画とそれに付随する質素なライフスタイルが必要である。

規律は彼らの日常生活の一部にもなっていた。確実に予算を守り、質素なライフスタイルを送るために、ウェルズ夫人は最新最良の商品を追うのではなく、自分たちの経済的目標に合致するような消費を心がけている。それを彼女はこう説明する。「セールや在庫処分になっていなければ買いません。定価で買うのが嫌いなのです……買い物は喜んで我慢しますよ。私たちには息子と娘がいるので、たいていは黒や無彩色の衣料品を買います。そうすれば、彼らが着回せますからね。スポーツ用品は中古を買います、だって新品は必要ありませんから。私たちは他人と比べたりしません。だれも追い越そうとは思っていません……。ただ、欲求と必要なものに対する子供たちの期待をバランスさせなければならないのです」

同じジェネレーションXに属する人たちと同様に、ウェルズ夫妻も海外旅行や子供たちとのイベントなど家族との体験のためにお金を貯め、またそれらに使う傾向がある。ウェルズ夫妻は、将来の経済的成功や収入の増大を期待してお金を使うのではなく、自分たちではどうにもできない市場の上げ下げを見越してお金を使う。彼らは、不景気のときだけ質素になるのではなく、景気に関係なく行動パターンは一貫しているのである。

一家の経済に対するこの規律ある取り組みによって、彼らは四〇代前半にして億万長者となっただけでなく、自分たちを取り巻く環境が理想に及ばないものとなった場合に備えた余裕も手にしているのだ。ウェルズ氏はこう述べている。「住宅市場が崩壊して、二〇一〇年にはあっという間に簿価を下回ってしまいましたが、私たちは計画を変えませんでした。私たちはいつも自分たちのバランスシートを見ていました。今では何度も確認することはありません。二〇一三年に転職したので、自由も増えましたし、ワークライフバランスも改善するでしょう。私たちの経済状態が安定していたので、転職もできたのです」

ウェルズ夫妻に、収入型（ＩＳ）富裕層から資産型（ＢＳ）富裕層へ変わろうとしている人たちへのアドバイスを求めたら、彼らは富を築くために必要なのは規律だと繰り返し述べた。

●経済的目標がライフスタイルに振り回されないようにしなければならない。ウェルズ夫妻や

億万長者になろうとしている人たちにとっては、逆であるべきだ
●消費財については「これで十分」という発想を持つべきである
●現在の経済状態にかかわらず、常に考え抜いた計画を持つべきだ
●別のやり方を進んで学ぼうとすべきである。周りにいる人々のライフスタイルが消費型の場合はなおさらだ
●欲しいものと必要なものについては忌憚なく議論をすべきである

規律という点でウェルズ夫妻の熱心さは九九パーセンタイルに入るかもしれない。彼らは、一貫して懸命に働き、難しい判断を下し、規律をもって目標を設定し、それを達成した好例である。彼らは、家族が必要とするものを十分に提供し、また欲しいものをいくつか手にし、それでも過剰となることはないライフスタイルを徹底して行っている。彼らは七〇万ドルの家に住んでいるわけでも、最新モデルのSUVに乗っているわけでもないので、隣人や同僚や友人たちは彼らのバランスシートを見たら驚くであろうし、彼らがライフスタイルを変えたり、懸命に働くことで手に入れた独立性をあきらめることなく、変化に対応できることを知れば、彼らが持つその大きな自由に驚くことであろう。

蓄財はマラソンである

父の仕事には、賢く富を築くことやその他の取り組みで成功することよりも価値あるものがあるという考えが浸透していた。父は二〇一一年に次のように記している。

『なぜ、この人たちは金持ちになったのか』で、富を築く過程はマラソンであると述べた。このレースでどれだけ成功するかは成績だけで測ることはできず……SATやGER（米大学院入学試験）で置き換えることもできない。もしそうならば、連邦政府は国家の富を毎年再配分し、IQの高い人たちになぜ分け与えないのだろうか。何はともあれ、連邦政府がそうするつもりならば、なぜその政策を加速させないのだろうか。

私がこのことを思い出したのは、テストではキャリア全体を通した業績の変化を予測することに限界があるという記事を読んだからである。記事の書き手は「SATからNFLの『コンバイン』（ドラフト候補生による運動能力やメンタルテスト）に至るまで、短期試験には問題がある」[12]と指摘している。

「人生で成功するために最も重要な要素は、気概や克己心といった性格特性にあることが分かっているが、それらを短期間で測定することはできず……気概は……長期的目標にその人がどのくらい熱心に取り組むかにかかっている」

そして、『なぜ、この人たちは金持ちになったのか』で議論したとおり、ハーバード大学を拠点に、知性と業績の優れた研究を行ったデビッド・C・マクレランドは、従来から用いられている知性の測定方法では、業績や人生における成功のばらつきの大部分を説明することができないことを発見した。

優等生でもなく、学力検査で高い成績を残すことができなかった億万長者について私が見いだしていることは何であろうか。彼らは「学問上のオッズメーカー」に自らの人生のパフォーマンスを左右させることを許さなかった。彼らは、自分の創造力と多大なる努力と規律やリーダーシップのある社会的スキルのほうが、成績や適性検査よりも重要であることを分かっていたのである。

典型的な億万長者は、五万九八〇〇時間（中央値）働いて初めて、七桁の純資産を手にしている。これは、ＳＡＴを受験するまでにかかった時間よりもはるかに長い時間を要する。

知性がわれわれを形づくるのではない

経済管理には規律が重要だという話はたくさん耳にするが、たいていそれを裏付ける十分な調査は行われていない。自力で経済的に成功したアメリカ人に関して過去四〇年強にわたって行ってきた調査の結果では、規律（つまり倹約）、多大なる努力、そして忍耐が経済的成功の要因であるということにずっと変わりはない。『なぜ、この人たちは金持ちになったのか』での富裕層と超富裕層の研究から、データポインツが行ったマス富裕層に関する研究に至るまで、それらで判明したことは、個人がどのように自分の事業を経営しているのかや、彼らが家計をどのように切り盛りしているかに関係なく、誠実であることが重要だということである。誠実さは最も重要な成功要因として取り上げられてきたが、年齢や年収に関係なく、誠実さと純資産との間には関係があることも示されてきた。

仕事でいかに成功するのかというハウツー本を見ると、仕事で成功を収める主たる因子として書かれているのは認識能力という概念である。言い換えれば、われわれが賢くなればなるほど、うまくいくということをほとんどの研究結果が示しているのだ。家庭における経済管理においてもこれは当てはまるのだろうか。

『なぜ、この人たちは金持ちになったのか』で取り上げた億万長者の研究結果で最も興味深かったのは、富と知性（回答者のＳＡＴの点数で測定した）にはあまり関係がなかったことである。『なぜ、この人たちは金持ちになったのか』の平均的な億万長者の大学でのGPA（成績評価価値）の平均は二・九二であり、SATの平均は一一九〇であった。これは偶然の結果であろうか。

研究者たちのなかには、人口統計上の特性という点については『なぜ、この人たちは金持ちになったのか』よりも広範なサンプルを用いて、知性と富との関係を検証しようとした人もいた。ジェイ・ザゴースキー博士による研究は公表時にはメディアにかなり取り上げられた[13]。ザゴースキー博士は、IQは富に関係するのか、という疑問に答えるため、全国的な統計調査であるナショナル・スタディー・オブ・ユース1979のデータを検証した。三三～四一歳のおよそ七五〇〇人を見直したところ、知性と富には関係があるという仮説を支持するものは見つからなかったのである。

おそらくわれわれは、認識能力ではなく、財務リテラシー、個人の経済管理の実務や方法論に関する知識やそれを用いる能力について考えるべきである。経済的なことに関する教養があるアメリカ人は五七％[14]にすぎないことが、財務リテラシーに関する簡単な質問に答えることで判明した[15]。アンナ・マリア・ルサーディと彼女の同僚たちは、アメリカや世界中の財務知識や財務教育のひどさ[16]を伝えている。この手の研究者たちはいくつかの質問をもって財務リテラシーを計測することが多い。パーソナルファイナンスの基礎とも思える事柄でさえ、正確に答えることができるアメリカ人は半分を多少上回っているにすぎないのである。

財務リテラシーは多くの経済的な「成功」と関係し、投資や借金や消費に関するさまざまな問題についてより適切な判断を下すことを可能にする。だが、富を築くためには、財務リテラシーだけでは不十分である。必ず遅刻はするし、仕事の場での相応しい振る舞いをわきまえず、また納期を守らない優秀な同僚と働いたときのことを考えてみればよい。仕事での成功には何かもっと別のものが必要である、つまり誠実さだ。性格特性のビッグファイブの一つとして知られる誠実さには次のような要素が含まれる。

●勤勉さ（懸命に働くこと、自信）
●美徳（道徳的・社会的に正しいことを行う）
●自制心（注意深いこと、喜びはあとに取っておく）
●順序（几帳面であること）
●責任感（他者や社会にとって正しいことを行う）
●伝統主義（権威や規則を順守し、変化を嫌う）

さまざまな仕事や組織での業績と社員定着とは一貫した関係にある。だれかを雇うとき、五つある性格特性のうち一つの性格特性でしか選べないとすると、芸術性の必要な場合は別として、誠実さこそあなたが知りたいと思うことであろう。

経済管理においても同じである。倹約や計画や責任感を含め、年齢や所得水準に関係なく純資産に影響を与える行動面の要素の多くが、この性格特性と関係があり、また誠実さが長期にわたり富を築き、維持していくうえで重要である理由を理解する一助となる。

ナショナル・ロンディチューディナル・サーベイ・オブ・ユースのデータを検証した別の調査では、誠実さ、とりわけ自制心が固定資産や流動資産だけでなく純資産の多寡にも関係することが分かった。[17] 財務リテラシーは純資産に何らかの影響をもたらすが、それは誠実さの主たる要素である自制心との関係においてのみである。この研究で分かったことは「財務リテラシーそれ自体はそれほど説明力はないが、誠実さの低い人が純資産を増大させる一助とはなるようだ」ということだ。この研究を行った人たちは、現場や金融サービス業界全体に教育だけでなく、自制心にも焦点を当てることを求めている。曰く「『金融教育』という概念はもっと広くとらえられるべきである。誠実さと自制心を高めるために幼いころからの『教育』がより革新的な取り組みとなるだろう[21]」

この研究を行った人たちは、財務のプロたちは顧客が消費に関する規律を高める手助けをすることに全力を注ぐべきだと提案した。彼らはこう述べている。「ファイナンシャルプランナーや指導者は、消費者たちに自分たちの自制心のなさを理解させ、経済的な幸福度を高める一助となるような助言や指導をすることで、彼らに資することができる。現金での買い物や、自動積み立てや自動支払いなどの実践を提案することで、消費者たちがその赤字体質を改めるの

インテグリティ――オープンブック政策の効果

誠実さと親密な関係にあるもう一つの心理学的特性がインテグリティである。つまり、他者に対して正直で裏表がなく、自らやると口にしたことを実行し、概して非の打ちどころのない方法で行動することである。われわれの最近の調査でも、『なぜ、この人たちは金持ちになったのか』で取り上げた人たちでも、インテグリティを自らの成功につながった主たる要因の一つとして挙げた億万長者たちは多い。父は、数年前の住宅市場の暴落時にインテグリティの重要性を取り上げていた。

教会学校における私の最初の教師であるラング夫人はよくこう言っていた。「常に全力を尽くすべきです。あなたがこの人生で行うすべての事柄を神は記録しています……そして次の人生のいつの日か、この地球上での振る舞いを裁かれることになるでしょう」

「オープンブック」のビジネス手法をとる人が成功を収めることが多い。私がこのことを思い出したのは、アトランタにおける住宅不動産市場の現状に関するニューヨーク・タイムズの記事[18]を読んだときである。そこにはこうあった。「住宅市場の不名誉賞だ。二〇一一年で最悪の市場……この不名誉はアトランタに贈られる……高価な住宅はまったく売れず……抵当権流れの物件があふれ……アトランタには連邦政府が所有する抵当権流れの物件が最も多い……」

　このジャーナリストは、アトランタ地域全般だけでなく、ジョージア州コブ郡マリエッタの抵当権流れの物件も取り上げていた。マリエッタという文字を見て、高収入の優れた営業パーソンたちに関するある私の調査を思い出した。ある人が住宅建築業者のＭ氏を経済的に成功した人々の「インタビューすべき」リストに加えるべきだと提案していたのだ。市場が下落している今日、Ｍ氏のプロフィールは彼に初めてインタビューしたときよりも重要なのだ。

　市場が低迷するなかでも成功を収めることができる特別な住宅建築業者が存在する。アトランタ・ジャーナル・コンスティチューションに掲載された記事[19]によれば、二〇〇五年に購入された新築住宅は五万三四一〇件であった。それが二〇一一年にはたった七六六四件となった。

　私はこの事実に接して、Ｍ氏のことを考えていた。飼い犬のリリーとお気に入りの公園まで日課の散歩に向かう道すがら、私は工事現場で「この住宅はＭ氏と〇〇会社によって建設中」という建築許可証を見つけた。Ｍ氏の事業はどうして繁盛しているのだろうか。不景気のなか、住宅を建てても余りある資金を持っている人物もいる。M氏は極めて質の高い住宅を建てることで評判なのだ。

M氏の競争優位の一つが彼の「オープンブック政策」である。彼が建てる住宅の購入見込み客のすべてが受け取るのは建築提案だけではない。彼らは、M氏が建築を請け負っているすべての家族の名前、住所、電話番号の完全なリストを受け取るのだ。そう、彼の日々増大する顧客リスト一六三件すべてである。

高品質の住宅を長きにわたり提供してきた実績と彼の「オープンブック」に記載された人たちが伝える際立った評判とが組み合わさることで、M氏は不景気な市場にあっても成功できるのだ。また、これはM氏がいわゆる不景気をどう見ているかとも関係する。それは逆境と呼ぶべきなのだ。そして、その逆境を、自分の事業を強め、評判を高める好機ととらえているのだ。

測定基準の限界

大きな組織（学校や企業や政府機関）において、採用や配置や入学許可の判断を下すには、それらの判断をより簡単かつ効率的にすべく何らかの測定基準が必要になることが多い。だれが成功するのか。次点はだれか。落第はだれか。多くの人々について判断を下す組織にとっては、標準検査やその他の測定基準（GPAなど）が間違いなく必要になる。しかし、将来の成功にとって重要なことのすべてが標準検査で測定できるとは限らない。さらに、それらの検査は受ける人にとってはあまり便利ではない。つまり、それは組織を助けるために用いられるのであって、われわれが出世するためではないのだ。だが、われわれはそれらの数字に価値を置きすぎることが多く、例えばGPAの高得点者はその人の残りの人生を左右する、さらに、丸暗記や学業での成功以上のことを指し示していると主張することもある。二〇一五年に父が記した次の一節は、GPA評価以上にリーダーシップが求められているのはなぜかを説明している。

となりの億万長者の典型例が、経済的に成功した実業家である。言い換えれば、彼は雇う側であって、雇われる側ではない。彼は本質的にリーダーなのだ。この事実は億万長者の実業家について重要なことを理解することと大いに関係する。認識知の検査結果と実際に示されるリーダーシップとの間に有意な関係はほとんどない。SAT、ACT（米大学進学適性試験）、GMAT（ビジネススクール入学希望者を対象にした適性テスト）、GRE（大卒の英語を話すネイティブ向けの試験）などが認識知の基本的な測定方法だと考えている。

この考えに沿って、私は『なぜ、この人たちは金持ちになったのか』で二人の著名な学者であるフィードラーとリンクによる関連所見を引用した。

認知能力の検査がリーダーシップを測るうえではお粗末であることは有名で……ばらつきの一〇％ほどしか説明しない[20]……。

この一例として、今日ではデカ億万長者となったデイブについて考えてみよう。彼は私に次の質問をする前に『なぜ、この人たちは金持ちになったのか』を読んでいた。

「私のオフィスビルにいるすべての大卒者のなかで、大学での成績が最も悪かったのはだれだと思いますか」

さぁ、想像してみよう。答えはデイブで、大学での平均成績はCの「低」だったのだ。デイブは、自らの極めて成功している投資顧問会社が入るビルを所有している。

デイブが卒業した大学の学力は全米で最低の五分位に属する。さらに、彼はＳＡＴ（旧式）で九〇〇点以上をとったことが一度もなかった。

今日なお、デイブは毎週自分が受け取る「ファイ・ベータ・カッパやラテン・オナーズを得た子供たちの履歴書の束」に驚いている。「みんな、僕の下で働きたがっている。一流校出身の極めて頭の良い男女がだよ」

デイブは、学校の成績で足らない部分を、規律、インテグリティ、自発性、リスクテーキング、人を見る目、ビジョン、粘り強さ、共感力、不屈の努力、社会的スキルといった基準で高い成績を残すことで補っている。本質的に彼が持っているのは優れたリーダーシップのスキルである。

デイブの下で働くすべてのファイ・ベータ・カッパのメンバーは、彼の大学での成績をどう考えているのだろうか。彼らが劣等生の下で働くことに多少の不安を覚えていることは間違いないであろう。だが、だれもデイブの成績証明書を見たいと言った人はいなかった。デイブが働く彼らに十分に報い、素晴らしい労働環境を提供しているかぎり、そんなことは関係ないのである。

するすべての人にとって重要である。

に役に立つであろう」[22]。この忠告は、アドバイスを提供する人たちだけでなく、富を築こうとするすべての人にとって重要である。

学校教育を超えた強み

『なぜ、この人たちは金持ちになったのか』の基礎となった全国的な調査は、アメリカの富裕層の上位一％に属する人々を説明している。これらの人々に関する神話には、みんなオールAの学生で、SATも最高得点を叩きだし、私立のエリート校に通ったというものもある。サンプルとなった人々のSATの平均得点は一一九〇であった。高校や大学の評価で最も多かったのは「B」である。大学時代のGPAは二・九であった。概して彼らは「エリート」大学に入学申請をする資格すらなかったのである。億万長者の多くが、拒否された経験が自分たちの成功の力になっていると語っている。エリート大学への進学は必ずしも成功を保証しない。自分たちの社会経済的成功を説明する非常に重要な要因として「一流校に通うこと」を挙げたデカ億万長者は一〇人に一人（一一％）にすぎなかった。三〇の成功要因のうち、「一流校に通うこと」は二九番目であり、すぐ下に「首席で卒業すること」があるだけである。ある有名な学者が言っているように、「最初の仕事は大学の成績次第で手に入るが、三年も経過するとだれもどこの大学を出たかなど気にしなくなる」。アメリカでさえ、すべてのチャンスが平等に与えられるとは限らない。そのことを認識し、取り組み、そして打ち勝たなければならないのである。

キャリアに関する目標を達成するにあたって知性と自信とを比較した逸話について考えてみよう。一見似たような、裕福で恵まれた家庭に育った二人の子供を例とする。おそらく彼らの両親は似たような立派な仕事についており、家族構成も似たようなもので、SATの点数も高く、GPAも同様で、関心事やキャリアの計画も同じようなものである。では、将来になって、収入に大きな差が生まれるのはなぜだろうか。

それは自己概念、より具体的にはCSE（中核的自己評価）ゆえかもしれない。これは一種の心理的特性で、自分の価値や新しい状況に効果的に対応できる能力に対する考え、また判断や判断の結果、より低次のストレスや不安をコントロールする能力に対する信念のことである。

ナショナル・ロンディチューディナル・サーベイ・オブ・ユースのデータを検証したティモシー・ジャッジ博士とチャーリー・ハーストは、恵まれた幼少期と収入との関係は簡単ではないと説明している。[25]予想どおり、より恵まれた背景を持つ子供のほうが所得水準は高くなった。だが、恵まれた背景と高い自己概念を持つ子供たちは、同様に恵まれた背景を持ちながらも自己概念が低い子供たちとはまったく異なる所得水準（つまり、はるかに高い）にあることを彼らは発見した。ジャッジとハーストはこう述べている。「これらのリソース（恵まれた家庭、STAやGPAの高得点）もCSEの低い人間にはほとんど影響を及ぼさず、実際には少しばかりマイナスの影響を及ぼす場合もあるようだ（すなわちＳＡＴの点数）」。そして「恵まれた家族と前向きなＣＳＥといったリソースの組み合わせこそが、平均以上の収入を手にするためには必要だ」と結論した。

ここで、収入ではなく純資産について考えてみると、自分自身をどのように評価しているか、また経済問題に関する自分の能力をどうとらえているのかが、年齢や収入や相続した財産の割合に関係なく、純資産に大きな影響を及ぼすことが分かる。自己概念は概して安定的で変化しない特性であるが、自己概念を理解し、そして経済問題に関する行動を変化させることが、長期的には収入や純資産を増やす効果をもたらすかもしれない。

思慮深い高等教育のすすめ

教育にかかる費用が、アメリカの若者たちが自力で裕福になる能力にどのような影響を及ぼしているかを知りたいと、とある記者がわれわれに聞いてきた。教育費が高騰している今日、となりの億万長者になれる人はいるのだろうか。教育費は一九九六年以降およそ四〇〇％上昇している。多額の学資ローンによって子供は経済的なスタートラインに立てなくなっている。善意にあふれ、入念な計画を立てている両親でさえ、子供の大学の学費を全額賄うことができなくなっていることが多い。ある研究によると、両親の四三％が自分の子供たちの大学の学費

リーダー性は成績では分からない

われわれが育つ過程で普通に受け入れ、また今日では良い意味で組織内の業績評価には役に立たないと考えられている学生時代の数値で表された成績は、われわれにさまざまな影響を及ぼす。評価や点数にかかわらず、それを無視する人もいる。自分たちの将来の成功は、その数字によって後押しされたり、または邪魔されていると考える人もいる。だが、マイナスの評価を自らが前に進む手段として利用し、数字を必ずしも無視するのではなく、自分たちが最善を尽くすための力として利用している人もいる。億万長者、とりわけ実業家たちは二〇一二年に父が分類したとおり、後者の反応を示すことが多い。

『なぜ、この人たちは金持ちになったのか』で私は次のように記した。「億万長者たちは……権威ある人物や標準検査の結果によって『平均的』とか『劣っている』と分類された……ことが多い。だが、この調査結果が示しているとおり、そのような評価を逆手に取ってさらに粘り強くなる人もいる。億万長者のなかにはそのような判断を糧としていることを私にはっきりと示してくれた人もいる。彼らはどこに解決策を求めたのか。それはマイナスの評価に打ち勝ってきた過去の経験の直接的な結果なのである[23]」

ラルフ・デ・ラ・ベガはＡＴ＆ＴモビリティのＣＥＯを務めていた。この会社の年間売り上げは六三〇億ドルで、従業員はおよそ五万人である。二〇一二年三月一八日付けのアトランタ・ジャーナル・コンスティチューションの記事によると、デ・ラ・ベガ氏は一〇歳のときにキューバからアメリカに移住してきた。カストロ体制は彼の家族が一緒に移住することを許さなかった。彼は家族の移住が許可されるまでの五年間を家族と離れて暮らした[24]。

高校生のとき、いまだ英語に苦労していた彼はカウンセラーにいつかエンジニアになりたいと語った。カウンセラーは彼の成績と家族にお金がないことを理由にその目標をあきらめさせた。デ・ラ・ベガ氏は「彼はその場で私の夢を否定したのだ」と言っている。彼は高校をドロップアウトし、技術専門学校に通い始めた。

だが、彼の祖母がアメリカに到着し、「ラルフ、あなたの可能性をだれにもジャマさせません。エンジニアになりたいと思うなら、エンジニアになれるわよ」と言ったことでデ・ラ・ベガ氏の夢は再びよみがえったのである。

そして、彼はエンジニアになった。そして、彼は夢を持つ若者たちに祖母のアドバイスを送り続けている。

表5－3　1996年と2016年の億万長者の教育水準

教育水準	1996年（%）	2016年（%）
なし	1	0
高校卒業	6	4
准学士	16	2
大学卒	38	36
大学院卒	38	58

表5－4　億万長者が通った大学の種類

高等教育	億万長者の割合
私立	30
公立	55
両方	15

を全額支払ってあげたいと考えているが、子供たちが大学一年生になるまでにそれができる親たちはたった二九％[26]であるという。

教育の重要性は今も昔も変わらない。その効果はある程度の成績を修めることで獲得できる所得水準との関係のほうが強いとはいえ、たいていの場合、教育水準が高いほど富を築くには有利である。大卒者の純資産の中央値（およそ二九万二一〇〇ドル）は、高卒者のそれ（五万四〇〇〇ドル）の四倍以上[27]になる。われわれが現在行っている研究では、大卒者たちの所得水準と純資産は高卒者たちよりも多い（純資産の差は有意ではないのだが）。もちろん、この所得水準も倹約をしなければほとんど意味がないのであるが、教育水準と収入との関係は根強く残っている。

一九九六年も二〇一六年も、億万長者の七五％以上が大卒者であった。ある意味、教育は富を築くための「最低要件」と考えることもできる。ただ、要件であって保証ではない。たとえ高賃金の仕事を保証するためだけだとしても、一つの要素にすぎない。一流の大学を卒業したことが自らの成功にとって重要であったと答えた億万長者はたった二〇％にすぎない。

大学教育の代替的アプローチ

二〇一六年、大学生のおよそ七八％が公立の大学に通い、私立の大学に通っているのは二二％であった。[28]では、われわれが調査した億万長者たちはどうだろうか。最近の研究で、億万長者のおよそ五五％が公立の大学に通い、公立と私立の両方に通った億万長者が一五％、そして三〇％が私立の大学に通っていた。あらゆる大学の学費は上昇を続けており、それを賄うために学生が抱える負債も増大を続けている。残念ながら、教育という最低限必要となる要件を手にしようとすることで、彼らは純資産という基準では大幅に出遅れることになる。どうして両親たちは、多額の借金が必要になる伝統的なルートでの四年制大学入学に代わる手立てを見つけるように子供たちに言わないのだろうか。どうして大学の学位を修得するために何十万ドルもの学資ローンを抱え込むことを強いるのだろうか。

われわれは、学生にもっと高度な教育を受けられる方法について計量社会学やジョーンズ一家が与える影響を考えるべきである。ある両親たちや学生にとって、通う大学はインスタグラムのいいねの要素がなければならないのであろう。ジョーンズ一家が何をしているか、または彼らが子供たちをどの学校に通わせているか影響を受けて、多くの収入型（ＩＳ）富裕層の世帯が自分たちの子供を有名校に通わせなければならないというプレッシャーを感じている。名の通った大学に通うことが、デザイナーの服を着たり、高級車に乗ることと同じようにステータスシンボルとなっているのだ。大学に合格したことをソーシャルメディアで知らせることができ、友人や隣人たちは娘さんがＮＣＡＡ（全米大学体育協会）のディビジョン１に属するアメリカンフットボールチームがある学校に通っているなんて素晴らしいというわけだ。だが、大学を卒業したあと、五年、一〇年、二〇年、またはそれ以上の期間にわたって負債を抱えるのだとしたら、費用を賄う余裕のない大学に通っていることを他人に伝えるというはかない見栄は経済的には危険である。

このような世帯の多くが自分たちは質素で、衣料品や食料品や家財はセールになったときにしか買わないと言うのかもしれないが、それでも名の通った学校に行かせることで子供たちに多額の負債を抱えさせることは、子供を億万長者にさせる道から遠ざけることになる。

このような負債を避けるためには、考え方を変える必要がある。有名州立大学はミニやエントリーモデルのＢＭＷのような熱望すべき対象だろうか。そのようなお金のかかる学校でコストに見合うところがあるのだろうか。その学位は、成人になって早々に抱える負債よりも価値

すべてはコミュニティーカレッジのおかげ

伝統的な大学の四年間のうち少なくとも最初の二年を過ごす代替案となるのがコミュニティーカレッジである。父が二〇一五年に記した次の一節は、一人の有名なアメリカ人がどのように教育を受けたかを説明するものである。

トム・ハンクスの映画は全世界で八〇億ドル以上の収益を上げている。ニューヨーク・タイムズに掲載された彼の論説『すべてはコミュニティーカレッジのおかげ(I Owe It All to Community College)[29]』を読めば、彼がとなりの億万長者クラブの名誉会員に推挙されるべき理由が理解できるであろう。

では、彼が公立高校を卒業していたらどうだろうか。彼は自らについてこう記している。「……落ちこぼれの学生でSATの点数もひどかった……いずれにせよ、大学の学費を出す余裕はなかったのだ……それゆえコミュニティーカレッジのシャボーに行った……というのも、ここはだれでもただで入学でき、そこが私の母校となったのだ」。ハンクスによれば、彼は素晴らしい教育を受けたという。「そこでは努力と中古の教科書以外は何も必要ない……今日の私があるのはこの学校のおかげだ」

ハンクスはSATでは高得点を取れなかったのかもしれないが、リソース集めにていてはシャボーで素晴らしい創造性と洞察力とを発揮し、それが後に彼が選んだ職業に生かされたのだ。『となりの億万長者』で経済的に成功する人々は適切な職業、つまりその仕事が大好きで、かつ経済的に報いられる職業を選択する優れた能力を示すものだと記した。

ハンクスが、自ら選んだ職業に基づいて特定のコースや教授を選択するうえでは相当な規律を持っていたことは明白である。彼の規律を証明するように、彼は読者にシャボーの図書館の持ち出し伝票で、有名俳優ジェイソン・ロバーズによるユージン・オニールの『氷人来たる』に関するモノローグを調べるよう勧めている。ハンクスはこれらの録音を少なくとも二〇回は聞いていたのだ。「シャボーで受けた授業が私の仕事に絶え間ない良い波及効果を与え続けている」と彼は述べている。

実際に、ハンクスは、彼の歴史教授の「引きつけられるような講義」のおかげでHBOのミニシリーズ「ジョン・アダムズ」のあらすじが生まれたのだとしている。

もしアメリカの多くのコミュニティーカレッジや四年制大学で手に入れることができるリソースを巧みに利用したハンクスに倣うなら、素晴らしい教育を受けることができるであろう。

があるのだろうか。よく分からない。

名門大学に四～五年通うことを前提とする前に、コストに見合った代替案を検討すべきである。億万長者たちが、自分たちが教育を受けた方法に関してさまざまな経験を教えてくれている。負債を抱えることなく教育を受けるためには、経済的に成功したアメリカ人たちが下してきた多くの経済的判断と同じように、流れに逆らうことが求められる。

実践的な専門家――億万長者

現在や過去に行った調査、ならびにほかの研究から得られたこれら富に関する能力のいくつかを分類すると、富を築く（これも仕事と考える）ために必要なことと、伝統的な仕事でどれだけ成功できるかということに類似点を見いだすことができる。自分の能力を把握することで、適切な種類の職業を探し求める（第6章で議論する）だけでなく、自らの家庭の問題に対応するときにそれらの強みを生かす（または可能なのであれば、信頼に足るアドバイザーを採用する）ことができるようになる。

『となりの億万長者』では市場の機会をとらえ、適切なキャリアを選択することに焦点を当てたが、『なぜ、この人たちは金持ちになったのか』では、富裕層や超富裕層に属する人々の考え方や心理に焦点を当てている。成功要因に関する章では、「富のコンピテンシー」と呼べ

表5－5　成功要因――億万長者が重要または非常に重要だとした割合（1998年と2016年）

	億万長者の割合	
成功要因（1998年の項目）	1998年	2016年
規律がある	95	91
レジリエンス・忍耐強さ	-	88
すべての人に正直である	90	86
協調性がある	94	83
支えとなる配偶者がいる	81	81
だれよりも懸命に働く	88	80
用意周到できちょうめんである	85	74
自分のキャリアと仕事を愛する	86	70
強力なリーダーシップがある	84	68
強い競争心を有する	81	63
分相応に暮らす	43	61
将来に明確なビジョンを持つ	-	61
支えとなる両親がいる	-	59
市場の特異な機会を認識する（人の気づかない機会をとらえる）	72	58
知性・IQが高い	67	53
優れた先生か師を持つ	73	53
独自のアイデアを持つ	-	50
中傷や批判を無視する	51	45
積極的に関与してくる両親がいる	-	42
上場企業の株式に投資する	42	37
強い信仰心を持つ	33	32
優秀な投資アドバイザーがいる	39	29
大学中か卒業直後にインターンを経験する	-	22
首席で卒業	33	21
一流大学に通う	48	20
私立校に通う	-	8

る七つのカテゴリーを取り上げている。そこで取り上げた億万長者の純資産の中央値は一九九八年時点で四三〇万ドル（今日のおよそ六三〇万ドルに相当する）であった。本書のために調査した億万長者の純資産の中央値は三五〇万ドルである。純資産の中央値には違いがあるが、経済的に自立することについては時代を超越すると思われる類似点が存在する。これらの億万長者たちは、富を築くという分野においては実践的な専門家の役割を果たす。

一九九八年と同様に、今日でも億万長者たちは規律、協調性、インテグリティ、そして多大なる努力が自らの成功にとって重要だとしている。これらの人々は人生のさまざまな時期に企業の出世階段を上ったり、事業を立ち上げたり、または家庭の問題に取り組むべく舵取りをしてきた経験を有している可能性が高いので、われわれはレジリエンスや忍耐強さも要因であると考えている。

規律と富

人生と仕事での成功は、規律があるか、計画を立てているか、それを達成しているか、または細かいことに注意を払うかといった誠実性と一貫した関係がある。先に議論したとおり、心理学の分野の研究がこの性格特性と仕事でどれだけの成果を上げるかとに関係があることを示している。[30] 過去数十年にわたり富裕層に属する人々について行ってきた調査でも、彼らが資産型（ＢＳ）富裕層たる理由を知ることができる。つまり、彼らは、貯蓄、消費、投資に対して長期的に規律ある取り組みを行っているのだ。これらの人々は「ジョーンズ一家」が何をしているかなどに惑わされることはない。

アメリカの富裕層上位五％に属する一〇人中九人が、規律に従うことが自らの社会経済的成功を説明するうえでとても重要であると答えている。この結果は時間が経過しても変わらない。『なぜ、この人たちは金持ちになったのか』では次のことに気づかされた。「規律ある人は自分の高遠な目標に狙いを定め、そしてそれに到達するための生産的な方法を見つけだす。規律ある人は容易に横道にそれない……彼らはフレンチベーカリーで暮らしていても太ることもないであろうし、何百もの経済的機会に出合うなかで、自らの強みや市場のニーズに最も適合する一つ、二つを選択することができる[31]」

経済的に成功するための最も重要な要素として規律が挙げられるのも不思議ではない。お金に関する目標を確実に達成するようファイナンシャルライフを管理するには、高度な規律と習慣、そして誠実性が必要なのである。

富を築くうえでの規律とは、自分自身の目標を定めるという意味でもある。例として大学院教育が挙げられる。これは、自発的な研究と大規模かつ独立したプロジェクト管理とが求められる試練である。残念ながら、全大学院生の半分がＰｈＤを修得する前にドロップアウトしてしまう[32]。どうしてこのようなことになるのだろうか。知性の欠如が問題ではない。二〇年以上にわたる教授としての経験から、父は学生がＰｈＤプログラムから逃げ出してしまう理由について彼なりの見解を持っていた。その理由はいくつかあるのだが、最も重要なのは自制心だと父は考えていた。大学生のときには学生は具体的に何をし、何を学び、またどの試験を受けるかを指示されていた。すべてはシラバスで予め決められているのだ。やがて大学院に入ると、これら同じ学生はクラスの課題では良い成績を残していた。しかし、論文を提案し、完成させることとなると、その活動には本質的に独自のプロジェクト計画を策定し、外部からの協力がほとんどない状態でそれらの計画を実行することが求められるようになるのだが、それら学生の多くが自力で成し遂げることができない、またはその覚悟がないことを父は発見したのだ。論文を完成させることは、自営業に似ている。どちらの場合も、個人で時間とエネルギーを最も生産的な方法で配分しなければならない。そこでは雇い主から職務内容の明細もカリキュラムも与えられないのである。

われわれがこれまでインタビューをしてきたとなりの億万長者タイプのほとんどが、典型的なＰｈＤプログラムに進む資格を持ち合わせていなかったであろう。大学生のときにA平均の成績を残していないし、標準検査で高い成績を出してもいなかった。だが、彼らは素晴らしい自制心とともに、経済的に成功するための最も重要な要素の一つであるインテグリティを持ち合わせていた。

レジリエンスと忍耐強さ

経済的に成功した人が一貫して取り上げるもう一つの要素がレジリエンスである。富を築くため、事業を立ち上げるため、批判やメディアや隣人を無視するためには、過去の失敗や痛みを乗り越えて目標を追いかけ続ける意思を持たなければならない。自ら事業を起こしたり、企業の階段を上る決意をしたり、または早期に経済的に自立したライフスタイルを築くべく努力している億万長者やほかの経済的に成功したアメリカ人は、絶え間なく前進することでそれを成し遂げている。気弱な人には不向きである。このレジリエンスの重要性はＦＩＲＥの生き方を追い求める人たちが実証している。この経済的自由を追い求める人たちは、隣人やコミュニティー（それぞれ直接またはバーチャルで）、そして自分たちの経済的資源や認知資源を追いかけ回す企業のせいで、日々障害に直面している。

アラン・デマーカスは空調用ガスの事業を成功させ、その事業を売却し、そして八〇〇万ドルを超える億万長者となるだけのレジリエンスを有していた。彼の純資産はいまや八〇〇〜一〇〇〇万ドルにもなる。

一四歳のときに叔父が経営する空調設備事業を手伝い始めたアランは商売と懸命に働くことの意味を学んだ。大学生のとき、彼は叔父の事業に戻り、営業職に就き、結局、二年半後には大学を辞めてしまった。そのとき以来、彼の成功への道のりは予期しない展開を示すことになる。

営業として二年働いたあと、私の叔父は事業を上場会社に売却しました。アーンアウト条件のついた売却でした。私は仕事のオファーをもらいましたが、断ることにしたのです。二〇〇〇年初頭、この会社は破産し、叔父はすべてを失いました。私は自分で事業を始めることを決め、お金をかき集め、叔父とパートナーを組むことにしました。友人や家族から借りた一八万ドルを手にしての船出です。私はすべての借り入れの返済を引き受ける約束をしました。凄く怖かったです。われわれは帳簿のうえではあっという間に成長しましたが、現金は不足していました。アセットリッチな事業だったのです。われわれはサンフランシスコの高価すぎるコンドミニアムに暮らしていて、妻の稼ぎが年に二万六〇〇〇ドル、私がゼロです。ゼロからのスタートだったのです。事業が急速に拡大するにつれ、常に現金は不足していました。われわれには信念が必要だったのです。私は信念を持っていますし、それは今日の私の事業に組み込まれています。しかし、当初の私は自信過剰で……切り抜けるには祈るしかありませんでした。私は今自分が手にしているものすべてが明日には失われてしまいかねないと常々感じていました。現金がなくて、事業だけがある場合どうするのでしょうか。手持ちのお金をつぎ込むでしょう。われわれは緊急用の個人の蓄えを使って、事業の資金を手当てし、従業員たちに給料を支払ったのです。

二〇〇八～二〇〇九年にかけて経済が崩壊するなか、デマーカスの堅実なビジネス手法は、業界の流行に関係なく事業の成功を確かなものにした。

業界全体、空調設備業界は二〇〇八年に六五％も縮小しました。われわれの総収益は一八％の減少でした。いくばくかの資金を借り入れなければなりませんでしたが、われわれには弁護士や会計士を含め、素晴らしいアドバイザーたちがいました。われわれは現在一六五人の社員とともに四三の市場で活動しています。

彼の堅実な手法は家庭にも反映され、デマーカスの忍耐強さと成功には彼の妻が大いに関係している。

妻と私はチームでした。妻の存在なくしては何もできなかったでしょう。彼女は私の安定剤であり、ロックスターでした。家での生活は堅実なものです。私は、家での混乱は仕事での混乱につながると考えています。われわれは身の丈に合った暮らしをしていましたが……一貫して。しかし、キャッシュフローはいつも不足していました。そこで、われわれは緊急用の個人の資金を事業に充てていました。あるとき一五万ドルを充当したのが始まりでした。事業におけるキャッシュフローの問題はわれわれの問題になったのです。資産などを売却する必要はありませんでしたが、定期的に貯金を切り崩さざるを得ませんでした。

大学を二年半で中退したデマーカスの教育に対する考え方、そして賢明なるCEOとしての意見は、富を築くこと、そしてリーダーシップの重要性に関して興味深い視点を提供してくれる。

われわれの社会は教育に非常に重きを置いています。でも、人々は学校を卒業すると途方に暮れてしまいます。入学したときもそうですが、今でも多額の借金を抱えているわけです。大手の企業の仕事を求めているならそれで十分ですが、一般的にはそれは始まりにすぎません。さらに学ぶこと、知識……は自分で事業を行ううえで必要です。より多くを試すことで市場のスイートスポットが見つかるようになります。学位など必要ありません。学位に重きを置きすぎなのです。必要なのはたくさんのことを試すことです。お金を持っている人たちは学位など気にしません。投資家も気にしません。彼らが気にするのは仕事ができるかどうかなのです。高級車に乗りながら多額の借金を抱えているハーバードのMBA出をたくさん知っています。

学界での苦労──厳格な規律が大きな富を生む

研究を中心とする、より高度な教育機関での教職では、論文審査のある学術誌に絶えず論文を掲載することが求められるが、それゆえ「論文を書け、さもなくば去れ」と言う広く知られる言葉が存在する。父はプロとしてキャリアの前半をこのような環境で過ごし、この手の文化の性質とプレッシャーを十分に承知していた。これは、二〇一三年、ある元教授の自らの経験を伝える手紙を受け取った後に父が記したものである。

『なぜ、この人たちは金持ちになったのか』で記したとおり、かつてある著名な学者が私にこう言った。「論文を書かなければ、良い学校で職は得られないかもしれない。だが、多くの友人を得ることだろう。論文を多く書けば、同僚たちに心から好かれることはないだろう」

元大学教授からｅメールを受け取った。ここでは「Ｆ・Ｏ博士」と呼ぼう。そのなかで彼はこう伝えてきた。「自分の事業を始めるために大学の教授の職を辞したほんの数年後……私は五一歳で、ほとんどの同僚が安定した終身教授の立場をあきらめるなんて正気の沙汰ではないと考えていたのですが、やがてそれは今までで最良の行動だと分かりました」

事業を始めてから九年、彼はほぼデカ億万長者となっていた。現在は引退し、『となりの億万長者』を読み直す時間を得た彼は、経済的な自由を追い求めるなかで規律に関して経験したことのいくつかを教えてくれた。彼はこう述べている。「身の丈に合った暮らしをすること（事業を始める前で一〇〇万ドル以上の資産がありました）に始まり、リスクをとる、ほかの人たち（この場合、大学の事務職や終身職の同僚たち）のために働くフラストレーション、四二年にわたって支えてくれる妻、信仰心、自らを信じること、ビジネスニッチを見つけること……といった具合に、あなたの本に書かれていた多くのことが私の経験を描きだしているようでした」

彼の「友人」のなかにはF・O博士に君は運が良かっただけだといった人もいたようだが、彼らの言葉に「ひどく侮辱された」と博士は書いていた。『となりの億万長者』の基礎となった七三三人のマルチ億万長者に関する調査では、運は成功要因として最も重要性が低いとされており、一方で、規律はインテグリティと合わせ最上位に挙げられていた。われわれの最近の調査でも規律とインテグリティは重要な成功要因の上位に君臨し続けている。F・O博士は自らの成功に至る道を次のように説明している。

「私は貧しい家の出で、卒業した大学も最下層のものでした。本（『なぜ、この人たちは金持ちになったのか』）の調査結果と同じように、私は一流校には断られましたが、あらゆる同僚よりもたくさんの論文を書きました。運という考えは、私がこれまでに行った多大なる努力と準備のすべてを侮辱するものです。彼らの多く（同僚たち）はエリート校出身ですが、私が何年間にもわたって行ってきたほど懸命かつ賢く働いた人はおりませんし、彼らは私と違って巡りあったチャンスに飛びつこうともしませんでした。私は多くの面で恵まれていますが、運は私の成功とほとんど関係がありません……私はあなたの調査が本当に正しいと思っていることをお知らせしたいと思っております。私は五〇代でこれだけのお金を作りました。正しい態度、信念、そして多大な努力があれば、今日のアメリカでもなし得ることなのです。残念ながら、社会はこのメッセージを若い人々に伝えようとしないのです。

自らの事業を始めて九年が経過し、私は今まで考えたこともないほどのお金を稼いでいますが、自らの事業を運営するという経験を愛しています。また、快適な老後をそれ以上に愛しております。数年前に引退して以来、大学、そして事業での経験を振りかえる時間を得ておりますが、ここ数日をかけて『なぜ、この人たちは金持ちになったのか』を読むこともそういった内省の一つです。同書にはこれまで以上の共感を覚えております。
私は一五年間で一ドルも借金しておりませんし、今では八〇〇～九〇〇万ドルの純資産があります。この金額をこの瞬間までだれにも明らかにしたことはありません。われわれがこれだけのお金を持っていると思っている友人は一人もいないと思います。過去数年に贅沢な海外旅行をしたこと以外、目に見えて以前と異なる生活をしてはいないのです。コストコとウォルマートがわれわれのお気に入りです」
F・O博士は学術界での豊富な論文を生かして自らの事業を立ち上げた。富を築くのと同じように、学術界での論文発表や事業の創造には成功や業績を測る基準となるものがある。多大なる努力が彼に経済的成功というゴールラインを超えさせたのだ。

デマーカスは時間をかけて現金を積み、また「しなければならない」という考えに従わないことで、事業に余裕を生み出してきた。彼はあらゆる判断を冷静に下せるようにしてきた。

経済的に成功すればするほど、より多くの批判者を引きつける。

ある海兵隊員の人生

今日のとなりの億万長者の性格特性は二〇年以上前のそれと同じなのだろうか。テクノロジーの大幅な進歩と、教育や医療費の高騰は、個人が自力で富を築くために必要なことに大きな影響を及ぼしているのだろうか。

一九九六年（『なぜ、この人たちは金持ちになったのか』で取り上げた研究）と二〇一六年に集めたアメリカの富裕層上位五％の二つのサンプルのなかで、インテグリティと規律は彼らが挙げた三〇の成功要因のなかでも一貫して最上位を占めていた。これらの要素は、投資判断を下すことから、単なる費用の支払いに至るまで家計の管理に関するあらゆる分野でその役割を果たす。となりの億万長者たちは、時代やそのときの経済的状況や利用可能なテクノロジーにかかわらず、常に規律をもって富を築いている。

『なぜ、この人たちは金持ちになったのか』で説明したとおり、「さまざまな経済的成功を説明するうえで規律の持つ重要性を強調しすぎることはない。規律が揺らいでいるのなら、富を蓄積できる可能性は本当に、本当に小さい。もちろん、宝くじに当たる可能性もある。だが、ほとんどの場合、ダメになる可能性のほうが高い[33]」

興味深いことに、一般に知的な能力を表すとされている三つの要因は、その人の社会経済的成功を説明するうえではその重要性は規律には程遠い。ＩＱが高いこと、知性が優れていることと、一流大学を卒業すること、そして首席で卒業することは一貫して成功要因の最下位に位置していた。

これらの調査結果は、海兵隊員としての訓練から大きな恩恵を受けた弁護士のケーススタディーとも軌を一にする。規律こそが彼にとって海兵隊員としての経験の大きな要素であることを留意すべきである。

スタンリー博士

『となりの億万長者』と『なぜ、この人たちは金持ちになったのか』を拝読、どちらも素晴らしかったです。ちょうど『なぜ、この人たちは金持ちになったのか』を読み終えたところです。この本は私に語りかけてきました。というのも、私は億万長者ではありませんが……そうなりたいと思っているからです。私はあなたの本の主人公であるとなりの億万長者と似ています……私は海兵隊の幹部候補生学校に通いました。大学にも、ロースクールにも通いました。私は特別頭が良いわけではありませんし、高いＩＱを「与えられて」はいません。私にはただ規律があり、懸命に働くだけです。また双子の兄弟がいるのですが、われわれはあらゆる面で同じなのです。二人とも五年前に弁護士事務所を開設しました。専門は不動産です。われわれは社交的です。人々と仲良く付き合いますし、基本的な常識は十分に備えています。また、不動産が専門なので、典型的な高ＩＱタイプの人々と競争することはありません。二人ともうまくいっています……昨年は二人とも二五万ドル以上稼ぎました。

個人的な消費に関するかぎり、私は「デイブ・ラムジー」の計画に従い、現金予算を維持しています。自動車は九八年型のホンダ・アコードで、走行距離は四〇万キロ弱になります。ハンドルを握るといつも、名誉の印である大統領専用車に乗っているかのように笑みがこぼれます。私の友人はみんな大きな家を買って支払いに四苦八苦し、高級車をリースしているか、ローンで購入しています。彼らは収入型（ＩＳ）富裕層です。彼らはかなり高い給料を稼いでいますが、全部使ってしまっています。親友の一人は買い物するのにローンを組むのは、もっと稼がなければならないとプレッシャーをかけるためだと言っています。こんなおかしな論理は思いつきません。私は正反対のことをしようと思っています。三七歳ですが、借金はありません。私の目標は投資信託にできるかぎりたくさん投資をして、人生を通して商業不動産や住宅用不動産を手に入れることです。それをローンを組むことなくやり遂げるつもりです。

あなたの本が大好きなので、書き続けてくだされば、私も読み続けます。

では、ごきげんよう、ゼンパー・Ｆｉ・Ｓ

レジリエンスが生きる

父は二〇一二年に、フォーブス・オンラインに掲載されたスパンクス創業者のサラ・ブレイクリーに関するクレア・オコーナーの記事を読んで次の一節を記した。記事には次のようにあった。「サラ・ブレイクリーは今年のビリオネアクラブに自らの力で加わった最年少の女性である。五〇〇〇ドルの貯蓄を使ってシェイプウェアという新たな分野を創造した[34]」

ブレイクリー女史はいちどはロースクールに行こうと決心したのだが、フォーブスの記事によれば、LSATの成績が振るわず、ロースクールには入学できなかったという。彼女に分析力が不足していたからどうだというのだ。男性であれ、女性であれ、適性検査の結果に基づいて自らのキャリアを選択したと答えたデカ億万長者はたった九%にすぎない[35]。成功する運命にあるほとんどの人々と同じように、彼女は別の道を進んだ。自分で事業を始める前、ブレイクリー女史はファクス機のアポ取り営業パーソンとして七年間を過ごしている。彼女は「私は売り込みがきつかったので、目の前で名刺をビリビリに破かれたものよ」と述べている。

私のデータベースによれば、営業職というのは自力で億万長者となった人たちの最初の職として最も頻繁に名前が挙がる（一四％）。営業は、自らの自制心と粘り強さを高めるにも、それを試すにも素晴らしい方法なのだ。

営業パーソンであったブレイクリー女史は自らの外見が、その職業において非常に重要であることを理解していた。それゆえ彼女はいつでも一番美しく見られることを望んだ。しかし、市場にある補正下着はスタイルも機能も物足りないことに彼女は気がついた。試行錯誤を繰り返したあと、彼女は補正下着のスパンクスを考案したのである。彼女の高い創造力と大いなる意欲とともに、この製品が彼女をビリオネアにした。

記事を読み終えたあと、私はブレイクリー女史とほかの成功した人々とに多くの類似点があることに気づいた。『女性ミリオネアが教えるお金と人生の法則』の調査の一環として、自らの事業で成功している全米三一三の女性にエッセーを書いてもらった。エッセーの題名は「どうすれば若者が成功した大人になれるかに関する提言」である。

要するに、彼女たちは「自分はどうやって実業家として成功した」のかを記したのだ。これらのエッセーの主題と内容について気の遠くなるような分析を行ったあと、忍耐強さが成功の要因として最も頻繁に挙げられている（前述の女性の五一％）と判断した。本のなかで、私はこう記している。「失敗して初めて、そして家族や友人から猛反対されて初めて成功するのだとほとんどの回答者が答えている。ある意味では、障害を乗り越え、批判する人たちが間違っていることを証明することがこれらの人々のやる気を引き出しているようにも思える。ほとんどの人々が、大志を抱くこと、出世欲や名誉欲といった強い野心を抱くことも忍耐強くあるためには大切だと考えていた。回答者は、長きにわたって望む結果に忍耐強く集中し続けることが成功の鍵であると強調していた[36]」

求められる忍耐強さ

情熱と豊富なアイデアがあっても、それらを実際の形にするには、あらゆる変化の初期の段階だけでなく、より重要なことに夢に手が届かないように思えるときにもレジリエンスと自信とを維持することが求められる。事業を生みだすときに必ず直面する困難を乗り越えるためにはレジリエンスと自信とがいかに大切かについて二〇一二年に父が記した次の一節について考えてみてほしい。

ロイは雇われの身から実業家へと転身しようと考えている。彼は事業で成功するために必要な特性をたくさん持っている。彼は自らの分野の知識が豊富で、規律もあり、仕事の習慣も素晴らしく、信用もある。彼と彼の家族は分相応に暮らしている。だが、ロイが提案する事業がうまく軌道に乗るかどうか、私は疑問に思わざるを得ない。

彼が申し込んだ三件の事業ローンのすべてが断られて以来、ロイの熱意はくじかれてしまった。彼はローン担当者が横柄で、お高くとまり、バカにしてさえいると思っていた。彼の義理の両親でさえ彼にお金を貸したがらなかったのだ。彼らはリスクがありすぎるし、ロイには事業の才能が欠けていると言ったのだ。

私はロイに『なぜ、この人たちは金持ちになったのか』の「批判者をあしらう」トピックを読み直すよう勧めた。次にその幾つかを引用するが、これがロイの励みになることを望んでいる。

「野心あふれる男女の夢を壊そうとする批判者の例は枚挙にいとまがない。だが、批判者はアメリカにおける社会システムにおいて必要な部分でもある。つまり、彼らは批判を受けてもそれに打ち勝つだけの勇気と覚悟を持たない人たちをふるいにかけているのだ」

「鉄でさえ、叩かれなければ固くならないわけで、それは人間も同じである。自力で億万長者となった人たちは特定の権威ある人物による烙印やコメントが自分たちの人生における最終的な成功に一役買っていると答えている。叩かれることで、批判する人たちに打ち勝つために必要となる抗体が生まれるのである」

「人生は短距離走ではない、まさにマラソンである。悪評は現れては消える。失敗を予言するような戯れ事にもかかわらず自らの人生の成功を信じているならば、たいていのマラソンには勝利できるのだ。これは億万長者たちに共通する経験である」[37]

それから、ロイは着実に成功を重ねていくにつれて、批判する人の列も長くなることを理解する必要がある。

自分の心と時間を支配する

われわれの最も価値ある再生不能資源である時間をいかに利用するかが、経済的成功を支え

表５－６　特定の活動に当てる１カ月当たりの時間――蓄財劣等層（UAW）と蓄財優等層（PAW）との比較

	1996年		2016年	
活動	UAW	PAW	UAW	PAW
将来の投資計画の研究・立案	5.5	10	8.7	11.3
現在行っている投資の管理	4.2	8.1	8.6	11.3
運動	16.7	30	19.5	25.0

表５－７　特定の活動に当てる１カ月当たりの時間――蓄財劣等層（UAW）と蓄財優等層（PAW）との比較

活動	UAW	PAW
投資雑誌の記事を読む	10.7	10.5
投資雑誌ではなくビジネス誌を読む	10.8	16.5
娯楽としての読書	17.0	22.8
仕事	184.6	140.9
ソーシャルメディア（仕事と無関係）に時間を費やす	14.2	9.3
衣料品やアクセサリーの買い物（直接店舗で）	3.7	3.6
モバイル機器などでゲームをする	3.2	2.5

表５－８　特定の活動に当てる週当たりの時間――億万長者とアメリカ人全般との比較

活動	億万長者（週当たり時間）	平均的なアメリカ人（週当たり時間）[38]
仕事	38.4	32.1
娯楽としての読書	5.5	2.0
ソーシャルメディア	2.5	14.0[39]
運動	5.8	2.5
家族の世話	8.5	3.6
テレビゲーム	0.8	1.7
睡眠	53.6	61.5

もすれば、損ないもする。億万長者たちはどのような活動に時間を使っているのだろうか。そのような活動を蓄財優等層と蓄財劣等層とで比較したらどうだろうか。蓄財優等層、つまり収入を富へと転換するのが上手な人たちは、蓄財劣等層よりもはるかに多くの時間をビジネス記事を読むことや読書に当てているが、おそらくこれは蓄財劣等層は蓄財優等層よりも働く時間が長いからであろう。蓄財劣等層は消費主義的なライフスタイルを維持するために収益エンジンを動かし続けなければならず、それゆえ計画を立てたり、読書をしたり、投資についてじっくり考えたりする時間がほとんどないことを、われわれの調査が示している。また、最近の研究では、蓄財劣等層（およそ一四時間）は蓄財優等層（九時間）に比べて長い時間をソーシャルメディアに費やしていることが分かった。この無駄な五時間を何か別のこと、自らの経済的な将来の計画を立てることなどに充てることはできないだろうか。

費やされる時間

今日、ハイテクを使った気晴らしがどれほどあるか考えてみるとよい。ソーシャルメディアからメール、ゲームに至るまで、一日に何時間をそのデバイスに費やしているだろうか。多くの人たちが経済的な独立やその他の目標の達成に苦労している大きな理由が気晴らしにあるのだ。惑わされることなく集中できればできるほど、長期的に富を築けるようになることをわれ

表５－９　前週に億万長者が特定の活動に当てた時間

活動	該当なし	１時間以内	１時間以上
音楽を聞く	13.0	42.9	44.1
スポーツを見る	32.2	24.5	43.0
スポーツをする	52.2	8.2	37.6
政治番組を見る	42.8	32.6	24.5
ラジオで政治番組を聞く	52.9	29.8	17.3
テレビゲームをする	77.4	16.4	9.3
オンラインショッピングをする	30.2	60.9	8.9
ラジオでスポーツ番組を聞く	68.4	22.9	8.7
スポーツのトーク番組を見る	72.7	23.6	3.8

表５－10　特定の問題を考えることに当てた時間

	億万長者の割合（%）				
さまざまな喪失感	ゼロ	数分	数時間	数日	数週間・数カ月・数年
お気に入りの候補が州や地元の選挙で負ける	17.9	56.6	13.7	6.8	5.0
お気に入りの候補が国政選挙で負ける	9.4	35.5	25.3	12	17.7
お気に入りのスポーツチームが負ける	22.7	46.8	18.6	8.2	3.6

われは知っている。今日の億万長者たちは、日に何時間をいわゆる「興奮すること」に費やしているのだろうか。次の事実を考えてみてほしい。最近の調査では億万長者のほとんどが週に二・五時間しかソーシャルメディアに費やさないとした一方で、平均的なアメリカ人はその六倍以上の時間（週に一四時間）を費やしている。最近の大統

表5－11　前週に頭を悩ませた問題の割合――蓄財劣等層（UAW）と蓄財優等層（PAW）との比較

	前週に頭を悩ませた問題（%）	
恐れや心配事	UAW	PAW
セールを利用して買い物する時間がない	23.5	11.8
自分の健康について家族と話す	22.0	15.3
仕事や役職をクビになる	36.6	17.7
オゾン層の破壊	29.5	24.1
経済的な独立を達成できない	55.7	27.0
子供の配偶者や大切な人に生産性がない	25.8	28.6
規律のない子供がいる	37.9	28.8
引退しなければならない	61.1	33.9
野生動物の絶滅	44.5	35.7
自分の事業や勤め先の事業が振るわない	58.3	37.8
快適な老後を送るに十分な蓄えがない	78.6	41.1
分不相応な暮らしをしている子供がいる	43.2	43.4
子供たちが経済的に独立する意欲がない	60.6	44.6
お金持ちによる富の占有が進んでいる	52.3	51.4
視覚や聴覚に問題がある	58.8	57.3
世界的に気候変動が進んでいる	62.8	58.0
他国からの病気が蔓延している	50.4	58.4
物忘れ	56.8	60.2
ガンや心臓病がある	62.0	61.8
市民の権利に対する連邦政府の統制が進んでいる	56.1	68.1
連邦政府の規模や権限が増大している	61.5	70.5
体の健康が全般的に衰えている	71.2	76.1
事業や業界に対する連邦政府の規制が強くなっている	64.9	76.6
連邦政府支出や負債が増大している	70.5	77.7
連邦所得税が増大している	80.9	80.5
アメリカ経済の状態	93.2	92.0

領選挙とその結果にどれだけの時間を費やしたであろうか。ほとんどの億万長者が選挙について考えることに費やす時間は一時間以内（また、およそ一〇％はまったく時間をかけない）である。そのような時間や気苦労を経済的、またはキャリアに関する目標の達成につながるような分野に費やしたほうが有効である。

われわれは、政治やスポーツやリアリティショーやソーシャルイベントなどで競い合う人たちの努力や挑戦や痛みやその他の感情に自分の関心を簡単に移してしまう。目の前の競争に夢中になることで、事業や教育やその他生産性ある行動に充てることができる時間や感情的なエネルギーが必然的に奪われてしまう。そのような競争がテレビで中継されていると、アメリカ人の平均である二時間を超える時間を費やしてしまうかもしれない。

成功している個人は、感情的資源や認知資源を含め、自分の資源をどのように費やしているかをはっきりと認識している。「ときどき」という言葉が意味する時間軸はどんどん狭くなっており……気晴らしが増えるにつれ、達成できるであろう有意義な事柄が減っている。もし気晴らしが習慣になっているとしたら、われわれがそれを回避するのはさらに難しくなるであろう。行動を変えるには決意を書き出す以上のことが必要だ。つまり、新しい習慣を身につけるにはおよそ六六日かかり、またわれわれの脳を書き換えなければならないのである[40]。

決意を現実のものとするには行動を変える必要があり、また行動を変えるためには、考え方を変えなければならない（または脳を「書き換え」る必要がある）。現在の考え方を「そう考えないようにする」ことで変えようとしても、実際には元の考え方が強くなるだけである。変化には新しい考え方からの神経経路が必要なのだ。[41]

目的に集中することは、年齢や収入とは関係なく富を築くことと関係する。[42] だが、われわれはみんな、自分たちの時間や認知資源を占領しかねない心配事を抱えている。われわれは、蓄財優等層の心配事と蓄財劣等層の心配事との間に幾つかの違いを見いだしている。具体的には、蓄財劣等層の心配事は次のようなものである。

- ●売り上げがさえない
- ●仕事でクビになる
- ●経済的独立をまったく達成できない
- ●引退しなければならない
- ●子供たちに経済的に自立しようという気概がない
- ●快適な老後を暮らすに十分な蓄えがない

われわれが下す判断、とりわけ時間やエネルギーやお金の配分に関する判断は経済的な独立を達成する能力に影響を及ぼす。われわれの認知資源を占める事柄はわれわれの行動パターンと連動するのである。収入を効果的に富へと転換できる人たちは、富を築くことに認知資源を役立つよう利用しているのだ。関心のあることや話題をツイートしたり、インスタグラムに乗せたりすることはできないかもしれないが、長期的にはそのような行動が、他人にそう思われたいような人生ではなく、自分が望むような人生を追い求めるより大きな自由を可能とするのである。

第6章　仕事に就く

「彼らは自分に合った職業を選んでいるのだ」――『となりの億万長者』より

その仕事が好きであれ嫌いであれ、そこで苦労した時間は価値ある資源であり、（ある程度は再生可能な）お金とは異なり、再生不能な資源である。どこかに勤めていようとも自営であろうとも、収入を生み出すために費やした時間を取り戻すことはできず、また何かほかのことに費やすこともできない。それゆえ、経済的に成功したいと考えているすべての人にとって仕事やキャリアに関する議論は重要であり、経済的な独立を求める人たちにとってはなおさらである。

仕事の世界は、われわれが個人で投資を管理できるようになったテクノロジーと同様に、『となりの億万長者』が出版されてからの二〇年余りですっかり変わってしまった。ＦＩＲＥ（経済的独立と早期退職）コミュニティーにいるわれわれの友人についてもう一度考えてみてほしい。一九九〇年代であれば、彼らは変わり者として無視されていたかもしれないが、今では彼らの独立心は称賛されている。大きな組織で働くことがもはや年金の保証にも長期的な経済基盤にもならない今日では、その独立心はますます理にかなったものとなっているからである。

さらに、仕事のことなどよりも投資のエキサイティングな世界（次章で議論する）へ直接進みたいと思う人が今ではほとんどである。実際に、グーグルで「投資情報」と検索すると、およそ六億五六〇〇万サイトがヒットし、株式売買の世界に対するさまざまな見解を提供してくれる。これと、たった七分の一の検索結果（八七七〇万サイト）しかない転職情報とを比べてみればよい。株式市場や資産運用や行動ファイナンスの議論に比べれば、「仕事」「キャリア」そして「職業」は非常に退屈に思える。『ウォール街』や『マネー・ショート　華麗なる大逆転』に相当するようなキャリアをテーマにした映画は存在しない。『フォレスト・ガンプ』が当てはまるかもしれないが、彼が経験したことや最終的に事業で成功するという物語は、われわれが第２章で取り上げたような神話に近い。父は二〇一三年に次のように記している。

かつて「株式市場こそがお金持ちになる最良の方法だ[1]」とする新聞の見出しがあった。株式やその他の投資を通じて富を築くことは木々を育てることに似ている。どんぐりを買うお金がなければ、オークの木を育てることはできないのだ。それゆえ、株式市場が富をもたらすと提案することは本末転倒だ。倹約だけがすべてではない。倹約にも限界はある。『となりの億万長者』の内容を誤解している人もいる。本書において私は、アメリカ人のほとんどが裕福ではないと述べた。面白いのは、これが高収入を得ている人たちほど顕著だということだ。つまり「これらの人々の多くがカツカツの暮らしをしているのだ。彼らこそ本書から最も大きな恩恵を受けるであろう人々だ」。それゆえ、本質的に本書は平均以上の稼ぎを得ている人々に向けたものなのである。

ある時点で、思いがけない大金を手にしたり、お金持ちの叔父さんがいたり、宝くじに当たったり、自動販売機のおつりで価値のある小銭を見つけることがなければ、われわれはみんな、収入を生むために働かなければならず、そうすることで生活する（そして消費する）ことができ、また最終的には貯蓄ができ、それが長期にわたって追加的な収入をもたらすのである。意図的に早期退職した人にとってさえ、経済的道筋の早期においては収入を生み出すことが必要となる。幸運なことに、アメリカやその他の自由世界においてはキャリアや職業を選択する大いなる自由とチャンスが存在する。そのなかでわれわれができることと言えば、優れた防衛策（われわれが指摘しているように支出と消費を管理する）を講じ、安定した環境に身を置き、愛情あふれる幼少期を過ごすことくらいしかない。自分の強みを認識し、目標を設定することはあくまで第一歩でしかない。そのような強みを生かして、後に育てることができる富の種を得るための収入を生み出せるようにしなければならないのだ。では、経済的に成功している人たちはどのようにしてそれをやっているのだろうか。

『となりの億万長者』や『なぜ、この人たちは金持ちになったのか――億万長者が教える成功の秘訣』（日本経済新聞出版）などの読者や批判者たちの話を聞くと、しばしば富や経済的独立に至る可能性のある道筋について何らかの混乱があることが分かる。多くの人たちは道筋が三つしかないと想定している。つまり、①倹約を維持する、②高収入の高い地位を得る、③自ら事業を起こし、リスクをとって自分の事業に投資をする――である。だが、そんな簡単な道筋は存在しないというのが真相だ。それぞれが唯一無二であり、そのすべてに規律が求められるのだ。

『となりの億万長者』で書いたとおり、経済的に成功している人たちは、十分な収入をもたらすと同時に満足も与えてくれる「適切な」キャリアを選択（または創造する、または最終的に見つけだす）する傾向にある。だが、今日では、キャリアの早い段階で多額の貯蓄を作ることで比較的早く仕事の世界から身を引く人たちもそのなかに含めることにしている。「適切な」キャリアとはほんの一〇～一五年しか続かないかもしれないので、質素なライフスタイルによって、後に投資を通じて収益を生み出すことができるような高い貯蓄率を確かなものとしているわけだ。これはコントラリアンな考えではあるが、ＦＩＲＥコミュニティーで示されているとおり、あり得ることである。

第5章で議論したとおり、アメリカで経済的に成功するためにはそれほど高い知性は必要ない。素晴らしい規律を持ち、自分の創造力を活用すれば、成功者となる可能性はある。創造力に分類できる二つの要素がとなりの億万長者の根底にある。つまり、要素6「市場のチャンスをとらえるのがうまい」、要素7「自分に合った職業を選んでいる」ということだ（付録D参照）。経済的に成功しているアメリカ人は収入を得ることや仕事をすることに対して適切なアプローチを選択する。彼らは「仕事」を経験することで、富を築くのに役立つキャリアや事業を見いだし、また選択している。彼らは早い段階で人生を通じて富を蓄えることができるかどうかを判断し、最初から伝統的なキャリアに縛られることなく、長期にわたり富を増やす方法を見いだす。彼らは自分の才能を最大限生かすことができる事業を始めるのである。

『となりの億万長者』で取り上げた億万長者たちは一見変わり者のように見える。というのも、彼らはありふれた事業（重機のリース会社など）を営む小規模事業主であったり、教師や会計士などのキャリアを通じてゆっくりと富を築き上げてきたからである。また、医者や弁護士やその他の専門職である場合もある。典型的なとなりの億万長者は、その職業にもかかわらず裕福には見えないので、このレッテルを貼られるのだ。シンプルなライフスタイルによって、彼らは世帯の収入、そして全国平均を上回る収入を富へと転換することができるのである。簡潔な真実は、次のとおりである。

職業は富ではなく、収入の良き指標である。

最近の研究で、億万長者の職業は二〇年前と同じように多岐にわたることが分かった（表6－1参照）。二〇年前のとなりの億万長者よりも今の億万長者たち（平均純資産は三五〇万ドル）の職業は偏りが大きくなっているが、予期していなかった職業も含まれていた。われわれのサンプルとなった億万長者たちの職業には、政府職員、小企業事業主、バイスプレジデント、会計士、ＩＴ企業のディレクターなどが含まれる。同時にいくつかの事業を所有していると答えた億万長者もいれば、コンサルタントだとした人もいた。

過去二〇年にわたる富裕層の研究はおそらく平均以上の暮らしをしている人たちにとって大変参考になるであろう。しかし、第5章で見てきたとおり、収入を富へと転換することを可能とする優れた経済的行動は所得水準にも勝るのである。

安定した収入源がなければ、何も投資することはできない。そして、安定収入か、少なくとも比較的安定した収入を得るためには、自分のスキルや知識や能力を活用することができるキャリアや情熱を見いだせるキャリア、慎重に貯蓄をし、伝統的な仕事の世界から早期に身を引くことができるだけの十分な収入を得られるキャリアを見つける必要がある。自分の能力を最大限生かすことができるキャリアを見つけることとそれ自体が報酬となることも多い。そして経

表6－1　億万長者の職業

会計士
航空会社勤務のパイロット
建築士
アシスタント・バイスプレジデント
弁護士
銀行家
ビジネスアナリスト
ビジネスコンサルタント
実業家
CEO
CFO
公務員
コンピューターエンジニア
コンサルタント
CPA
CTO
防衛コンサルタント
歯科医
栄養士
経済学者
教育コンサルタント
エンジニア
エクゼクティブ・バイスプレジデント
連邦職員
ファイナンシャルアドバイザー
ファイナンシャルアナリスト
ゼネラルマネジャー
グラフィックデザイナー
ヘルスケアコンサルタント
人事部ディレクター
保険ブローカー
投資アドバイザー
ITコンサルタント
ITディレクター
ロビイスト
経営コンサルタント
マネジャー
販売代理店
マーケティング調査コンサルタント
医長
医薬品営業
中間管理職
軍人
看護麻酔士
石油ガス探査技師
オペレーションマネジャー
整形外科医
複数事業の所有者
医師
物理学者
パイロット
会長
プロダクトマネジャー
不動産仲介業
不動産鑑定士
不動産開発業者
地域営業ディレクター
レストラン経営
リスク管理コンサルタント
販売員
営業担当幹部
科学者
証券コンサルタント
ソフトウェアエンジニア
システムコンサルタント
教師
トレーナーまたはコンサルタント
上級管理職
獣医

済的に自立できれば、さらに大きな報いがあることの証明ともなるかもしれない。

それでも、今日の億万長者の多くは六〇代になるまで働き続けている。億万長者は平均すると週に三八時間（引退した人を除くと週に四五時間）仕事をしている。比較のために記すと、一九九六年に調査した億万長者の三分の二ほどが週に四五～五五時間働いていた。結局のところ、現役で働いている億万長者は総収入の七五％以上を給料から得ていたのである。

一九九六年、裕福な世帯の二〇％で世帯主は引退していたが、この数字は今もさほど変化していない（今日世帯主が引退しているのは一九％）。残りの八一％のうち、自営業を営む億万長者は四二％を少し上回る。一九九六年では、世帯主が引退している裕福な世帯の三分の二が自営の事業主であった。一九九六年の六六％と二〇一六年の四一％という違いは、自営業全般に見られる変化と類似している。一九九六年、自営業であったアメリカの世帯主はおよそ一八％であった。二〇一五年には、[2] その数字が一〇％となった。この数字は減少を続けているが、自営の農業経営者が減少していることがその一因である。

先に議論したとおり、これは経済的成功に至る道筋の一つにすぎない。仕事を好きで、その仕事が自ら望むライフスタイルや自由度を与えてくれるのであれば、働くことは苦痛ではなく、喜びとなるであろう。これに当てはまらないとしたら、となりの億万長者の先人たちが代替案を提案してくれる。

若いころの経験がもたらす効果

キャリアにおいて（キャリア開発の分野にいる人にとって）難しいのは、キャリアに関する完璧な判断を下すために必要なすべてを働き始める時点で把握していることはめったにない、ということだ。億万長者の多くが、自分たちの両親は仕事の世界について早い段階で頻繁に現実的なプレビューをしてくれたと語っている。経済的に成功した人々の両親はキャリアを詳しく検討することに重きを置いていたという事実は、『となりの億万長者』の初版が出て以降も変わっていない。若いころの経験によって、自力で成功したアメリカ人たちが機会をとらえ、大きな満足を与えてくれるキャリアや仕事を見つける能力を磨くことができていることに変わりはない。

例えば、ある夏に鉱業エンジニアリングの分野で働く機会を得た学生になって、現場でほかの人たちと時間を過ごし、週に六〇時間を泥まみれで働くことがどういうものか学んでいると想像してみよう。その経験が済めば、①その分野に興味が持てるかどうか、②鉱業エンジニアリングのような環境で「生き残る」ことができるかどうか、③一般論としてそのような仕事が好きかどうか――を判断することができるようになるであろう。このような若いころの経験によって、将来収入を生み出すために進むべき道について正しい判断を下すことができるようになる。とりわけ若いころに営業の経験を積んだ億万長者たちはこのようにして得た経験やその影響を理解しているが、それについては後に議論するつもりである。

幸運にも、働くことに関する好き嫌い、そして自分が興味があることやできることについて判断する役に立つ経験を若いころにしている人もいる。マス富裕層に属するアメリカ人に彼らの職業経験、そしてその経験に何を望んでいたか（つまり、何が成功の役に立ったか）を尋ねたところ、次のような話をしてくれた。

私は一生懸命に働くこと、そして自分に相応しくない仕事などないことを学びました。とりわけ現在の立場になってとても役に立つことです。現在、私はキャリアパスを一歩後退させ、事業を立ち上げているのですが、一方で費用の支払いの一助となるよう単純労働に就いているのです。

私の役目は消火栓の交換と修理を補助することでした。この仕事は実直な職業倫理、チームワーク、そして頑張ることを教えてくれた大切なものです。それに、オフィスや店舗での単純な仕事よりも楽しかったです。

まずは余裕をもって、そして働くこと。私の両親は私が求めていることではなく、必要としていることだけに経済的な支援をしてくれました。つまり、私は欲しいものを手に入れるには計画を立てなければならなかったのです。友だちとスキー旅行に行くためにどうやって十分なお金を貯めるかを考え出すこと、などはその具体例の一つです。

私は複数の仕事をしていたのですが、お金を貯めて投資しなければなりませんでした。高校では投資信託などについて学び、投資対象を選択させられました。

父は私が働くことを禁じました。そのせいで私は職業経験や経済的な問題など、多くの点で仲間たちに後れをとっていました。仲間たちのように仕事が欲しいです。

高校生のときにやっていたアルバイトの給料はとても安かったのですが、両親は自分の出費の多くに責任を持つことを求めていました。私は何とか切り抜けるためにお金を貯めることと予算を組むことを学ばざるを得なかったのです。

アルバイトをしたことで、お金を稼ぐことがどれほど大変かを学びました。

一〇代のころ、私は働けば目標を達成できると信じていました。車が欲しかったので、一六歳になるとすぐに仕事を始め、六カ月働いてポンコツを買う一〇〇〇ドルを貯めました。ポンコツでも問題なかったのです。なぜなら、それは私のものだったから。私が稼いで買ったものだから。

若いころの職業体験、失敗、そしてセーフティネットのない綱渡りは、キャリアの長期的な成功に必要な活力となるのである。

理想には及ばないキャリアの利点

子供たちに仕事の重要さを教えない両親はいつの時代にもいるが、それは、永続的に高収入を続けることが求められる消費主義的なライフスタイルだけでなく、生活のために働くうえで直面する問題を隠したり、さらに悪いことに子供たちに若いころに職業経験を積ませないといったようなことを通じて行われるのである。

仕事の半分が移動となるような全国を対象としたセールスマネジャーの職を好きになるかどうかをどのようにして知るのだろうか。教師についてはどうだろうか。子供たちと楽しく過ごすことと、クラスをうまく運営することはまったくの別物なのである。ハイテク業界でのキャリアが向いているかもしれない。しかし、そのような仕事ではパソコンの前に二〜三日座りっぱなしでいることが当たり前であり、それでは子供の興味や気質には合わないかもしれない。

キャリアをいくつか経験することの利点は、最良の市場のチャンスを見定めることができるようになることだ。一つのキャリアが、その人の社会経済的な達成度を劇的に変えてしまうこともある。ここで、一つの例を挙げよう。

私は大学を中退して、カジノのウエーターとして働いていました。担当するセクションが毎日変わるので、日々違う女の子たちと働くことになります。ある夜、指定されたバーカウンターに入っていくと、その日一緒に働くウエーターはみんな年上であることに気づきました。六〇代でミニスカートをはき、飲み物の重たいおぼんをもった女性たちがいるバーを見回して、自分は彼女らのようになるつもりはないと決心しました。次の学期に復学し、卒業しました。そして現在は地元の会計事務所で税理士として働いています。この秋にＣＰＡ（公認会計士）の試験が終わります。バーカウンターでのあの瞬間が私の職業人生の転換点だったのです。

この若い女性にとっては、会計を学ぶという厳しい条件は、興味のない仕事や長い間勤めることが求められる仕事に比べれば楽なものだったようである。

現実の仕事以外から受ける影響

長い間一貫していることは、億万長者たちは満足している傾向にあるということだ。つまり、われわれのサンプルとなった億万長者たちの優に九〇％は自分の人生に極めて満足していると答えたが、これは通常同じ水準にある仕事での満足と相関関係にある。自分の仕事に満足しているアメリカ人がどれだけいるだろうか。全米産業審議会[3]によれば仕事に十分満足しているアメリカ人は五〇％以下であり、ピュー研究所[4]はおよそ五二％だとしている。全米人材マネジメント協会は労働者の八六%は満足しているとかなり高い数字を発表しているが、この数字には「ある程度満足している」[5]と答えた人の数も含まれているのだ。自分たちの仕事に「とても満足している」者と「ある程度満足している」者との現実的な違いはかなり大きいとわれわれは思っている。二〇一七年のアメリカの労働者の実態に関する調査では次の結果が得られた。「仕事に積極的に取り組んでいる従業員の三七%が仕事を探しているか、機会をうかがっており、さほど積極的ではない従業員やまったくやる気のない従業員の場合はさらに高い数字となっている(それぞれ五六%と七三%)。新しい仕事を探しているやる気のない従業員は、積極的に取り組んでいる従業員のおよそ二倍も存在する」[6]

仕事に対するわれわれの期待が高すぎるのかもしれないし、実際に働いたり、困難に直面したり、また規律をもって目標を達成することを求められた経験のない人たちにとってはなおさらかもしれない。消費の場合と同じように、われわれは周りにいる人たちに左右される。アメリカ人の多くはカジュアルで気楽な仕事の世界を刷り込まれているが、これはメディアのせいであろう。一例として、父はホームドラマが頻繁に描きだす仕事の世界はどのようなものか考えるよう読者に求めたことがある。二〇〇三年から二〇一五年にかけて、チャーリー・シーンのハーパー★ボーイズのテレビシリーズが大きな話題を集め(出演者の顔ぶれが主たる要因であろう)、出演者や制作チームは多くの賞と称賛を得ることになった。

今でも放映されているこの番組ではチャーリーという名の登場人物が出てくるが、彼のライフスタイルは、彼がさして一生懸命に働かなくても高額の買い物ができるような設定だ。彼はCMソングの作曲家なのだが、彼が曲を生み出すために何時間もピアノにかかりきりになっている姿をほとんど見ることはなかった。それでも彼はマリブの何百万ドルもするビーチハウスを維持し、弟と甥と家政婦を養っていた。彼が家にいるときはたいていお客をもてなしているか、ジョークを飛ばしているかなのだ。

チャーリー・シーンのハーパー★ボーイズのような番組やその他の番組の視聴者は知らず知らずのうちに最も成功した人々とはチャーリーのような人物だと考えるようになってしまうことが多い。どういうわけか、そのような人々は才能に恵まれているので、五分も働けば素晴らしい生活ができてしまう。チャーリーのやり方がアメリカにおける成功の公式だと考えているならば、やる気を失うのも当然である。現実がそうではないのは言うまでもない。娯楽番組や現在のソーシャルメディアは、実際に働かなくても成功している人々の描写であふれている。もちろん、これはおとぎの国の出来事である。

遺産を継いだ人や宝くじに当たった人、その他思いがけず大金を手にした人を除けば、通常、富を築くためには収入源を自分で作ることから始めなければならない。経済的に成功した人々に関するわれわれの調査結果は、ドラマチックなおとぎ話とは大きく異なるものである。アメリカ人のほとんどが日々狩猟採集に励まなければならない。たいていのアメリカ人がそうであるが、代替的な収入源がないのであれば、仕事を頼りに来る日も来る日も生きるために収入を

表6－2　億万長者の収入源

収入源	収入源の割合							
	0%	1%	5%	10%	20%	30%	50%	75%以上
	億万長者の割合							
給料	24.1	1.9	2.5	3.3	4.5	5.8	16.3	41.6
年金収入	64.9	2.7	4.3	5.2	3.7	4.9	5.7	8.6
事業の利益	66.7	2.9	6.2	5.4	4.0	4.9	4.5	5.4
報酬または営業手数料	79.5	2.5	4.4	3.4	2.7	2.4	1.5	3.7
手数料・ボーナス・利益配当	51.6	6.2	7.7	10.1	9.9	5.1	6.2	3.2
配当	20.7	32.8	23.6	12.3	5.5	2.4	1.1	1.6
不動産の賃料収入	68.6	7.2	9.1	6.3	3.6	1.8	2.6	0.8
有価証券の実現利益	45.1	18.5	19.4	10.2	3.7	1.8	0.6	0.8
信託または遺産からの収入	86.2	3.8	2.7	2.8	1.8	1.3	0.7	0.7
貯金またはCD（金利）	38.4	39.9	13.1	6.5	1.0	0.5	0.3	0.3
その他資産の実現利益	75.6	9.5	6.2	5.1	1.3	1.5	0.7	0.2
扶養手当てまたは子供からの支援	99.2	0.0	0.3	0.2	0.2	0.0	0.0	0.2
知的財産のロイヤルティー	97.4	1.3	0.6	0.3	0.2	0.0	0.0	0.2
親族からの現金、有価証券、不動産、乗り物などの贈与	90.3	6.8	1.9	0.8	0.2	0.0	0.0	0.0
その他全体（上記にないもの）	73.4	4.9	8.5	6.4	2.7	1.4	1.7	1.0

得る必要があるわけで、アメリカ人労働者の七八％がカツカツの生活をしている。[7] われわれがインタビューや調査を行った億万長者たちでさえ、そのほとんどが週に四〇時間近く働いている。九〇％以上が結婚し、養うべき子供が二人いる。ほとんどの人たちが四〇代後半か五〇代前半になるまで裕福になることはなかった。また、終日のんびりと過ごしていた人などほとんどいなかったのである。

億万長者と職業……今日の姿

経済的に成功した人々の顕著な特徴の一つが自分たちのキャリアと調和している、または「ドンピシャ」だということだ。言い換えれば、彼らのスキル、能力、知識、興味、その他の特徴が彼らの仕事が必要とすることに合致しているということだ。キャリアからの収入はそのキャリアを続けられなければ絶えてしまう。自分の職業や選択したキャリアが合っていないのであれば、長期的な収入の見通しは暗く、また苦労の多いものとなる。

今日の億万長者たちは連邦政府や社会や経済の状況にかかわらず、機会を見いだし続けている。自分のスキルとそのスキルに相応しい市場とを把握することが今でも求められる。億万長者や自力で経済的な独立と成功を勝ち得た人たちは、①自分のスキルや能力や特性と環境や市場を評価する、②その双方に最も有利となる職業を選ぶ――ことができる。一九九八年、『なぜ、

キャリアでの成功に必要なこと――何かを売る

当初父は富裕層を研究するキャリアの一環として、裕福なアメリカ人を対象に財やサービスを提供しようとする金融機関やその他の関連する企業に協力していた。その調査では、並外れた業績を出した営業パーソンに焦点が当てられていた。つまり、絶えることがないかのような情熱と影響力とともに、自分たちが向き合っている人々、とりわけ富裕層に対する敬意を持ち合わせた人物である。次に挙げるのは、父が営業の経験が持つ効果について記した二つのエッセー（二〇一〇年と二〇一三年に書かれたもの）から重要な部分を抜粋してまとめたものである。

最近私は、全国のおよそ一〇〇〇人の億万長者に「最初のフルタイムの仕事は何か」と尋ねた。一〇〇〇人の回答者のうち一三七人が「営業またはマーケティングの専門職」と答えた。実際に、これは「営業またはマーケティング職」が最初のフルタイムの仕事としてナンバーワンに挙げられる割合である。これは、この職にある人々はほかの仕事に就いている人々よりも裕福になる可能性が高いということなのだろうか。そうではない。アメリカの従業員全般に占める営業職の規模を考えれば、営業職にある億万長者の割合は予想よりも少ないものである。

営業職でキャリアをスタートさせたこれら億万長者のうち、今日でもその職にあるのは半分ほどにすぎない。別の職に移った人は、主に成功した事業のオーナーや管理職や上場企業の上級管理職の二つに集中している。

これは営業職に就くことをやめさせようというのではない。というのも、この仕事は将来の企業のリーダーや起業家を生み出すことが多いのだ。適切な営業のポジションに就けば、何千ものほかの会社や事業の重要人物とやり取りするチャンスを得られるかもしれない。これによって、いまだ自分のなかに眠っている能力を目覚めさせる創造力が刺激されることも多いのだ。そのような機会の一つが、自分の顧客となっている会社に雇われることである。営業職として成功しているなら、いつの日か自分の会社が作った自分の製品を売り込むことができるかもしれない。億万長者のほとんどはリーダーである。そして、ほとんどのリーダーは自分の考えを部下たちに売り込まなければならないのだ。

キャリアパスについて考える際、収入と責任や成長機会といったその他の要素とのトレードオフに目を向けるべきである。だが、富の蓄積は収入の規模と高い相関関係にあることを理解しなければならない。理想を言えば、高収入かつチャンスにあふれる職を見いだすことである。

……営業職は億万長者が最も頻繁に「大学卒業後に就いた最初の職」として挙げるものであると述べた。今日でも、企業の上級幹部や成功している実業家の多くがそう答える。実際に、私が計算したところ、年収が二〇万ドルを超える営業職の人数は、この水準の所得を得ている内科医や外科医の数よりも多いのである。

営業職の機会にしり込みする人々があまりに多い。歩合制とされた職務明細書で求められているような水準の業績を残すことができないと恐れる人もいる。しかし、営業で成功できれば、自営業の世界でも成功できる可能性がある。営業職に対して別の見方をしてみればよい。実際に、営業のポジションでは一貫して自分のイメージを高めたことに対して給与が支払われる場合もある。本質的に、その職務は最終的に素晴らしいポジションを提供してくれる、またはいつの日か事業を始めたときにパトロンとなってくれるかもしれない人々と接触することなのだ。

営業の経験とその能力を高める効果は営業職そのものを超越し、将来経済的に成功した小規模事業主として自分のアイデアやサービスや製品を売り込むための準備となる。

過去四〇年間、億万長者たちは営業職の効果についてどのように語っているだろうか。

●営業職はその報酬体系が独特で、際限なく稼ぐことができる。

●営業職は成果主義の最たるものである。政治的要素はほとんどなく、数字はウソをつかない。成果主義は論より証拠なのだ。

●優秀な営業パーソンは常に引く手あまたである。というのも彼らは報酬の何倍も稼いでくれるからだ。

●営業職は注目を集めることができる。将来やるかもしれない仕事の話を聞きながら給料をもらっていることになる。

●営業職には大きな自由度がある。営業職とは起業家の役割に最も近いとも言える。

●優れた営業成績はたいていの指標や人口統計など超越してしまう。優れた営業成績を残せば、雇い主は大学でのＧＰＡ（成績評価値）やＳＡＴ（米大学進学適性試験）の点数、さらには大学卒かどうかすら気にしなくなるだろう。

●営業職に就くには、医者や弁護士やほかの専門職になるよりも求められる教育水準は低いが、それでも得られる所得水準は高い。

●営業職は優れた戦略的機会を探し求める情報将校である。

この人たちは金持ちになったのか』のための調査で、全米七三三人の億万長者に職業選択に関して重要な要素は何かと尋ねた。五人に四人（八一％）が「自分たちの能力と適性をフルに生かすことができる」からその職を選んだと回答した。二〇一六年、億万長者の七〇％が自分のキャリアや選んだ職業を愛することが自分たちの経済的成功にとって重要であると述べた（小規模事業主も四人に三人がそう答えている）。毎朝ベッドから飛び起き、また自分の仕事を愛するという経験を得るには調和が必要なのである。

定職にある……億万長者

一九九六年と同じように、今日でも平均以上の収入のある人が、安定的で慎重かつ規律ある経済管理を行い、定期的な収入があるのなら億万長者となることも不思議ではない。ここでいう定期的とは営業職にある人が得る巨額の手数料や、弁護士や医者やＣＥＯ（最高経営責任者）などが手にするとりわけ巨額の給料を意味してはいない。

では、どうすればそれが可能なのか。これは安定したキャリアでゆっくりと富を築くという考えを想像できない、またはそれに挑戦しようとも思えない人たちにとって最も差し迫った質問である。『〝ふつうの億万長者〟徹底リサーチが明かす　お金が〝いやでも貯まる〟5つの「生活」習慣』のために行った調査で、典型的な資産型（ＢＳ）富裕層が初めて億万長者となったときの世帯の年間実収入の中央値は、八万九一六七ドルであることが分かった。言い換えれば、資産型（ＢＳ）富裕層の半分はこの金額よりも収入が低かったということである。このことから富を築くことや経済的に安定することについて分かることは何であろうか。ほとんどのアメリカ人にとって、富を蓄積するうえでその人の願望や規律や知性は、高収入を得ることよりも重要な要素なのである。今日多くの高額所得者に見られる問題は、彼らがお金（収入）は最も容易に手に入る再生可能資源だと考えていることである。その結果、彼らは『高額消費者向けの手引き』に見られる原則に従って行動してしまう。

だが、すべてのアメリカ人がこのような原則やモデルとなる大衆（つまり、周囲で最も頻繁に見かけるグループ）がとった道筋に従うわけではない。そして、この国のお金持ちのほとんどは、高価な買い物を見せびらかすことよりも、富を築き、経済的な安定を得ることからより大きな満足を得ているがゆえに、お金持ちとなり、またそれを維持しているのである。それはＣ・Ｃ夫人にも当てはまることだが、彼女は親切にも父に宛てた手紙のなかで、高い収入を稼げなくても経済的に自立できるということについて彼女の考えの一部を教えてくれた。

親愛なるスタンリー博士

あなたの「億万長者」本を読んだ友人はいつも「Ｃ・Ｃ、あなたのことが書いてあるわよ」と言います。私が通った公立学校の先生たちが私のロールモデルであり、師となりました。多くの強い女性を知ったことがプラスとなりました。経済的に成功している女性もいました。私は彼女たちから自力で生きていくこと、そして支えてくれる「理想の男性」が現れるのを待ったりしないことを学びました。私はリベラルアーツカレッジで奨学金を得ました。私には人生を形づくる模範となった師がたくさんいました。

私の純資産は倹約と慎重な投資のおかげですが、私のライフスタイルは素晴らしい教育によって形づくられたものです。私はいつも大勢から一歩離れて考えるようにしていますが、教育を通じて自制心、独立した思考、そして確たる倫理を学びました。

私は私生児で、母は働いており、幼いころは経済的にも不安定でした。私は母を見ていて、女性が経済的に成功するためには人より懸命に長い時間働かなければならないことを学びました。

私はあなたが取り上げている人たちほど裕福ではありませんが、純資産は一〇〇万ドルを超えています。また、あなたが取り上げた人々と同じように、奨学生であること、良き母であること以外何もないところから始めました。私が六万ドル以上稼いだことは一度もないと言ったら、興味を持ってくださるかもしれません。私のキャリアのほとんどを州政府の中間管理職として働いています。

私の純資産のほとんどは身の丈に合った暮らしをすることで築いたものです。欲しいものはすべて持っていますが、私は欲張らないことを学んだのです。また、借金は避けています。キャリアの途中で州政府がリストラをしようとしたので、失職する危険がありました。私は二度とあんな不確かな状況に直面しないような立場になりたいと自らに言い聞かせたものです。まず、自分のお小遣いを増やすことをやめました。新たに入ったお金はすべて投資に向けました。それから住宅ローンを完済したので、返済に充てていたお金は投資に向けることができました。投資に関してはかなり保守的ですが、リスクを恐れることはありません。ほとんどの年で、収入の三〇％ほどは貯蓄していました。

純資産は私自身のもので、夫のそれとは別勘定となっていて、自分自身で管理しています。最近、「セミリタイア」しました。給料が減ってても余裕をもってやっていることに満足しています。実子はおりませんが、里子はたくさんおります。彼らは、私が母から学んだように、お金をうまく管理する方法を私から学んでいるようです。

敬具

C・C夫人より

C・C夫人の物語は、六桁の収入がなくてもどうすれば富を生み出すことができるかを浮き彫りにしている。彼女は安定した収入を規律ある貯蓄や投資や分相応の暮らしを通じて富へと転換したのである。この道筋をとろうと考えており、さらにはそれが勤務先と結びついているならば、収入（いくつかの場合を除いて比較的安定した）を富へと転換するには、かなりの規律と自制が求められるであろう。

安全を享受する……そして注意を怠らない

だれかの下で働くことは職業経験と収入以上の効果をもたらす。つまり、オフィスや同僚、そして401kといったある程度の安全性を与えてくれる。この安全性には、率いてくれるリーダーやほかの人が購入してくれた機材やギフトカードであふれるオフィスでのクリスマスパーティーなども含まれるかもしれない。卓球台や健康管理や福利厚生や社内のジムなども安全性の一環である。だが、これらの恩恵を得るために犠牲にしなければならないのが自分たちの時間であり、多くの人たちが遅すぎたと気づくように、自分たちの人生の大半を犠牲にしなければならない。そして常に安全でいられるとも限らない。このため将来の柔軟性と資金とを手にするために、雇い主からの収入を貯めるだけでなく、スキルや機会や経験を身につけなければならない。

応用の利くスキルや経験が失業や経済的苦境や地政学的な混乱に対する優れた防御となることは間違いない。大惨事が発生しても、知識やスキルや能力やその他の特性を新しい業界や国や機会に生かすことができるのである。第二次世界大戦の激動と恐怖とを生き抜いた数十年前の億万長者たちの多くはこのことをよく分かっていたのかもしれないが、今日でも経済的に成功した人々は時代に関係なく備えることとの必要性を認識している。

失業を経験した人にとって、その記憶は消えないが、その経験を原動力として生かすことはできる。次に挙げるミネソタのとなりの億万長者が大学時代に経験したこと、そしてそれに対する彼の姿勢について考えてみよう。

私は大学時代、ブラックジャックのディーラーのアルバイトを解雇されたことがあります。一九八九年のことで大きな上場会社でした。家賃や学費などを支払うために仕事が必要だったのです。私はいつも自ら進んで残業し、顧客たちからの評判も良く、また勤務評価でもしっかりした社員だとされていたのに、どうして自分がクビになるのかと上司に尋ねました。彼の答えは、要するにほかの人たちには家族がいて、私は若く、代わりはいくらでもいる、というものでした。これは私にとって最良の経験でした。しっかりした社員だと評価されていたにもかかわらずクビになった結果、私は若いころにどれほど一生懸命に働いても会社が面倒を見てくれるなどと期待してはならないことを学んだのです。その経験をしてから、私は二度と会社に頼る必要のないような人生を設計するようにしています。私はもっぱら自営で、働くことが嫌になったら今日にでも（四九歳で）引退できるのです。

経済的に成功した人たちは困難やキャリアの後退を将来のより素晴らしい経験への足掛かりとする。時間というこの価値ある資源は、自営業にしても、どこか別のところで働くにしても（または、これまで見てきたとおり、早期退職し、消費を抑えたライフスタイルを送る）、キャリアの次なる展開を熟考し、計画を立て、そして実行するために用いられるのだ。

罠を回避するための三つの要素

何年にもわたり教育を受け、おそらくは何年間かキャリアを積んだあとで、もはやそこで働きたくないと思う会社のなかでそれなりの地位に就き、ネットワークを構築し、出世するために費やした時間と労力によって自分自身が罠にはまってしまっていることに気づいたらどうなるだろうか。とりわけ、支払われる給料に頼っているとしたら、これはその後の人生に待ち受ける不満とストレスの源となる。さもなければ、自営業者の仲間入りをしようと決断したらどうなるだろうか。

富裕層を研究する仕事をしていると、われわれの研究やデータや書籍や物語や調査結果などについて尋ねてくる多くの人々と会話をすることになる。多くの場合、会話の最初はこんな具合だ。「『となりの億万長者』を楽しく拝読しました。私はこの手の物語、とりわけ……すべてを自分自身でやっている……事業主の物語を読むのが好きなのです。お分かりのとおり、私も独立しようか常々考えているのです」。だが、会話の終わりにはたいていこうなる。「自分自身の事業を行うことに伴うすべての責任を負いたくありません」または「正規雇用の安全性と福利厚生が必要なのです」。

億万長者たちは生活のために働くという罠から抜け出すことに関して三つのテーマを語ってくれている。つまり、転職や大きな転換（つまり、創業時に貯蓄で暮らしを立てること）を可能とするようライフスタイルに余裕を持っておく。伝統的な仕事から収入を得ている間に仕事のチャンスを開拓する（つまり、副業）。そして、自営業へと転身する。

余裕が必要である

われわれがインタビューをした億万長者のほとんどが、分相応に暮らすことで得られる大きな自由を強調していた。その自由は、①仕事以外のことに取り組むためのより多くの時間と柔軟性、②収入が増える可能性――をもたらす転職の機会へと変わるのだ。もちろん、将来を見通すのは容易ではなく、とりわけ、新たな生活を始めたばかりで、ライフスタイルや消費にまつわる判断が高収入の影響を受け続けているとしたらなおさらである。カリフォルニアで生物学の講師をしている億万長者はわれわれにこう語ってくれた。「コミュニティーカレッジで初めて教職の仕事を手にしたとき、私は非常勤として採用されました。ある年上の経験豊富な講師が私にこう言いました。『いつの日か教師を辞めたいと思う日が来るだろうから、お金を貯め、それを投資することを学ぶ必要がある。そのお金によって独立性が与えられ、さらに重要なことに仕事を続けること以外の選択肢を手にすることができるのだ。お金とはお金持ちになることがすべてではない。お金とは選択肢をもたらすのだ。君は若いからまだ分からないかもしれないが、いつか分かる日が来ると思うよ』。あの日から二五年が経過しましたが、私は彼のアドバイスをしっかりと受け止め、お金と選択肢を手にしたと言えるのです」

このことに気づくのが遅い人もいるが、気づくのが遅かったら、そして十分な余裕がなかったら、どうなるのであろうか。

余裕のないライオネル氏

住居の場合と同様に、職業はライフスタイルやキャリアに焦点を当てた変化を起こす際に手にする自由度や柔軟性に大きな影響を及ぼす。ここで、ある中規模企業の営業部長を務めていたバリー・ライオネル氏のライフスタイルについて考えてみよう。彼の両親は政府職員だったが、基本的に彼は愛情あふれる家庭で育った。素晴らしい学歴と、向こう気を武器に、ライオネル氏は出世階段を上り始めた。

彼の勤める会社の業績が伸び、収入が増えるにつれ、彼と家族の消費も増えていった。ライオネル夫人は、中流階級が暮らす住宅地にあった三ベッドルームの小さな家から、夫の成功に相応しい家に引っ越す必要があると考えた。彼の収入が年一八万ドルと六桁になるや、ライオネル家は高級住宅街にある九三万五〇〇〇ドルの住宅に引っ越した。この購入価格は、そのときのライオネル氏の収入の五倍以上に当たる。だが、彼が務める会社のほかの幹部たちの住宅も似たようなものだったのだ。ライオネル一家が住む新たな地域は、年一五〇〇ドル近い住宅管理組合費が取られることに加え、ライオネル氏の隣人のほとんどが入会金が八万ドル、月会費が六五〇ドルかかる近所のカントリークラブのメンバーだったのだ。ライオネル氏にはすべてがバラ色に思えた。

だが、ライオネル家は同僚たちや新たなコミュニティーのジョーンズ一家に追いつくためにカツカツの暮らしをしていたのだ。そして、ライオネル氏の会社が買収される。やったか。この売却で彼はおよそ一四〇万ドルを手にした。だが、貯蓄はほとんどなかったので、基本的にこの金額が彼の世帯の純資産となった。だが、彼には新しくなった会社でのポジションがなかった。おそらくそれ以上に重要で重大だったのは、かつての所得水準を基準とするライオネル家の消費習慣がすっかり定着してしまっていたことだ。

そして騒ぎが収まり、自力での取り組みに失敗したあと、ライオネル氏のスキルも衰え、一方で、それぞれに消費主義的な家庭を営みだした彼の子供を含めた家族の消費習慣はとどまるところを知らなかった。会社で働き始めたころの信じられないほどの激務にもかかわらず、彼は労働の果実を享受することができなかった。というのも、果実が生まれるやいなやすべて食べてしまったからである。彼はまさに収入型（ＩＳ）富裕層の部類に属し、子供たちもそうなろうとしているのだ。

これはどのようなキャリアパスなのか。まさにライフスタイルに振り回されたキャリアパスである。ライオネル氏のライフスタイルは各段階でどのように変わる必要があったのか考えてみてほしい。つまり、乗っている車、食事をする場所、付き合う友人、そして休暇の過ごし方は、彼の収入と職業上のコミュニティーに何らかの形で振り回されていたのである。

手に入れることができる消費財を自ら取り上げるようなことはしたくないというのなら、それも自由であるが、その結果は簡潔かつ不変の計算によって左右されることになる。身の丈以上の暮らしをすること、老後のために貯蓄をするのではなく消費をすること、裕福になることを期待して消費することによって、たとえ他もうらやむような収入や会社の売却のような一世一代のチャンスに巡り合っても、給与明細の奴隷になり下がってしまうのだ。

このかつての若きエグゼクティブの超消費主義的なライフスタイルは、彼の選択肢と時間が尽きるまで認識されなかった。消費が徐々に増えていることは気づきにくく、また節約された時間、または「それ」を買う「必要性」ゆえに容易に見落とされてしまう。この役職を長く務めることができるだろうか。生き残るために何かほかに必要なことはあるだろうか。自分はこの道筋を求めているのだろうか。自分には今日存在しない道筋を切り開いていくだけの強さがあるだろうか。さもなければ、だれかの下で働き続けながら、自分の自意識と目標を維持することができるだろうか。キャリアの早い段階でこれらの疑問に対する答えを知ることが、後の人生における満足を確かなものにする一助となる。
これは、自分の強みと弱みを理解することにさかのぼることでもある。だが、そのほとんどは、所得水準やキャリアでの成功や隣人や家族や同僚たちがしていることにかかわらず、自分の人生を通して規律を保てるかどうかにかかっているのだ。自由にキャリアを選択するためには財政的な余裕が必要なのである。

仕事と家庭のバランスを変える

仕事生活が、家族を含めた自分たちの人生のより重要な局面の妨げになり始めると、余裕を持つこと、または慎重な貯蓄を通じてそれを生みだすことが必要となることが多い。次に挙げるノースカロライナのとなりの億万長者の例について考えてみてほしい。一〇〇～一五〇〇万ドルの純資産を持つ彼女は高収入とそこで求められるライフスタイルの罠から抜け出した経験について教えてくれた。

私は巨大なグローバル企業で、三大陸七カ国にまたがる社員の大きなグループを管理していました。子供たちと夫が最優先でしたが、いつも自分でこう言っていました。週末も、早朝も、深夜も「働かなければならない」。経営陣が設定した朝七時のカンファレンスコールに参加したある日、会社の要求がますます厳しくなっていることに気づきました。まさに、「働かなければならなかった」のです。三歳になる子供は私の膝の上で泣いていましたし、五歳になる子はドアを叩いていました。そして、夫は自分自身の会議の準備をするために家を飛び出していきます。私はその朝、働くだけが人生じゃないと気づいたのです。その後、私たちは私が子供たちとずっと一緒に家にいるというアイデアについて真剣に考えました。これは、私が受けている幹部研修プログラムとすでに体験していた経済的安定をあきらめることを意味します。私たちは株式を売って住宅ローンを完済したので、公的にも一〇〇％無借金です。そして、私は仕事を辞めました。現在の生活はまったく違ったものです。計画に基づいて生活していますし、したいことをしたいときにすることはできません。でも、貯蓄に対する優先順位は変えていません。子供たちも以前より幸せそうですし、私たちも以前より幸せで、ストレスもはるかに少ないです。人生は一度きり、仕事に人生を左右されたくなかったのです。

となりの億万長者と副業

正社員の地位を維持しながら選択肢を探る方法が一つある、ムーンライト、つまり副業である。アメリカの全就業者のおよそ三分の一が何らかの形で副業を行っているが、収入を補わなければならないがゆえにそうしている人もいれば、収入源を拡大したり、将来の転職の段取りをつけるチャンスを継続的に探そうとしてそうしている人もいる。このようなサイドビジネスは大小さまざまであろうが、経済的に成功したアメリカ人が取り組んだあらゆる努力と同じように、成功するためには（ほどほどの成功であっても）、それを発展させ維持するための時間とお金という資源が必要になる。インスタグラムの投稿を眺めたり、ゲームをしたりする時間があるのであれば、新たなキャリアや将来自分が興す事業につながる可能性のある事柄にその時間を使うこともできるはずだ。

複数の収入源を作っておくことは、長年にわたり、となりの億万長者の戦略の一つとなっている。複数の収入源を創出できる人、そして趣味を収益を生むことに転換できる人は将来となりの億万長者となることができるであろう。テクノロジーがそれを可能とする部分も多いが、規律、粘り強さ、レジリエンスといった富の要素も多くの人たちが考えている以上に必要となる。そのためには、ただ一つの仕事を続けることよりも規律が求められるし、分相応の暮らしをすることも必要となる。営業をしているときに断られてもあきらめないような忍耐強さだけでなく、会社に自分を支えてもらうことも必要となる。副業で成功する人たちからすると、追加の収入源とともに、現在の仕事を辞めるまでに別の仕事やそれに関する事柄を経験することができる良い機会ともなっているわけだ。

経済的に成功した億万長者たちが語ってくれた彼らの物語には、副業で成功する要因についていくつかの共通点がある。

●彼らには勇気がある。彼らは副業の必要性を認識し、「安全な」仕事の外側でそれを追及すべく、すべての自由時間と資本というリスクをとっていた。

●市場データが入手できた。多くの彼らは、自分たちが将来提供するかもしれない財やサービスの潜在的な顧客のサンプルとなる人々とやり取りをしているか、少なくとも接触が可能であった。自分たちの事業を始める前でさえ、自分たちの将来の顧客たちのニーズに大きな共感を示すムーンライターが多かった。彼らは潜在的な顧客たちに「何が必要ですか、そして現在の製品で何か問題はありませんか」と尋ね続けることでそうしていた。

●彼らは自分たちの事業に自信と誇りを持っている。壁のペンキ塗りから、フリーランスのサイト（アップワークのような）で自分のサービスを宣伝すること、またはかつてのクラスメートに接触することまで、副業で成功する人は他人が自分たちの副業をどう思うかなどほとんど気にしない。

副業の効果――市場データを入手できる

整髪料メーカーであるレッドケンの共同創業者であるポーラ・ケント・ミーハンの経歴は、顧客アクセスの重要性を示す好例である。[8] 一九五〇年代後半、ミーハン女史は「主にCMやチョイ役ばかり」の女優の卵であった。

だが、あることがきっかけで、このミスコンの女王は女優としてのキャリアを追う気を失ってしまった。つまり、「俳優にあてがわれるすべての化粧品と整髪料が彼女の肌にはまったく合わなかったのだ」。ミーハン女史の副業ベンチャーは、彼女がビバリーヒルズの美容師であるジェリ・レディングに自分がシャンプーに対して激しいアレルギー反応を起こすことを語った直後に始まった。レディング氏の顧客（彼にとっては市場調査のサンプル）の多くが同様の問題を抱えていたのだ。偶然にも彼もまた「副業」で化学者の仕事をしていたのである。

レディング氏とミーハン女史はパートナーとなり、今日、レッドケン・ラボラトリーズとして知られる会社を立ち上げた。レディング氏は最終的にレッドケンの持ち分をミーハン女史に売却している。

ミーハン女史とレディング氏は当初から多くの女性が従来のシャンプーや関連化粧品にアレルギー反応を示すことをよく知っていた。これに気づいた人はほかにもたくさんいたが、これを大きな市場のチャンスととらえたのはミーハン女史とレディング氏だけだったのである。二人が起業家としてのビジョンや創造的知性と呼ばれるものを持っていたことは明らかだ。さらに、彼らは女性のアレルギー関連の問題を解決する製品ラインを三五カ国で展開する勇気を持ち合わせてもいた。

レッドケンの製品をもっぱら美容院を通じて展開するという戦略は見事なもので、当時は目新しいことであった。本質的には、ミーハン女史にはハイエンドな美容師という何万人もの営業パーソンを抱え、「椅子に座っている間」はとらわれの観客となっている顧客たちに、彼らがレッドケンの製品を売り込んでいたことになるわけだ。

ミーハン女史がレッドケンのマーケティングフォースだった。彼女には、積極的に事業を立ち上げ、製品を売り込み、そして女優として働くために求められる膨大なエネルギーがあったのである。さらに彼女は、ベンチャー企業を立ち上げ、経営する方法を学ぶために「経営と会計、そして法律の夜学」に通ったのだ。

彼女の底知れぬエネルギーは、レッドケンの製品は大きな可能性を秘めているとの確信から来ていた。彼女は、ｐＨを調整した化粧品がもたらす大きな効果を信じ切っていたのである。ミーハン女史は、自分と同じような敏感肌の女性は何百万人もいると予想していた。

成功した起業家のほとんどと同じように、ミーハン女史は「自分の製品、そして自分の職務に非常な愛着を持っていた」。『〝ふつうの億万長者〟徹底リサーチが明かす　お金が〝いやでも貯まる〟５つの「生活」習慣』で述べたように、「ユニークかつ儲かるだけでなく、大好きなことを職業にすべきである」[9]。

副業に必要な自信

マレーという高校教師は、確信をもって収入を生み出す方法を選択した人物の好例である。マレーは学問的な成果をほとんど求められない学区で数年間教えていた。それゆえ、ＳＡＴの点数や大学進学率などで上位にランクされる生徒たちがいる学区で教える機会を得たとき、彼はそのチャンスに飛びついた。この変化によってマレーの給料も大幅に増大することになる。そのような一流校で教えられること、そして自分のキャッシュフローの増大に浮かれたマレーは間違いを犯した。彼は、学校のある裕福な地域に家を買ったのだが、それは彼がかろうじて手の届くような住宅街にある家だったのである。通常、教師は質素なものである。マレーと彼の家族もいろいろな意味で質素であった。しかし、裕福な村で生活すると、すべてのコストが増大するものである。マレーが毎日持参したピーナッツバターのサンドイッチを食べていようが、自宅の修繕をすべて自分で行おうが問題ではないのだ。素晴らしい防衛だけでは不十分だった。マレーに三人目の子供が生まれたとき、彼の妻は仕事を辞め、専業主婦になってしまった。

このような環境では、一家は子供たちの大学の学費を出すことも、十分な額のお金を貯めることもできない。今日、何百万もの人々が直面しているものと同じ問題が出てくることになる。

ある夏の日、マレーが家の壁のペンキを塗っていると、隣の家の人が寄ってきて立ち話をした。「私もあなたみたいに家のペンキ塗りができればいいんだけど、そんな時間がないのだ。仕事で飛び回っているからね。三軒の塗装業者からもらった見積もりを見て、息を飲んだよ」。これらの業者が請求する金額を聞いたとき、マレーは梯子から落ちそうになった。

翌朝、マレーは啓示を受ける。よく天才とは、自分にとっては当たり前でも、九九％の人が気づかないチャンスを理解する人と定義される。マレーは自分ならプロの塗装業者の料金よりもはるかに少ない金額で隣の家のペンキ塗りができるし、それでも十分な利益が得られることに気づいた。すでに彼はその仕事をするための知識も備品も持ち合わせていた。それに彼はアマチュアにしては塗装がとてもうまかったのである。だが、彼は裕福なコミュニティーの教師が夏休みに家の壁塗りなどしていて良いのだろうかと考えた。人々は何と言うだろうか。最終的にマレーは、一家の経済状態は隣人たちが自分の副業をどう思うかよりも重要であるとの考えに至る。

彼は隣の家を尋ね、プロの塗装業者の提案のうち最も安い価格の三分の二で隣家のペンキ塗りをすると提案した。隣人はマレーを採用してみることにした。このとき彼は住宅塗装の事業を始めようなどと考えてもいなかった。彼はただいくばくかの臨時収入を稼ごうとしただけである。ところが、彼が隣家のペンキ塗りをしていると、もう一人の隣人がやってきていくらでやってくれるのか尋ねてきたのだ。彼は次々に家のペンキを塗っていった。あっという間にマレーに仕事が殺到した。翌年の夏、彼は同僚を何人か雇って手伝ってもらった。彼はまた最も優秀で信頼できる二年生と三年生も雇ってお小遣い稼ぎをさせもした。彼らは大学の夏休み中もマレーの下で働き続けた。

マレーはあらゆる手当てがもらえる「昼の仕事」も続けた。彼は喜んで教師をしているのだが、今日では夏の仕事のほうがはるかに大きな収入になる。彼が成功した理由は、中流意識を捨てて、「ブルーカラー」の職業とも考えられかねない方法で生活費を稼いだことにあるのだ。

自分の運命を支配するために富を築く

一〇年以上働かなくてもよい貯蓄額を意味する「意に沿わない仕事を拒絶できるだけの自己資金」というコンセプトはキャリアを歩み始めたばかりの人にとってはおとぎ話のように聞こえる。だが、第1章で議論したとおり、このコンセプトを奉じるコミュニティーは拡大しているのだ。実際に、経済的に自立した人の「自己資産」はひとたび手に入れれば一生ものとなる。二〇一二年、父はキャリアでの罠に関する読者からのeメールに続いて、このようなファンドの効果について記している。

『となりの億万長者』で企業の営業職を務める億万長者を取り上げた。自力で億万長者となったほかの人々と同じように、彼は「会社がオースティンを去って、本部の『ロチェスター』に行くよう提案（主張）してくる場合に備えて……十分な自己資産を持っていると述べている。オースティンを去らずに済んだ彼はこう付け加えた。「神を称えよ（PLT）」と。言い換えれば、となりの億万長者たちは一〇年以上働かなくても暮らしていけるだけの富を蓄えているということだ。

われわれは、現在南部アメリカの素敵なコミュニティーに住んでいるF夫人からもらったeメールを読み直してこの知恵を思い出したのであるが、十分な富があれば自由を手にできるということは今日でも真実のようだ。

『となりの億万長者』を借りようと今朝地元の図書館に行きました。でもスペイン語版しかなかったので、かわりに『女性ミリオネアが教えるお金と人生の法則』（日本経済新聞社）を借りました。八ページの第二段落を読み終えるまでに、躁鬱状態に陥りましたが、同時に私の悲しき真実に泣きも笑いもしました。私の最新の職務は、この世で私にとって最も大切な人たちから八二〇〇マイル、飛行機で一八時間、タイムゾーンが一二個も離れたところなのです。簡潔に言えば、お粗末な状況なわけですが、これまで準備してこなかった代償を支払う必要があると自分を納得させたところです。私は富を生み出すべく努力を再開し、すぐに私が変身したことをお伝えするつもりだ、と言えば十分でしょうか。この証拠に基づいた励ましを書物にまとめて下さったことに感謝します。

Ｆ夫人はどうして躁鬱状態になったのだろうか。『女性ミリオネアが教えるお金と人生の法則』に記した次の一節を検討してみてほしい。

> 狩猟採集民の群れのなかにいることに飽き飽きしてはいないのだろうか。日々の支払いのために、毎週、街を駆けずり回って給料を稼ぐという超消費主義的なライフスタイルを楽しんでいるだろうか……富の耕作者たるべく変身を始めるべきである。次に自宅から何万マイルも離れたところにいて、知らない人々に囲まれ、また荒天のなかを飛んでいる姿を考えてみればよい。すべては自分次第なのだ。経済的に自立している人たちは……自分の次なる目的地について自分自身で判断を下している。今、自分、そしてキャリアは本質的に企業の持ち物なのだ。自己決定という贅沢品をだれも持ち合わせていないのである。
>
> 　私はまたこうも記した。「ここで取り上げた億万長者で仕事をしている女性はそのような存在に我慢ならないであろう。彼女たちは自由なのだ。彼女たちは富を生み出しており、人生に満足している。彼女たちは自分の運命をコントロールできるのである」[10]

副業のケーススタディー

副業には、「通常の」正社員職で得られた経験や知識を、同じ分野や業界が抱える問題に取り組む新たな手段へと変えることができるという効果もある。付録Cには、われわれが調査したマス富裕層や富裕層のサンプルから得られた副業の職名を挙げている。現在の職務で給与を得ている一方で、自分たちの業界や分野における知識を分類し、それをもっと大きな収益を生み出す可能性のある新しい取り組みに活用することもできる。父が数年前に書いた幾つかの例について考えてみてほしい。

歯科医院でチャンスを見いだした

かつてアトランタ・ジャーナル・コンスティチューションは、トーニャ・ランティエという女性を取り上げた。歯科衛生技師（この国では一九万二三三〇人いる）として経験を積んだ彼女は、人並外れた創造的知性に基づいて何百万ドルもの事業を立ち上げたのだ。[11] 歯科衛生技師の年収の中央値はおよそ七万一五三〇ドルであるが、彼女は何百もの潜在的顧客、そして求職者と接していたのである。

人手が不足していた歯科医は彼女に素晴らしい働き手を推薦してくれるようにいつ

も頼んでいた。彼らは、歯科衛生技師はあちこちのオフィスで派遣社員として働き、また業界内に友人も多いことを知っていたのである。

あまりに多くの依頼を受けた彼女は、「歯科業界向けの全国的なオンライン求職サイトを立ち上げる」ことを決めた。このサイトには現在四〇万人以上が登録している。ビジネスの経験も学位もなく、またマーケティングの経験やコンピューターを扱った経験がない人がインターネットの事業で成功するにはどうすればよいのだろうか。そのようなスキルを持つ人を採用することもできるが、トーニャの創造的知性やビジョンは彼女の会社のサービスに反映されている。また、その記事で強調されていたとおり、トーニャは素晴らしい忍耐力とリーダーシップの資質を示している。

副業——看護師から営業、そして独立へ

一人の登録看護師が、彼女の職業に就いている人々は収入を富に転換する能力に関してどのくらいの位置にいるのかと尋ねてきた。報酬の高い登録看護師は収入を富に転換する生産性では平均的な水準にあり、研究対象とした二〇〇の職業のうち八八位にランクされている。

だが、彼女の質問で、私は厳しい訓練と素晴らしい職業倫理、そして十分な経験をテコにさまざまな収益性ある事業を生みだした登録看護師のケーススタディーをいくつか思い出した。さらに、彼らはみんな、となりの億万長者の主たる特徴の一つである要素6では上位に位置する。つまり、彼らは市場のチャンスをとらえるのが上手なのである。

例えば、ケイは手術室看護師として九年間働いていた。その後、彼女は外科用器具を販売する仕事に移った。営業をしているとき、ケイは自分が伝統的な職務内容にはない、特別な行動に多くの時間を割いていることに気づいた。彼女は、医師や看護師や医療技術者を必要としている病院や診療所向けのアマチュアヘッドハンターとなっていたのだ。この「追加給付」によって、ケイはトッププロデューサーとしての自分の指名に関係する多くの顧客を無料で手にしたわけだ。やがて彼女は、市場のニーズを満たす機会を認識するようになる。さらに、彼女は医療の分野で受けが良く、また多くの知り合いがいたのだ。したがって、私が『となりの億万長者』で書いたとおり、「成功した事業主のほとんどが、自分の事業を起こす前に、その業界についてある程度の知識や経験を有している」。

ケイは営業職を離れ、自分で医療分野に特化した職業斡旋の仕事を始めた。彼女が独立しようと考えたのは自営業となる必要があったことが大きい。かつて彼女は看護師としての仕事に大いに満足していたが、自営業となれば登録看護師に求められる厳しい労働も責任も軽くなることに気づいた。

自営業の道を選んだ登録看護師はほかにもいる。彼らが選んだ業種を挙げておこう。医療機関向けの経営コンサルタント、社内向け医療サービス、在宅医療の専門家向けの職業斡旋、看護およびリハビリ施設の経営、精神衛生施設の経営、デイケア、児童施設。

独立に向けて行動を起こす

明日のとなりの億万長者は、優れた防御をしながら安全策を取っている。自分の事業を営んでいる明日のとなりの億万長者は、自分が持っている特別な資源から価値ある何かを生み出すべく働きつつも大きなリスクをとることになる。自営の億万長者の三〇％ほどが、人生で下したキャリアに関する判断のほとんどが「リスキー」か、または「極めてリスキー」だったと述べている。これをほかの億万長者全体と比較すると、同じ回答をしたのはたった一五％であった。オースティンの億万長者の妻がわれわれに語ってくれたように、「私の夫は自ら事業を始

表6－3　キャリア戦略とキャリア選択――自営の億万長者とその他の億万長者の比較

	現在のキャリア戦略（％）			人生を通じたキャリア選択全般（％）		
億万長者のグループ	極めてリスキーかリスキー	バランスがとれている	保守的か極めて保守的	極めてリスキーかリスキー	バランスがとれている	保守的か極めて保守的
自営	20.8	45.9	33.3	28.9	42.3	28.8
その他全般	5.7	48.1	45.2	15.2	46.7	38.1

める決断をしました。私はとても心配でしたが、一緒に計画を立てました。私たちは彼がビジネスマンを辞め、独立の準備をするための数年の間、生活水準を下げ、節約し、貯蓄し、犠牲を払いました。私たちは私の収入だけで暮らし……彼の収入はすべて貯金しました。大いに報われました」。

億万長者のすべてが自営業者ではないことは確かだが（われわれのサンプルとなった億万長者のうち四二％）、収入面での桁外れの成功や自分の事業への再投資は事業主であれば当然であろう。『となりの億万長者』で父が書いたとおり、「アメリカの至るところに危険がひそんでいる。われわれの調査では、恐れや不安を感じない人などいない。五〇〇万ドルの信託口座を持っている人や数百万ドルの企業を運営する起業家など想像できるだろうか。起業家という者はたいてい、毎日のようにリスクに向き合い、日々自分の勇気を試しているものなのだ。そうして恐れに打ち勝つことができるようになるのである[12]」

このようなキャリアのリスク、具体的には自分の事業を創業することに伴うリスクに対する潜在的な報酬は、だれかの下で働くことで得られる以上の収入を生み出すかもしれないということである。われわれの最近の調査では、自営の億万長者の収入の中央値はだれかの下で働いている人たちのそれの一・五倍以上になる。概して、彼らの実際の純資産から期待純資産を差し引いた額は、だれかの下で働いている人たちの二倍以上になる。

経済状態について言えば、自営の人々は、われわれが第5章で議論したとおり、経済的に成功した人々のほとんどと同じように非常に規律正しいことが多い。彼らは一瞬一瞬の仕事の成果を最大化すべく日々決まった仕事をしている。彼らは自分自身の職務明細書を書いているわけだ。八一％の人たちが自分の能力や適性を最大限生かせるよう仕事を設計していると述べている。

所得水準の低い人が億万長者となる確率は非常に低い。アメリカ合衆国国勢調査局によると、二〇一六年のアメリカの世帯所得の中央値はおよそ六万ドル[13]であった。この水準の収入で、三人の子供を持った既婚カップルが億万長者になるのは難しいであろう。父がそのキャリアを通じて詳細に調べ上げた何千ものインタビューのうち、最も興味深かったのが、となりの億万長者タイプのほとんどがどう考えているかを表現してくれたマルチデカ億万長者のものである。彼は株式、商業不動産、家畜、油田、高級アンティーク、貴金属でお金を稼いだと説明してくれた。だが、彼はとなりの億万長者タイプのほとんどが考えていることを雄弁にまとめてくれたのである。「たくさんの投資分野で十分な知識を得ることは難しい。今までで一番うまくいったのは自分の事業です。それがその他の投資を支える大鉱脈なのです」

言い換えれば、彼の事業が生み出した第一級の収益が、先のどんぐりの例えと同じように、彼のその他の投資資金を賄っていたのである。しかし、自営業が自動的に多くの収入や富へとつながるわけではない。これを考えてみてほしい。二〇一五年、個人事業主である小規模事業主が二三〇〇万人以上いるなかで、彼らの年間の純収入はたった一万一六三七ドルだったのだ。

事業には避けられない浮き沈みを切り抜けるだけの忍耐強さやレジリエンスや規律といった強さを持っている場合の話だが、自分の事業に対する投資が経済的に成功する人たちに見られる特徴の一つである。今日、事業を始める容易さは二〇年以上前に育った人たちにとっては想像を超えるものである。パソコンで数時間かけるだけで事業が始められることなど一九九六年には不可能だったし、われわれのサンプルにある平均的な億万長者が一七歳であった一九七六年には絶対に無理だった。これらの人々で、両親や師やコーチや教師やスクールカウンセラーから収入を生み出し、この世に生きた証しを残す方法は自分次第であり、文字どおり指先にその源があるなどと言われた人は存在しなかった。だが、今日では、ほんの数時間（または数十分）で、オンライン上でビジネスを立ち上げ、ほとんど人件費もかけずに運営することができるのだ。インターネットと、小規模事業を営むための関連するテクノロジーによって多くの面でハンデがなくなり、現在の職業に問題を抱えている人たちが、以前なら思いとどまっていたかもしれないチャンスを自分で生み出すことができるようになった。例えば、自営業者に占める障害者の割合（一一％）は一般の人口比（六％）[14]よりもはるかに多いが、これはテクノロジーがもたらした可能性の広がりにその一因があろう。

価値を理解し、創造する

もちろん、小規模事業の収入は業界や時間の経過によって大きく変動する。すべての種類の事業の収益性が等しいわけではなく（例として付録C参照）、また純利益のある事業のすべてがその所有者の生活費を賄えるわけでもない。例として歯科医院（医院の八九％が黒字）とレストラン（六六％が黒字）を見てみよう。二〇一五年、黒字であった歯科医院は六万九三六四件であるが、その収入は平均一一万八六七六ドルであった。これと、レストランや飲酒施設を所有する四〇万人以上の人々とを比べてみよう。一二万九三〇四ドルの総収入のうち、彼らの純利益は七〇〇〇ドルをわずかに超えるにすぎなかった。適切な事業を選択すること、これが収益性と最終的には富を説明する主な要素となる。

手段やテクノロジーや知性とは関係なく、事業で成功するためには集中と創造力と多大な努力と規律、そして分析と先見の明が求められる。実際に始めてみても失敗する事業が非常に多い。父は、自分たちの仕事で成功するためには集中と認識が必要であると語る戦闘機のパイロットや将軍の言葉を引用することが多かった。父は次のように述べている。

かつてある偉大な戦闘機パイロットが経験不足のパイロットについて「彼らは見ているのだが、理解していないのだ」と言った。言い換えれば、普通以上の視力を持っていても（生まれつき高い分析力を持っているのと同じ）、正しい方向を見なければ戦闘機乗りとしてはうまくいかないということだ。同じことが市場のチャンスをとらえ、自分に合った職業を選択することについても当てはまる。自営業者たちは事業について違った考え方をして収益を生み出し、市場のニーズに応えるために創造的知性を用いているので、コントラリアンである傾向にある。これは自営業者の多くが、競争が少ないか存在しない成功の可能性が高いニッチな事業や、だれもやらない事業や目立たない事業に取り組んでいる理由を説明する一助となる。さらに、『なぜ、この人たちは金持ちになったのか』で見たように、億万長者の事業主の五人に四人（七九％）が自分たちがこの事業を選択したのは、その事業で経済的に自立できる可能性が高かったからだと答えている。[15]

『となりの億万長者』と『なぜ、この人たちは金持ちになったのか』で、父は調査対象とした億万長者が所有する事業の種類をリストアップしている。これらの事業には「ごくありふれたもの」から珍しいものまである。例えば、『となりの億万長者』の「自営業者の億万長者の事業」に「牛の精液の販売[16]」とある。興味深いことに、二〇一三年のウォール・ストリート・ジャーナルの記事がこう書いていた。「カリフォルニア州オークデールのジュリオ・モレノは冷凍庫いっぱいの牛の精液を保有しているが、これがユニット当たり三〇〇〇ドル以上で売れるのである」[17]。どのようにして裕福になったのかと問われたら、モレノ氏は株だと答えるだろうか、それとも牛の精液だと言うだろうか。

もちろん、小規模事業の失敗率は八〇％[18]ほどになるが、これも『となりの億万長者』で述べたとおり、ある種の個人事業主や小規模事業は成功率が極めて低い。

臆病者や懸命に働く意欲のない人には向かないが、自分の事業を興すことは自主や独立につながる可能性がある。このような取り組みに成功する人たちの主たる差別化要因は、独創性と多大なる努力と忍耐強さの組み合わせにある。われわれの最近の研究では、自営の億万長者のうち九三％ほどがレジリエンスや忍耐強さを自分たちの成功要因の上位に挙げ（とても重要か、重要）、その次に規律がしっかりしていること（九〇％）、すべての人々に対して正直であること（八七％）と続いた。

求められる忍耐強さ

事業が成功するのは、その所有者が二つの重要なものを持っているからだと言われることが多い。つまり、時間とお金だ。個人は自分の事業が軌道に乗るまで何カ月も何年もの間、安定した給料がなくても生きていけるだけの資金を貯めておかなければならないことが多い。

何のために働くのか

他人が自分の会社の大株主となっていたら、一体だれが責任を負うことになるのか。本当に自分で所有していることになるのだろうか。テレビ番組のシャーク・タンクに出てくるようなベンチャーキャピタルやスタートアップ企業の華やかさには興味をそそられる。そして、そのような輝きに引きつけられているかもしれない。もちろん、今でも借金による資金調達が有効である場合もある。小規模事業主と所有権に関連して、二〇一四年に父が書いた資金調達に関する次の物語を検証してみよう。

デービスは億万長者で事業主である。キャリアの早い時期に彼は「メーンバンクはどこか」と聞かれた。彼は「〝無間地獄〟銀行に口座がありますよ」と答えた。デービスの融資担当者は次々に交代したようだが、みんな横柄で、お高くとまっていたようである。そして、どれだけ借金を返済しようとも、彼は常々財務データを更新することを求められていた。この時期、デービスは借金に頼って事業を続けていたのである。だが、最近になって彼は犠牲を払って、さらなる成長のために会社の利益を使うことに成功した。これは、デービスが『なぜ、この人たちは金持ちになったのか』で取り上げた、たぐいまれなるとなりの億万長者であるジーンのスピーチを聞いた直後に行われたのである。

ジーンが私の研究にもたらした啓示と貢献は、私がインタビューしたすべての億万長者のうち上位一〇人に入る。彼の主たる仕事は「サルベージ業のオーナー」であった。彼は、さまざまな金融機関からディストレスとなった担保不動産を購入したり、それをサルベージすることで非常なお金持ちとなった。

だが、ジーンは意欲あふれる起業家たちの師でもあった。彼は地獄の苦しみについての説教で多額の借金をすることを警告していた。私は非常に説得的だと思っているのだが、巨大な商業銀行と取引している彼が説教のなかで自分の経験を詳細に語るのだ。契約が締結された直後、「……銀行の融資担当の責任者がジーンに目配せし、通りすぎると、最上階にある責任者の部屋の大きな窓のところまで歩いていった。何キロにもわたる……何千もの商業ビルが見渡せたのだが……この責任者がすべてのビルを指さしながら発した言葉がジーンに忘れられない印象を残した。『われわれ（貸し手）はこれらすべてを所有している……すべてをね。そこでの事業……あなた方（借り手）はわれわれのためにその事業をやっているだけですよ。われわれ金融機関のために経営してくれているのです』」

ジーンはその言葉を聞いたときほど頭に来たことはなかった、そして「まっすぐに見られなかった」ことを私に語ってくれた。彼はこのストーリーを自分の説教に用いて、借金に依存すると自分の事業に対する支配権をほとんど失ってしまうことを強調したのである。「銀行家はあなた方のことなど尊重しない。そうする必要もない。彼らはあなた方をサーカスのオットセイのようにしごいているだけだ」

人々が自営業者や起業家になる主な理由の一つが、独立し、自分の所有する船を操縦したいと考えることにある。単独で行動するには大変な勇気と独創力が必要だ。だが、右の銀行の幹部によれば、事業主は実のところ自分たちの事業を所有してはいないことになる。彼らは貸し手に操られているのだ。確かに、事業の所有権という世界において銀行からの借り入れには一定の役割がある。だが、事業主たちは時間をかけて自分自身のために必死で金融機関への依存度を少なくしていくべきなのである。

調査結果やわれわれが研究した億万長者の事業主が示しているように、忍耐強さが第三の必要な要素であるとわれわれは提言したい。あらゆる偉業、とりわけ起業して成功することは、のんびりとした夜遊びというよりも長旅に似ている。この長旅には時間と資源、そして事業を運営し、自分のアイデアを市場に示していくなかで避けることのできない浮き沈みを乗り越える能力が必要になる。実際に、多くの人は多くの逆境という試練を切り抜けることができたあとに初めて成功をものにすることができるのである。

二〇一四年のウォール・ストリート・ジャーナルは、逆境をいかに乗り越えて、事業を成功に導いた要点を書いている。[19]記事ではケビン・ハートフォードの多くの試練が取り上げられていた。ハートフォード氏はホワイトカラーの勤め先をずっと探してきた。しかし、長年探しても職が見つからなかったのである。彼は、雇用主たちは自分の「吃音」を問題視したのだと主張していた。記事はこう伝えている。「何年もの間、彼は雑用をしていた……小包の配送、医療機器の接合……郵便物の仕訳……芝刈りといった具合である」

彼とパートナーは金属部品の製造で苦労していた小さな事業を買収した。今日、この事業は繁栄している。なんと、二〇一三年の売り上げは六〇〇万ドルもあったのだ。ハートフォード氏は当初の事業の失敗や発音障害などの逆境を乗り越えた。そして、記事（米労働省のデータを引用している）によると、障害のある労働者は障害のない労働者よりも自営となる確率が二倍近くあるという。自力で億万長者となった事業主の多く（つまり『なぜ、この人たちは金持ちになったのか』で取り上げた億万長者の八三％）が、自分の能力と才能をフルに生かすことができるので自営業を選択したと答えている。『なぜ、この人たちは金持ちになったのか』で取り上げた、自力でデカ億万長者となったウォーレン氏は雄弁に語っている。「率直に言って、まともな職に就くことができていたら、自分で事業をやろうとはしなかっただろう……私は自営業にならざるを得なかったのだ。進んでそれを選んだわけではなかったのだ。幹部や社員になるだけの信用があったら、月並みな結果を受け入れていただろう」

自分の運命を決める

『なぜ、この人たちは金持ちになったのか』で最初に紹介した次のケーススタディーについて考えてみてほしい。彼のさえない学歴を考えると、W・Kの就職の見通しは暗かった。結果として、彼は自分が雇う側になるしかないと気づいたのである。こうして、彼は自分のエントリーシートを評価することにした。

今日、彼は自営の住宅ブローカーとして大成功している。四三歳となり、一七〇〇万ドルの純資産を有するW・Kによれば、彼の顧客のうち、彼のSATの点数や出自について尋ねてきた人は一人もいなかったという。言い換えれば、彼の仕事の評判こそが彼が選ばれた理由であって、彼の点数や成績や家族に関することが理由ではないのだ。住宅を探している人は住宅が欲しいのだ。彼らは、彼が一六歳のときにビニール製のバッグ一つでアメリカに移住してきたシングルマザーに育てられたという事実など興味はないのである。彼女は週に八〇時間働いて五人の子供を育てた。彼はこう述べている。「母は子供を育てながら素晴らしい仕事をしました。私が母から学んだ最高の教訓は……多大なる努力、分相応の暮らし、そして人を尊重すること……私のＳＡＴの点数が合計で八〇〇点台だったことを考えれば、だれだって成功できると言いたいです。私に言わせれば多くの人は分かっていません。彼らは大きな家、カッコイイ車、欲しいものを買いたいだけ買える生活といった間違った動機のために生きています。私の一番の目的は最高の父親になることです」

すでにＷ・Ｋは父が「九〇〇クラブ」と呼ぶところのメンバーの一人である。『なぜ、この人たちは金持ちになったのか』では次のように説明している。[20]

ＳＡＴの点数が一〇〇〇点に満たない億万長者だけが入会可能である。人生はマラソンのようなものである。このレースでどれだけ成功できるかには試験の成績よりももっと多くの要因がかかわっている……標準検査が実際のレースの代わりをすることはない。学問の世界の「オッズメーカー」がＷ・Ｋのような人々の人生のパフォーマンスを決めることはできないのだ。彼らは、独創性や勤労精神や規律やリーダーシップを含めた特定の社会的スキルが成績や適性検査の結果よりもはるかに重要であることを分かっている。このような人々が教師たちや適性検査や知能検査を過信している支持者たちを混乱させているわけだ。

では、自分のレジメや学歴やエントリーシートがずば抜けたものでないとしたら、どうだろうか。交渉のテーブルの反対側に座る決意をするべきである。ルールを変えるのだ。希望者の学歴を評価する人事ドラマの俳優になればよい。

それでも犠牲と多大な努力が必要だ

タフツ大学とスタンフォード大学のヤング・アントレプレナー・スタディーの調査で、創業者には四つの共通する特性があることが分かった。つまり、①革新的思考、②自分の人生を責任をもってコントロールすること、③事業に集中していること、④人生で事業に関する師を得ていること[21]――である。この論文の著者は、起業家は「作られるものであって、生まれるものではなく」、両親や師や教師はその特性を支持することはできるが、意に反してわれわれはそうする機会を見逃しがちであると強調している。人の親であるわれわれは長期的なプロジェクトを完了し、クッキーやポップコーン販売の注文を満たし、また忘れ物を学校まで届けるたびに、子供たちが守られていること、そして彼らが過ちを未然に防げない場合にも何らかの助けがあることを示そうとしているわけだ。だが、これによって子供たちが自立したときや逆境に直面したときの忍耐強さを学ぶ機会を否定してしまっているのである。

ザ・ローリング・ストーンズに学ぶ起業家の教訓

一九六〇年代に成人した父は、レッド・ツェッペリン、ローリング・ストーンズ、またはデレク・アンド・ザ・ドミノスと、その時代に生まれたロックが大好きだった。音楽を愛する一方で、父がそれ以上に引きつけられたのはアーティストたちの背景であった。父は特にローリング・ストーンズが好きで、ミック・ジャガーやキース・リチャーズの半生に言及することがたびたびあった。彼らは小規模事業主になろうとしている人たちの指針になるというのだ。次の一節は父が二〇一一年に記したものである。

小規模事業主としてのキャリアを真剣に考えているのであれば、キース・リチャーズの著書『ライフ』（サンクチュアリパブリッシング）[22]を読んでほしい。私は、ローリング・ストーンズというバンドは自由世界で最も生産性ある小規模事業であると考えている。上場会社は従業員一人当たりの平均収益が何十万ドルにもなると自慢することが多い。だが、ローリング・ストーンズの四人の正社員についていえば、数億ドルにもなるわけだ。

乱れた髪型、行動、服装を含めた「バッドボーイ」という役割を取り払ってみよう……彼らはレコードとコンサートのチケットを販売している。このグループは大ヒットを連発し、何十億ドルという収益を生み出していると説明されているわけだが、その非凡な創造力や才能だけではそれは説明がつかない。

次のことを考えてみてほしい。一〇〇〇回ものライブを終えたあと、ミック・ジャガーとキース・リチャーズは彼らの短いキャリアのなかで最良の事業判断の一つを下している。彼らはローリング・ストーンズのマネジャーとしてアンドリュー・オールダムを採用した。オールダム氏は彼らにどれほど才能に恵まれていようが、ミュージシャンは掃いて捨てるほどいるのであり、自分たちで曲を書かなければあっという間に失業してしまうと伝えた。オールダム氏は彼らをキッチンに閉じ込め、曲ができるまで出てくるなと言ったのだ。ジャガーとリチャーズは二〇代前半から自分たちの曲を作ることで富の耕作者となったのである。こうしてできた新曲はローリング・ストーンズのツアーを含むすべての収益の元となった。これらの曲から生まれるロイヤルティーは作曲家、そして最終的にはその相続人にとって永遠の収入源となる。

もちろん、だれもがローリング・ストーンズのような創造の才能を持っているわけではない。だが、ほとんどの人々が将来のために自らの「ロイヤルティー」を構築し始めることはできる。私が過去に取り上げた幾つかのケースであるテキサスで森林を営むJ・Tなどについて考えてみてほしい。彼は「ほんの数万平方メートル」から始め、その後この在庫を増やし続けた。今日、彼は年に三五〇〇万本を植林し、その価値は三〇〇〇万ドルを上回る。https://www.themillionairenextdoor.com/ で取り上げたブライアンを見てみよう。彼は大学検定試験に何度も失敗した。彼はこう述べている。「私がマルチ億万長者になれるのであれば、だれでもなれます……おもちゃを全部売り払い……最初の四棟を買ったのです」。今日、彼はそれを七棟所有している。そして最後に、副業をしている消防士のマルコムがいる。彼は仕事を始めた早い段階で消防士というのは在庫がきかないものだと気づいた。彼はまず修理が必要な安価な家を手に入れ、それを学生たちに貸し出した。そして、学生の住宅需要は安定しているので、彼が所有する不動産群はほぼ確実な富の源泉となったのだ。

キース・リチャーズの『ライフ』から、成功するために必要な仕事の量、そしてだれもがやりたがらない仕事の量を説明する一文を二つ引用する。

「毎日起きている間ずっと……ギターを抱えたまま床に突っ伏した。そうだ。楽器の練習は絶対やめなかった」[23]

「仕事はいつもものすごく大変だった。ステージを降りたからってライブは終わりじゃない。ホテルに戻って、それらの曲に磨きをかけなければならないのだ。ノンストップで、大きなプレッシャーのかかる仕事だった。それがわれわれには良かったんだろうね[24]」

彼の自伝を読んで、キース・リチャーズが優れた分析力を持っていることが私にははっきりと分かった。リチャーズは偉大なブルースやロックのアーティストの名演奏を何千時間もかけて勉強し、その知識を自分の作曲活動に反映させたのだ。彼はストーンズが取り入れた新しい音楽のレフに対する観客の反応を日記にまとめ、将来の調整に生かすことまでした。言い換えれば、彼は市場調査で情報を集め、分析していたのだ。彼は自分がストーンズの音楽から感じたものと同じ感情的反応を観客から引き出すことに情熱を燃やしたのである。

ローリング・ストーンズと同じように、すべての自営業者は試されているのだ。設立当初の度重なる苦境や市場の反応不足を乗り越えなければならない。とりわけリチャーズは非常なまでの粘り強さと集中力と情熱と肉体的スタミナとタフネスを持っていた。彼はこう記している。「われわれが演奏した三年間……毎日……ライブは優に一〇〇〇回は超える……休みなどほとんどない……三年間でオフになったのは三日だけだ」

ストーンズがアメリカに来る前に行った一〇〇〇回のライブの半分は、まったく利益にならなかった。「観客が二人だけ」だったらどう感じるだろうか。だが、彼らは不安定な経済状況、非人間的な生活条件、そして搾取するアドバイザーやマネジャーの存在にもかかわらず、自分たちの音楽活動を継続した。リチャードはその理由をこう説明している。「……お金を稼ごうなどと考えたことはなかった。当初はギターの弦が買えれば十分だった……その後、自分たちがやりたいステージをできるだけの稼ぎがあれば良かった……お金は……ほとんどやりたいことに突っ込んでいたよ」

リチャーズ氏が、自分も容易に彼のように成功できると思った子供たちに何百万本ものギターを販売する一助となったことは間違いない。だが、彼らは何も得るものがないまま何千時間も練習するよりも、ギターを買って外見だけマネすることのほうがはるかに簡単であることにすぐに気づいたであろう。

キャリアに求められる決意

自分のファイナンシャルライフを管理する場合と同様に、仕事への取り組み方も幼少期の体験が大きく影響する。億万長者たちは、支えてくれる保護者や師によって、自分たちがキャリアで成功するとか、自分の事業を立ち上げる方法に違いが生まれたと説明することが多い。幼少期の体験、とりわけ困難な体験や失敗はわれわれが次の機会、そしてその次の機会に取り組む方法に磨きをかけるきっかけになる。

では、今日自分が罠にはまってしまったらどうだろうか。やり直しをしたり、転職をしたり、または自分の事業を立ち上げたりするためには、何が必要だろうか。多くの人たちはどのようにして転職しているのか、またはなぜ勤め人の身から自営業へと転身しているのだろうか。

パーソナルファイナンスを管理するのと同じ方法で、経験や評判という形で仕事に関する資源を積み上げることが重要である。副業を含め、雇用形態にかかわらず機会を探し求め続けることで、後に転職したり、自分の事業を立ち上げるために活用できる知識や経験という資本が築き上げられる。だが、それ以上に重要なのが、必要なときや求めるときに仕事を変えることができるだけの経済的余裕を確実に手にしておくことであろう。

過去二〇年余り、仕事の世界は父が数年前に本書に取り掛かったときに推測していた以上に大きく変わってきている。確かに、終身雇用という考えや、引退後に私たちの面倒を見てくれるはずの年金はとうの昔に消え失せてしまった。そして、億万長者たちが身を置く業界も幅広いものとなっている。勤め先を安全や安心の保証だとみなすことはおめでたいことであり、自ら富を築く能力をダメにしかねないのである。

伝統的な仕事の概念はゆっくりと消えつつあるが、明日のとなりの億万長者たちは、雇われ仕事にどう取り組むか、そして次の行動をとるための経験と知識をどう生み出すかという二つの視点から、収益創造に関して新しい概念を受け入れているのである。

第7章　投資の方法

「リスクとは、自分のしていることが分からないことから発生するものだ」――ウォーレン・バフェット

経済的成功は効率的な資源の管理によって決まる。収入を富へと転換している人たちは、自分の時間、エネルギー、そしてお金を長期的な経済的成功につながるような方法で配分している。この調査結果は過去二〇年間変わらなかったが、これからもしばらく変わることはないだろう。

経済的に成功しているアメリカ人はそのために大衆に迎合するようなことはしないのだが、ここで言う大衆とはブラックフライデーに勇んで買い物に出かけるような人たち、暇な時間の多くを政治問題に費やす人たち、またはソーシャルメディアに一日二時間以上費やす人たちの

ことである。何年にもわたって見てきたとおり、となりの億万長者タイプのほとんどがコントラリアンであることに今日でも変わりない。彼らはどのように買い物をするのか、他人の影響が自分の消費や生活習慣に影響を及ぼしているのかどうか、そして何よりも、どのように投資するかについてほかの人たちとは異なる考え方や行動を取るものである。彼らは自分たちの事業や業界を含め投資を研究し、投資をして増やし育てる資源の使い方について知見に基づいた賢明な判断を下している。

第5章で挙げた成功要因は、収入を生み出す方法や雇用を創出する方法、そしてキャリアを見いだす方法を決定する能力にだけでなく、生み出した収入を管理する方法にも影響を及ぼす。第6章で見てきたとおり、自ら望んだキャリアで収入を生み出すことで資源がもたらされる。第4章の消費という側面を超えて、経済的に成功している人たちは長期にわたって自分で生み出し、蓄積してきた富をどのように増やし、利用しているのだろうか。過去二〇年間に、何が彼らの投資方法に影響を与えてきたのだろうか。

本書を執筆している時点で、金融のプロや個人に対してサービスを提供している金融テクノロジー企業は一〇〇〇社[1]を超える。これらの企業の多くは消費者に対し、ファイナンシャルアドバイザーやウェルスマネジャー（『となりの億万長者』で言うところの株式ブローカー）の助けを借りることなく、効率的に自分のファイナンシャルライフを管理する手段を提供している。善かれあしかれ、われわれはスマートフォンで楽々と貯金も、オプションを買うことも、遠い外国の株式に投資することもできる。取引をするためにブローカーに電話をかける必要などないのだ（アメリカにはおよそ六三万一〇〇〇人の株式ブローカーがいるので、今でも電話をかけている人は存在する）[2]。タックス・ロス・ハーベスティング（節税）のような洗練度の高い取引も、ロボアドバイザーやアルゴリズムなどのテクノロジーのおかげで自動化されているのである。

このようなテクノロジーの進歩や助言方法の変化（つまり、信任行為基準の強化）を前にしても、慎重な投資家の特性は二〇年前とほとんど変わっていない。投資に対する姿勢は時間の経過とともに変わるが[3]、投資に対して規律ある取り組みをしている人たちは経済的逆境や市場の変動に直面しても、毅然としている傾向にある。そのような慎重な行動が生来のものであろうが、投資家が保護者や師やアドバイザーから学んだものであろうが、われわれが下す投資判断は長期的に富を築く能力に影響を及ぼすのである。

どこに投資しているか

おそらくは独学で市場や投資機会を詳細に調べているからなのだろうが、億万長者は往々にしてより標準的な投資を行っている（表７－１参照）。退職金口座に三〇％を投じている億万長者は六〇％を超える。およそ三三％の億万長者は不動産に何らかの投資をしている。われわれの最近の研究で取り上げた億万長者たちはエキゾチック商品や特殊な商品に投資することはほとんどない。例えば、億万長者のおよそ六％が資産の一部を土地使用権に投じており、ポートフォリオの一部として無形資産を有している億万長者はほんのわずか（四％）である。

ここで、二〇一六年と一九九六年のさまざまな規模の相続税対象資産の内訳を比較したデータで興味深い点をいくつか挙げておこう。

●資産総額が二〇〇〇万ドルを超えると、ヘッジファンドと美術品の投資対象としての魅力が増すようである。二〇一六年、ヘッジファンドが占める割合は資産総額が一〇〇〇〜二〇〇〇万ドルではたった〇・六九％（総額が少なくなると比率もさらに下がる）であったのに対して、二〇〇〇万ドル超では三・七％にまで跳ね上がる（一九九六年のヘッジファンドおよびプライベートエクイティのデータは入手不可）。同様に、アセットクラスとしての美術品は、総額二〇〇〇万ドル超では二〇一六年が一・八三％、一九九六年が二・五六％を占めているが、それよりも少ない資産ではゼロに等しい。これらのデータから、超富裕層もある一定の水準（つまり二〇〇〇万ドル超）を超えると、よりエキゾチックで複雑な投資対象が否応なく魅力的と映るようである。

●二〇一六年と一九九六年の両方のデータで、資産総額が二〇〇〇万ドル超になると、「未公開の株式」の割合が劇的に増大する。家族経営の事業がこのカテゴリーに入るのであろう。

表7－1　億万長者が保有する資産の割合

資産の種類	資産配分の割合							
	0%	1%	5%	10%	20%	30%	50%	75%以上
	億万長者の割合							
退職金口座	2.0	3.2	7.1	12.1	13.5	23.4	28.2	10.5
現金	3.5	19.6	35.7	25.2	9.8	4.5	1.2	0.7
生命保険の評価額	49.6	22.8	13.0	6.9	4.9	1.0	0.8	0.8
未上場の個人事業またはパートナーシップ	58.8	5.6	6.9	8.1	5.4	5.4	4.6	5.1
有価証券	16.7	7.5	12.5	15.2	15.9	15.9	9.4	7.0
株式オプション	80.6	5.4	5.7	3.2	2.7	1.8	0.2	0.4
不動産（居住用）	3.6	2.4	8.2	19.8	27.3	21.3	15.0	2.4
不動産(商用　投資)	67.7	2.7	7.1	7.3	6.0	3.9	4.3	1.1
自動車	13.1	54.0	26.8	4.0	1.9	0.3	0.0	0.0
有形資産・収集品	37.9	39.5	16.8	4.4	1.0	2.0	0.0	0.2
土地使用権	94.4	3.7	0.9	0.7	0.2	0.0	0.0	0.2
無形資産	96.2	2.7	1.0	0.0	0.0	0.0	0.0	0.0

リストの下位に来るのは、エキゾチックな投資対象やヘッジファンドやプライベートエクイティである。富裕層の神話の一つであり、メディアや認識不足の人たちが決めつけている神話が、そのような富を持つ人たちはエキゾチックなものに投資をしている、というものだ。**表7－2**のIRS（米内国歳入庁）の相続税のデータに基づけば、純資産が二〇〇〇万ドル超付近、つまりリターンが少なくてもより多額の手数料を支払う余裕がある富を得たあとにエキゾチックな投資は行われるよ

表7－2　2016年と1996年のIRSの相続税データの比較

	資産総額（2016年の申告分）				資産総額（1996年の申告分）			
	500万ドル以下	500～1000万ドル	1000～2000万ドル	2000万ドル以上	500万ドル以下	500～1000万ドル	1000～2000万ドル	2000万ドル以上
資産の種類	資産総額に対する割合（%）*							
個人住居	8.70	7.93	6.43	2.77	8.68	4.66	3.58	1.16
その他不動産	11.67	14.84	14.24	12.43	13.34	12.49	11.44	6.42
未上場の株式	2.87	4.61	7.33	19.25	3.03	8.70	11.99	20.27
上場株式	24.16	22.85	25.81	24.43	21.87	28.96	30.94	35.12
地方債	10.39	7.89	9.35	6.47	12.04	14.98	16.01	10.29
連邦債	0.91	0.77	0.75	1.17	0.89	3.76	3.26	5.91
社債・外債	1.60	1.48	1.52	1.31	0.72	0.68	0.56	0.42
債券ファンド	0.94	0.48	0.52	0.37	4.03	0.30	0.15	0.08
未分類投資信託	1.34	0.90	0.66	0.39	4.03	1.05	0.64	0.29
現金資産	11.81	9.60	9.43	6.06	13.66	6.84	6.38	4.72
生命保険の純額	1.30	2.61	1.61	0.51	0.09	0.10	0.07	0.02
農業用不動産	3.72	5.79	3.95	1.63	0.49	0.28	0.18	0.23
プライベートエクイティやヘッジファンド	0.37	0.32	0.69	3.70	n/a	n/a	n/a	n/a
年金資産	9.62	11.59	7.58	2.14	n/a	n/a	n/a	n/a
無形資産	0.49	0.47	0.40	0.12	0.31	0.56	0.55	0.46
美術品	0.37	0.28	0.52	1.83	0.11	0.36	0.47	2.56

*いくつかの資産クラスを表から除外しているため合計が100%にならない
n/aは1996年のデータでは区分表記されていなかった

うに見える。となりの億万長者タイプのほとんどはこの手のエキゾチックな投資対象に資金を投じることはない。

バークシャー・ハサウェイの株主に対する二〇一六年の手紙のなかで、ウォーレン・バフェットはこの行動的現象を完璧に説明している。[4]

長年にわたって、私は投資アドバイスを求められることが多いのだが、それに答えようとするなかで、人間の行動について大いに学んできた。私がいつも推奨するのはコストの低い、S&P五〇〇のインデックスファンドである。感心にも、ささやかな資力しかない友人たちはいつも私の提言に従ってくれる。

しかし、大金持ちの個人や機関投資家や年金基金などは、私が彼らに同じアドバイスをしたとしても従うことはないと思う。これらの投資家は私の考えに丁重に謝意を表し、そして手数料の高い運用会社の魅惑の言葉を聞きに出かけるか、機関投資家の多くがそうなのだが、コンサルタントと呼ばれるハイパーヘルパーのたぐいを探しに行くことになる。

だが、その職業には問題がある。投資コンサルタントが毎年S&P五〇〇に連動するインデックスファンドに追加投資しなさいと顧客に語っている姿を想像できるだろうか。それではキャリアを棒に振ることになるだろう。しかし、毎年のように運用先を少し変更するよう提言すれば、これらハイパーヘルパーには多額の手数料が流れ込むのである。そのアドバイスとは、流行の投資「スタイル」や現在の経済トレンドからすれば変更することが相応しいということを難解かつ意味不明な言葉で説明するだけのことである。

お金持ちは、最高の食事、教育、娯楽、住宅、整形外科、スポーツチケットと何でも手に入れることが自分の人生に相応しいと思うことに慣れてしまっている。彼らは自分たちのお金があれば、大衆が享受しているものよりも優れた何かを手に入れてしかるべきだと思っている。

人生の多くの場面において、富は一流の財やサービスを意のままにすることができる。そのため、裕福な個人や年金基金や大学の寄付基金などの金融「エリート」は、数千ドルしか投資していない人々にも手に入る金融商品やサービスになかなか手をつけられないのである。たとえ当該商品が期待リターンに基づけば最良の選択であることが明らかな場合ですら、お金持ちはたいてい難色を示すのである。かなり大まかであることは認めるが、私が計算したところ、エリートが優れた投資アドバイスを求めたことで過去一〇年で総額一〇〇〇億ドル以上が浪費されている……。

人間の行動は容易に変わることはない。裕福な個人、年金基金、寄付基金などは今後も自分たちは何か「追加的な」投資アドバイスに相応しいと考え続けることであろう。この期待を賢く手玉にとるアドバイザーがお金持ちになるのだ。今年の魔法の妙薬はヘッジファンドかもしれないが、来年は別の何かかもしれない。この約束の連続がもたらすであろう結果はすでにことわざになっている。「お金のある人が経験のある人に出会うと、最終的に経験のある人がお金を手にし、お金がある人には経験だけが残る」

バフェットが説明しているこのエキゾチックな投資を求める態度とフィデリティのストックピッカーとして有名なピーター・リンチの方法論とを比較してみよう。リンチ氏がその株式を取得する企業に関する原則は、われわれが長年にわたり研究してきた億万長者の事業主の多くの哲学と矛盾しない。銘柄選択におけるリンチ氏の成功の多くは、彼が行ってきた主要な人物との数多くの個人的インタビューと、企業への訪問の上に成り立っている。彼の最も興味深い結論、または「リンチイズム」の幾つかを挙げてみよう[5]。

一．企業の倹約ぶりを知る一つの方法は本社を訪問することである。企業のオフィスの贅沢ぶりは、株主に報いようとしない経営陣の姿勢と正相関の関係にある。

二．貸借対照表を見て将来の株価のパフォーマンスが分かるなら、数学者と会計士が世界で最もお金持ちになるだろう。

三．素人投資家は……大衆を無視することで市場に打ち勝つことができる。

四．ほかのすべての条件が同じであれば、年次報告書に掲載されたカラー写真が最も少ない企業に投資をすればよい。

特筆に値するのは、リンチ氏がやがて勝者となることを正確に予見した幾つかの企業に対する彼の考察である。

一．企業の本社には……幹部用の食堂もなければ……駐車場にリムジンも停まっていない……空港には会社の専用機もない。

二．お金をかけてギリシャ神殿のような本社にするようなことは避けるべきだ。ロビーにクイーン・アンの家具を置く必要もないし、飛行船もビルボード広告も、セレブのスポンサーになることも、壁にオリジナルの美術品を飾る必要もない。旅行のポスター……あぁ、もう十分だ。

三．幹部は、その年の企業業績が良くないかぎりボーナスはもらわない。職業的地位ではなく、成果に基づいて報酬が支払われる。

この最後のリンチイズムは、『となりの億万長者』で紹介した彼らのライフスタイルの基礎となっている要素3と調和している（付録D参照）。つまり、億万長者たちは、その高い社会的地位を見せびらかすよりも経済的に自立することのほうが重要だと考えている。

だが、たいていの場合、収入型（ＩＳ）富裕層は「エキゾチック」や「高価」と「優れている」とを同等視するのだが、おそらく意識していようがいまいが、この手の投資対象にお金を投じることがある種のステータスを暗示するからなのであろう。収入型（ＩＳ）富裕層は、自分たちの所得水準やステータスを示す買い物（高価な家や車）など、自分たちの経済的ステータスに相応しいので、このようなエキゾチックかつ高価なものに投資しようと思い込んでいるのかもしれない。だが、ほとんどの人たちにとって、分散され、市場全体をカバーし、コストも低いシンプルかつ安定した投資計画を遂行したほうが結果が良いことはデータがはっきりと示している。これはレクサスの代わりにトヨタを買うこととまるで同じではないだろうか。

最近のエキゾチックな投資志向の罠の例は大学寄付基金のパフォーマンスに顕著である。同種では最大の規模であるハーバード大学の寄付基金の失敗は広く報じられている。二〇一六年度の寄付基金のリターンは、Ｓ＆Ｐ五〇〇指数が横ばい（利益も損失もない）だった時期にマイナス二％となった。ハーバード大学は、ベン・カールソンがブログ「ア・ウェルス・オブ・コモン・センス」で「エゴプレミアム」と名づけたものの犠牲となった最も有名な寄付基金かもしれないが、それが同校だけでないことは確実である。二〇一七年、カールソン氏は記事のなかで、バンガードの三つのシンプルなファンド（彼は「ボーグルモデル」と呼んでいる）の年率リターンと、全米の大学寄付基金の平均年率リターンとを比較した。ボーグルモデルのポートフォリオの一〇年間のリターン（六・〇％）は、寄付基金のリターン（第1十分位の年率リターンは五・四％）では上位一〇％にランクされる。では、このデータを読みかえてみよう。

コンピューターの前に座り、最も広く分散されたバンガードのファンド（またはＥＴＦ［上場投資信託］）三つに、年〇・一〇％ほどのコストで投資すると、九〇％以上の大学の寄付基金よりも優れた結果を手にすることになる。では、これら寄付基金がどのように運営されているかを理解してみよう。カールソン氏は次のように記している。「これらの基金は、ベンチャーキャピタル、プライベートエクイティ、インフラ、私募不動産、森林、お金で買える最高のヘッジファンドなどに投じられている。彼らは最高の株式や債券の運用会社を利用でき、レバレッジも利用する。複雑なデリバティブにも投資する。規模が最も大きく、最もコネを持っているコンサルティング会社を利用する。それなのに、これら基金の大部分はコストの低いバンガードのインデックスファンドに勝てない[6]」

要するに、ステータスを求め、エキゾチックな投資を行う収入型（ＩＳ）富裕層タイプは最終的により多くの費用を支払うだけで、実入りは少ないのだ。では、なぜだろうか。彼らは頭の良い人たちである。しかし、そのような投資対象はより安価な代替案よりもリターンが低いことが多いという証拠を突き付けられても、喜んで「エゴプレミアム」を支払うのだ。われわれのチームの精神分析班は、そこには何らかのコンプレックス（潜在意識の部分である可能性がある）のシグナルが発生し、収入型（ＩＳ）富裕層タイプは「自分はいくらでも持っているのだ」というメッセージを送っている可能性があると考えている。

ほとんどの億万長者は美術品を所有していない

この国の人々の多くが野心を抱き、経済的に成功した人々のマネをしたいと考えている。マーケターたちは何十億ドルもの資金を費やして、最も成功したお金持ちの人々はいわゆる一流の美術品をたくさん所有していると説得しようとする。今日これは神話にすぎず、アメリカ経済の歴史を通じても億万長者は美術品を所有していない。高収入の世帯は美術品を自分たちがお金持ちであることを他人に示す方法だと考えるかもしれないが、彼らの所得水準は平均を上回る程度にすぎない。通常、彼らの純資産は異なるストーリーを語ることになる。

美術品は有形資産、または収集品の項目で扱われる。父はかつてこの問題に関する記事をアメリカン・デモグラフィックスに寄稿した。そのなかで父はこう述べている。「驚くべきことに、アンティーク、コイン、切手コレクション、宝石、美術品といった有形資産や収集品の形で資産を保有している億万長者は六％未満であった」[7]

だが、父がこの記事を書いたのは三〇年以上前のことである。それから事態は変わったのだろうか。われわれの最近の調査ではそうではない。ほとんどの億万長者（およそ七八％）が、自分たちの富の一％以下しか有形の収集品に充てていなかったのだ。そして、最近のＩＲＳの相続税のデータを見ても、ほとんど変化はない[8]。二〇〇万ドル以上の富を持つ億万長者のうち、有形の美術品の形で所有されている富は全体のたった一・三％にすぎない。非常に高価な美術品のなかにも偽物が存在する可能性を考えれば、この小さな割合ですら多いかもしれないのだ。

美術品は、われわれが調査した億万長者の多くが「持つべきじゃないし、持ったこともない」とした資産の一つだ。同じことが『〝ふつうの億万長者〟徹底リサーチが明かす　お金が〝いやでも貯まる〟5つの「生活」習慣』（イースト・プレス）で詳細に議論したほかの資産にも当てはまる。別荘、ボート、飛行機、ワインコレクション、一流メーカーの自動車、または高価なスーツを手にしたことのある億万長者は少数派にすぎないのである。

成功する投資家の特徴

個人投資家に関する次の説明について考えてみてほしい。

現実世界に住む投資家と学界に生息する人たちは遠い親戚である。理論上、投資家は広く分散されたポートフォリオを持ち、頻繁に取引しないことで税金やその他投資コストを最小化することができる。だが、実際には投資家は異なる行動を取る。彼らは頻繁に取引し、銘柄選択の能力もあまりないので、不必要な投資コストを被り、リターンを失うことになる。彼らは勝ち銘柄を売り、負け銘柄を保有することで、不必要な税負担を生み出している。多くの人たちがさほど分散していないポートフォリオを保有しているので、分散可能なリスクを不必要に多く負うことになり、また多くの人たちがメディアや過去の経験から大きな影響を受けている。コストの低い、広く分散されたポートフォリオを買い持ちすべしというお手本のようなアドバイスを無視する個人投資家はたいていは大損害を被ることになる。[9]

アクションバイアス、または何もしないのではなく行動を起こしたがる傾向によって、経験の度合いにかかわらず、投資家は何もしないことが求められているときに行動を起こしてしまうことになる。これら最も積極的な投資「実行者」は、行動を取りたがる傾向にあるので、誤ったタイミングで売買する結果となる。もちろん、その対極には、行動を起こすことを嫌い、その代わりに時間をかけて投資戦略を構築し、それを実行するころには時代遅れとなってしまうような人もいる。

何が成功する投資家を生み出すのだろうか。市場が下落しているときに投資し、投資に付随するリスクが高まっても落ち着いていられる人だろうか。高い潜在力を持った世帯のＣＥＯ（最高経営責任者）と富を築く能力に乏しい人とを区別する行動と同じように、経済状況や政治的要因にかかわらず、成功する投資家と失敗する投資家とを分ける特性や行動がいくつか存在する。リスクをとる覚悟と勇気は純資産の多寡と大いに関係していることが分かっている。[10]過去数十年にわたり、億万長者たちは勇気を持つことで自分のキャリアや事業だけでなく、投資においても難局を切り抜けることができたと語っている。投資する勇気を持つためには、ある程度の自信を持って投資に関する判断を下すことだけでなく、第一に投資に真剣に取り組みたいと思う気持ちが必要になる。そして経済的な知識とリスク許容度には関係があることも分かっている。[11]とりわけ知識は独学や調査を通じて得られるものであるが、これまで同様、蓄財優等層は蓄財劣等層よりも、自分の投資に関する調査や計画に多くの時間を費やす傾向にある。また、心配事や不安がある人はより短期的な行動を取る傾向にあることをデータが示しているが、それが有害な投資行動となる可能性がある。[12]経験や行動面を基準としたリスク許容度に関する心理的テストを考案しようとするなかで、われわれは「優れた投資」を構成する五つの特徴を見いだした。ちなみに、ここで言う優れたとは、概して株式市場に投資し、下落相場でも売りではなく、買いを入れても落ち着いていられることと定義する。[13]

リスクに対する姿勢

成功する投資家は、正確な結果があらかじめ分からないときでも投資判断を下すことができる傾向にある。彼らは、将来について確証がなくても安心して投資をする傾向にある。

高いリスク選好

より大きなリターンが期待されるよりリスクの高い投資対象（例えば、株式）を好む人は投資に関して優れた判断を下す傾向にある。

投資に対する自信

投資家は過信によって無分別な判断を下しかねないが、ある程度の自信と自己効力感が成功する投資家と失敗する投資家とを分けることになる。自信がなければ、投資にまつわる判断が後知恵となったり、最終的に変わってしまったりしかねないが、それが経済的に不都合な影響につながることが多い。

投資対象と投資に関する判断と知識

ウォーレン・バフェットが引用しているように、「リスクとは、自分のしていることが分からないことから発生するものだ」。投資がどのように機能するか、投資商品の潜在的な上下動、そして株式市場のシクリカルな特性に関する知識を身につけている人は、全般的により良い投資判断を下す可能性が高い。蓄財優等層は蓄財劣等層よりも投資商品の調査に時間をかけること、そして投資に関する知識と優れた投資判断には関係があることが分かっている。[14]

冷静さ

冷静さとは通常、市場の変化（通常は下落を指すが、好況期も同様である）をやり過ごすことができる能力のことを言う。市場の崩壊に直面しても落ち着き、勇気を失わずにいられる人は心配性の人たちよりも優れた判断を下す傾向にある。

億万長者投資家の特徴

前述の成功する投資家の分析結果は、マス富裕層に属する人を含めた投資家の広範なサンプルに基づいている。蓄財の場合と同様に、これらの特徴と行動の組み合わせが投資で成功するための能力に影響を及ぼす。では、億万長者の投資家の特徴はどのようなものであろうか。それはアメリカ人の広範なサンプルに見られた特徴と似ているだろうか。億万長者の投資家は自信家に属する傾向にある。われわれの最近の研究では、彼らの七〇％以上が自分たちはほかの人たちよりも投資に詳しいと考えている。投資における過信は投資にまつわる判断に悪影響を及ぼしかねない（例えば、市場のタイミングを計ることができるという信念）ので、投資における自信は諸刃の剣であることが分かる。[15]

だが、投資に関する判断、そして資源全般の使い方についての判断は、いろいろな意味で規律という成功要素に立ち返ることになる。億万長者のおよそ六〇％（五人に三人）が明確な短期的・長期的目標を持っており、五五％ほどはプロジェクトに取り組んでいる際に迷うことはほとんどないという。自分の将来の経済状況の計画を立てるために時間をかけると答えたのは六〇％を超える。

どのように投資をするかについては、億万長者のおよそ五五％が、投資での成功はプロから

表７－３　投資に関する億万長者の意見

項目	非常にそう思う・そう思うと答えた割合（%）
投資についてはたいていの人より詳しい	70.4
自分の将来の経済計画に十分な時間をかける	61.8
自分の投資の成功にはプロのアドバイスよりも自分の研究が役に立っている	54.8
投資判断を下すために、投資アドバイザーを非常に頼りにしている	33.2

受けるアドバイスよりも、研究し、知識を得ようとする自分の努力にかかっていると考えている。同様に、投資にまつわる判断を下すために金融のプロに頼ると答えた億万長者は三分の一に満たない。マス富裕層に属する投資家について行った調査でも、投資に関して最良の行動を取る人たちはアドバイザーやその他のプロをそれほど役に立たないとして、お払い箱にする可能性が高い傾向にある。[16] 億万長者の投資家をターゲットとする金融のプロたちへの教訓は、自分たちは最高の能力を持ち、その事実をターゲットとする聴衆にはっきりと示すべきである、ということだ。

億万長者の投資家は、資産運用に関する知識と専門性を身につけることに時間をかけている。彼らは将来の投資に関する研究と計画に月に平均一〇・五時間の時間をかけるが、蓄財優等層と蓄財劣等層とでこの時間に違いがあることが分かる。具体的には蓄財優等層が月に一一・三時間かけるのに対し、蓄財劣等層は月に八・七時間しかかけない。彼らはそれが自分の事業に自分のお金を投資することになる場合でさえ、

表7－4　投資対象の平均的な保有期間

株式と株式投資信託の典型的な保有期間	投資家の割合		
	億万長者	蓄財を基準にした分類	
		蓄財優等層（PAW）	蓄財劣等層（UAW）
数日〜数カ月	6.3	6.0	9.4
1〜2年	16.3	17.9	16.1
3〜5年	30.7	30.6	30.2
6〜10年	18.6	19.4	11.4
10年以上	28.2	26.1	32.9

投資対象と投資先の調査に時間をかける。財政問題における彼らのリテラシーとは、投資に関するリスクに対する許容度が高いという意味であることが分かる。[17]通常、将来の見通しと経済に関する知識は許容できる経済的なリスクと関係があるので、[18]彼らが投資対象の管理と調査にかける時間は意思決定の役に立つのである。

関係する新しい情報に直面すると、どんな投資行動であれバイアスを持つ投資家は、長期的にパフォーマンスが優れない傾向にある。億万長者の投資家は自分の投資を管理するにあたり何らかの行動を取る。二〇一六年、億万長者は一年間で平均一七件の投資関連の取引を行っている。億万長者の五人に一人が投資対象を三年以上保有することはない。ここで重要なのは、行動を取るという判断が慎重かつ十分に検討されたことか、それとも軽はずみ（または行動バイアスの結果）なものであるか、ということだ。適切な経済判断とは、知識（財務リテラシーを含む）、未来志向、市場が大混乱しているときにも落ち着いていられることが複雑に組み合わさって下されるものである。われわれは、長期的かつ未来志向の展望を持っているとき、適切な経済判断を下すために必要な知識を持っているとき、そして落ち着いているときに、自分の経済的なことに関してより良い判断を下す傾向にある。これらの要素は研究所でも実地でも見いだせるものである。[19]

必要なリスク

このほかに億万長者の投資家を特徴づけるものはあるだろうか。彼らは進んでリスクをとり、また未来志向である。反対の例について考えてみよう。フロリダのとなりの億万長者がわれわれにこう語ってくれた。「私の配偶者は投資を恐れています……金利の低い貯蓄口座を望むだけなのです。今まで二〇年にわたり、私が投資信託に投資をしていることは『無謀だ』と非難されてきました。でも、私たちの富の大部分は投資信託からもたらされたのです」。億万長者の多くが起業家であり、起業家はリスク回避的ではない傾向にある。[20]公務員は民間部門で働く人たちよりリスクをとろうとしない。だが、リスクを回避する人は満足度も低いのである。[21]

間違いを犯そうが、犯していると思われようが、成功する投資家や経済的に成功したアメリカ人は投資でリスクをとっている。概して、富裕層や裕福な世帯は、マス富裕層や大衆層に属する人たちとは投資に関して異なる行動を取ると答えている。裕福な世帯は投資において平均

表7－5　億万長者の投資戦略（%）

どう考える	リスキーか極めてリスキー	バランスしている	保守的か極めて保守的
フルタイムで働き始めたころの投資戦略	55.6	28.6	15.7
現在の投資戦略やポートフォリオ	17.5	56.0	26.5

以上のリスクをとると答えているが、彼らは投資全般の本質を理解し、そして自分のポートフォリオが負うべきリスクの適正水準を裕福でない人たちよりも理解しているのだ。[22] これは必ずしも因果関係を示すわけではないが、裕福な世帯に求められる、より高い水準の知識とリスクテークの重要性、そしてその必要性を浮き彫りにしている。われわれが現在調査している億万長者たちは、現在よりも働き始めて早い時期のほうがより大きな投資リスクをとっていたと答えているが、これはわれわれのサンプルの平均年齢が六一歳であることを反映しているのであろう。

貯金したお金はインフレゆえに毎年その購買力を失っている。蓄財優等層はインフレによって購買力が失われるのを避けるために、お金を生産的に投資しなければならないことを理解し、将来の必要性や欲求を満たすためにお金を増やしている。蓄財優等層は働き始めた当初では投資に対して「リスキー」か「極めてリスキー」なアプローチを取ることが多く、その後蓄えた資産が増え、お金が必要になるまでの時間軸が短くなるにつれ、バランスの取れたアプローチへ、そしてより控えめで保守的なアプローチへと移っていくことをデータが示している。読者の一人が、二人の貯蓄者と彼らの投資方法に関する話を教えてくれた。

私の両親は保守的で、長年の間、一生懸命稼いだ給料をきちんと管理し、蓄えていました。しかし、彼らが懸命に稼いだ給料は何カ月も、そして何年もそのまま留め置かれ、投資されることはなかったのです。一方で、妻の父は毎年それほど貯蓄はしませんでしたが、抜け目ない、そして幸運な投資家で、毎年蓄えたお金のすべてをフィデリティ・マゼラン・ファンドにつぎ込んでいました。義理の父は、投資リターンをほとんど手にできなかった私の両親よりもはるかに多くのものを得ていました。

蓄財優等層は通常、この両面でうまく立ち回っている。つまり、自分の稼ぎの多くを貯蓄するとともに、その蓄えを生産性のある資産にうまく投資することで、長期的に増やしているのである。毎年、一般の人よりも多く貯蓄すること、さらに毎年ポートフォリオのリターン（投資コストの低減や、いわゆるアドバイザーのアルファ、または投資行動の改善『安く買い、高く売る……その反対ではない』などを通して）として追加される三％が複利運用されると想像してみればよい。蓄財優等層は、この優位性を生かして自分たちの長期的な利益を獲得する方法を見いだすのである。

投資での誤り――実地で学ぶ

純資産と堅実な投資判断（例えば、安く買い高く売る）とを説明するうえで、自信は重要な役割を果たすが、その自信には少しばかりの謙虚さと、投資や財務管理全般に関連する自分の能力やスキルに対するリアリズムを伴うことが多い。ウォーレン・バフェットはかつて次のように述べた。「投資家は、興奮と費用は自分たちの敵であることを肝に銘じるべきである。そして、株式に乗るタイミングを計ろうとしていると主張するのであれば、ほかの人たちが欲深くなっているときに恐れ、彼らが恐れを抱いているときにのみ強欲になるようにしなければならない」。投資に関する自分の能力やスキルに対するほどほどの自信を示す一貫した行動パターンや人生経験は、年齢や収入や相続した財産にかかわらず、純資産と関係がある。[23]

投資の分野において、過信は有害なものとなる。投資における過信は、頻繁な売買や有価証券の価値に対する過大な見積もり、そして投資信託のお粗末な選択など、投資に関して失敗に終わった判断に関係することが示されてきた。実際に、投資家の過信に関する大規模な調査において、研究者たちは「金融市場における極めて非生産的な売買に対する簡潔かつ強力な原因であるとわれわれが考えているのは、過信だ[24]」と結論している。

一九九六年以降、投資心理の解釈の流行の一つとなったのが、学界や大手証券会社の世界などで強調される行動ファイナンスであるが、これは個人投資家が有価証券の売買の判断を下す方法に影響を及ぼす心理的・認知的バイアスを説明する用語である。行動経済学に関する業績で二〇一七年にノーベル賞を受賞したリチャード・セイラーは、抜け目ない投資家なら知っていたこと、つまり投資におけるバイアス、そして感情に頼ることは堅実な経済的判断を下す能力にマイナスの影響を及ぼすことを実証的に説明したのだ。行動ファイナンスを実践に適用するとすれば、投資家がこれらのバイアスを承知している、または彼らのアドバイザーが承知しているなら、市場に関する非合理な信念やバイアスに基づいて不利な投資判断を下すことを防ぐことができる。

成功している投資家は、投資で良い経験も悪い経験もしているので、リスク許容度が高まり、金融リスクに対する姿勢がより良いものとなる[25]。そして、彼らがその過程で何らかの間違いを犯していることは間違いない。通常、長期にわたり真摯に学ぶことで投資家は成長することになる。

われわれのサンプルとなった億万長者の二分の一以上が認めているが、億万長者の投資家によく見られる誤りは市場のタイミングを計ろうとして間違うことで、具体的には売るのが遅すぎたり、早すぎたり、または売買を行うために市場の高値や安値を待っていたというものだ。もちろん、あとになってそのような間違いを知るのは簡単である。億万長者たちは、お金の増

表7－6　投資行動に関する億万長者の回答[26]

投資行動	該当する割合
ひどい銘柄を売るのが遅すぎた	73.6
優れた銘柄を売るのが早すぎた	60.3
市場の高値で株式を売却しようとして長く待ちすぎた	58.1
市場の安値で株式を買おうとして長く待ちすぎた	55.3
「安全」なポートフォリオと「投機的」なポートフォリオをバランスさせようとした	53.5
勤務先の株式を購入・保有した	44.4
利益よりも損失が心配だった	41.6
友人や親族の勧めに基づいて投資した	41.5
市場の騰落のタイミングを計ろうとした	37.5
株式オプションや極めて投機的な株式に投資した	36.9
資産運用を他人に任せた	34.8
直近の安値で株式を売却した	34.2

やし方に対する現在の考えや行動は、投資において最も素晴らしい失敗をいくつか経験した結果であると教えてくれた。問題の原因として最も多かったのが過信である。

投資における別のタイプの失敗には、より信頼できる投資や安全な投資と、よりエキゾチック投資や投機的な投資との間でポートフォリオのバランスをとろうとした、というものがあった。このような行動を改善するためには、独学と規律と顧客の（自分自身のではなく）最善の利益に専念しているアドバイザーのアドバイスや忠告が必要になる。

特定の投資形態や銘柄での間違いは見る人によって変わるものである。億万長者が「最良」とか「最悪」とした秘密の銘柄や投資対象があるわけではない。われわれは長年にわたり、億万長者の投資家が「最良」や「最悪」とした銘柄は何かと何度となく問われてきたので、最近の調査ではこの質問をしてみた。最も賢明な投資家や億万長者たちがわれわれに答えてくれたように、最良の銘柄か最悪の銘柄かはその投資家次第なのである。個別銘柄に関する議論は、新聞の見出しには良いかもしれないが、次に挙げる項目から得られる幾つかのテーマを除いては、価値のないものである。

●流行となっているインターネット銘柄は今まで投資したなかで最悪な株式として挙げられることが多かった。
●倒産して見出しを飾った銘柄（例えば、ワールドコムやエンロン）も、今まで投資したなかで最悪な株式として挙げられることが多かった。
●安定したブルーチップ銘柄（例えば、３ＭやＩＢＭ）は最良の銘柄とされることが多かった。
●勤務先に関連する銘柄は評価が分かれた。
●「最良」の投資対象（冗談まじりだが）として「自分の妻」「自分の事業」、そして「自分の教育」が挙げられていた。

「アドバイス」にお金を払う

億万長者たちは自分たちのアドバイザー（そして、テクノロジー）を賢く選んでいる。自分自身のスキルに頼っている人が多いが、かなりの割合の億万長者がファイナンシャルアドバイザーを利用し続けている。一九九六年、アメリカには二四万六〇〇〇人のファンドマネジャーや株式ブローカーがいた。[27] 二〇一四年、その数字は三四万一五〇〇人になった。[28] われわれのサンプルとなった億万長者の七〇％以上が、フルサービスの投資会社に口座を持っていたが、信託部門に口座を持っているのはたった一五％であった。だが、彼らは自分たちが受けているサービスに対してほとんど費用を支払っていない。三分の一の億万長者は投資アドバイス関連の手数料にまったく費用を払っておらず、収入の一％を費用に充てている億万長者が五六％であった。

何らかの形で金融機関やアドバイザーを利用している億万長者がどれだけいるかにかかわらず、ほとんどの人たちは彼らのアドバイスに頼ることはしない。前述のとおり、投資アドバイザーを大いに頼りにしている億万長者の投資家は三分の一以下であり、七〇％は自分はたいていのアドバイザーよりも投資には詳しいと答えている。自分の投資ポートフォリオの増大は、プロのアドバイスよりも独学のおかげだとした億万長者は半分以上いるのだ。この意見は、ポートフォリオの構築とそのリターンについては専門家でさえ「素人」をそうそうアウトパフォームするものではないとする調査と軌を一にしている。[29]
最後に、億万長者と仕事をしている金融のプロたちは、上位に挙げられる投資にまつわる間違いを回避することに集中すべきである。金融のプロを利用することの価値を示そうとしたバンガードの「アドバイザーズ・アルファ」という研究では、アドバイザーを利用することで得られる利益の半分（つまり、アドバイザーを利用することによって改善した三％のパフォーマンスの半分）は、投資に関連する行動の修正や改善にあるとしている。[30]

財務顧問サービスと受託者責任

フルサービスを提供するウェルスマネジャーとして歩合制で働いているジャック氏が、最近、自分の仕事に失望していると語った。彼は、自分でも分かっていることだが、自力での投資を可能にするテクノロジーの発展と、顧客に投資商品を勧めたことに対して手数料を受け取ることを排除する受託者の信任義務によって、富裕層向けの金融サービスの歩合制での営業も含め、この業界はレンタルビデオ店と同様の状態に向かっていると耳にすることが増えたのである。彼は、「ロボアドバイザー」が台頭する新たな世界で、お金を稼ぐ方法を探しているが、自身の「投資の専門知識」に対する手数料を引き下げざる得なかった。つまり、彼は「最低ライン」を発展途上のとなりの億万長者タイプにまで引き下げ、彼らが長期にわたり富を築いていく過程で自分を使い続けてくれることを期待することになると判断したのである。

ジャック氏は、潜在個人顧客に直接アクセスできる地図を求めていた。会話のなかで、彼は私にそれを手伝ってほしいとはっきりと求めていたのである。父、そして現在私が行っている調査を利用すれば、私が彼にそのような地図を与えることができると彼が思っていたことは確かだ。実際に、そのような地図は入手可能だ。見込み客の行動パターンや経済的な経験を検証することで、彼は自分が潜在的なとなりの億万長者と取引ができるかどうか分かるだろう。

だが、ジャック氏が分かっていないことは、たとえ彼が発展途上の億万長者を見つけたとしても、彼らがジャック氏の売り物に関心を抱く可能性はほとんどない、ということだ。テクノロジーのおかげで、彼らは金融商品の抜け目ない消費者となっており、DIYタイプであろうが、プロの支援を求めていようが、たいていは低コストで高品質なものを要求する。そして、現在、金融のプロを利用したいと考えている人たちには、かつては信託の世界だけのものだった受託者としての宣誓のもと、顧問料だけで働く新世代のファイナンシャルプランナーなど、数多くの選択肢がある。ジャック氏は、このような環境で、自力でとなりの億万長者になろうとしている人々に自分の価値をはっきりと示さなければならない。

ジャック氏のビジネスの問題点は、金融のプロと直接仕事をすることの最も価値のあること、つまりあらゆる経済問題にかかわる行動に対する助言が含まれていないことだ。ジャック氏は、自分の顧客が経済や投資に関する判断に自信が持てるようになるために深く関与することには関心がないからである。

だが、今日ファイナンシャルアドバイザーが提供できる本当の価値は、顧客が蓄財劣等層から蓄財優等層へと進化を遂げる手伝いをすることにある。これはポートフォリオの中身を変えることよりも、経済にまつわる行動を変えることで生まれるのである。

それゆえ、ジャック氏にとっては不幸なことに、彼が分かっていようといまいと、彼が本当に探しているのは、自分をとなりの億万長者だと信じ、それでもあらゆる消費財に過大な価格を支払い、収入と富とを同一視し、そしてお金持ちになることを期待して消費をする偽富裕層の顧客なのである。彼に最もふさわしい顧客は、行動の変化や内省といったことに耳を貸す気のない人である。彼らはジャック氏が市場に打ち勝つことを期待する。ジャック氏の理想の顧客はこのような人々であり、彼らはジャック氏と働けることを光栄に感じ、投資関連の取引に喜んで追加手数料を支払うことであろう。

となりの億万長者に選ばれる

となりの億万長者候補を探すジャック氏の取り組みと、顧問料制のファイナンシャルアドバイザーで信任行為基準のもと働くジェンキンス夫人とを比較してみよう。彼女のアドバイスや忠告は顧客の利害を最大化するものでなければならず、特定の商品を通じて手数料を受け取る

蓄財再訪

あらゆるテクノロジーの発展を考えると、金融サービス業界の流行は経済のプロたちが富裕層や発展途上の富裕層からフルスケール（または適度に大きな規模）で委託を受けることではない。興味深いのは、消費財には夢中になるのに、投資や引退後の計画については無視する傾向にある人がいることだ。父はこの問題を二〇一四年に取り上げている。

富を築くためには……ひとたび高額所得者層（一〇万ドル以上）に入ってしまえば、さらにいくら稼ぐかよりも、すでに稼いだお金をどうするかのほうが重要となる。定義上、資産型（BS）富裕層とは純資産の額が上位二五％に入る人たちである。資産型（BS）富裕層は余裕資金を消費ではなく、投資に向ける傾向がある。資産型（BS）富裕層は投資に関する調査や計画に年に平均一〇〇時間を費やす。彼らと対極にある収入型（IS）富裕層、つまり富の分布で下位二五％に属する人たちはそのような活動に年五〇時間ほどしかかけない。面白いのは、研究や計画にかける時間と純資産との間には明白な相関関係があるということだ。私の研究では、資産型（BS）

富裕層は収入型（ＩＳ）富裕層の六～一〇倍の純資産を有していることが分かる。また、資産型（ＢＳ）富裕層はそのような時間をより効率的に用いるためにプロのアドバイスを求め、自分たちが重要な判断を下す手伝いをさせようとする。彼らはたいてい、弁護士、会計士、証券マン、銀行家（信託担当者）からなるアドバイザーのチームを召集し、優れたアドバイスには喜んで多くの手数料を支払う。
贅沢品の購買意欲と、投資アドバイスを受ける意欲との間に逆相関の関係があることとは何とも皮肉なことである。収入型（ＩＳ）富裕層は車やボートや住宅に多額のお金をかけ、投資アドバイスにはけちる傾向にある。しかし、資産型（ＢＳ）富裕層は贅沢品を節約し、優れた法的アドバイスやファイナンシャルアドバイスに対しては多額のお金を喜んで支払うのである。

可能性がある結果として、利害が衝突することは許されない。つまるところ、ジャック氏が商品を売っている一方、ジェンキンス夫人はターゲットとする市場に対して自分は顧客が長期的に成功するチャンスを高めるために彼らとの仕事に集中していることを示している。となりの億万長者に何かを売りつけるのではなく、アドバイザーとして信頼されるか、そして投資に関する顧客の判断や行動をより良い方向に導いているかによって彼女の成功は測られる。彼女は自分が顧客のためにできることとできないこと、そして自分が助けることができる人とできない人とを明言している。彼女の透明性が富に関する知識を増やし、また規律を高めるというときに大変な努力を必要とすることに取り組みたいと考えている人たちを見つけ、魅了する一助となっている。彼女は自分の専門性や方法論を説明するブログや記事を通じて顧客候補と閲覧者を教育しているのである。彼女は自分の顧客が抜け目ない投資家になるように指導しているのである。この価値あるサービスを求めて、となりの億万長者タイプの人々は彼女を探し出すことになる。

彼女のブランディング（「市場に打ち勝ちたいのであれば、私は役に立てません」）から、アドバイス料を顧客に請求する方法までのすべてが、彼女が顧客に取り入れてほしい行動を浮き彫りにしている。ジェンキンス夫人の成功は、自分がどのように顧客が富の軌道を改善する手伝いをできるかに基づいている。対照的に、ジャック氏は何も知らないターゲットに売りつけたコストの高い投資信託から受け取る手数料の小切手が自分の成功だと考えている。

次なるとなりの億万長者を引きつける金融のプロは、富を築くためには車やアクセサリーや仕事の肩書きではなく、特定の行動が必要だということを認識している。蓄財という長期的なゲームで成功したいと思っている人たちは、自分たちをどちらかと言えば経済的成功という長期的なゲームのコーチだとみなしているアドバイザーを探し出すことになる。

金融商品を売る

一九九六年当時、あらゆる金融のプロが重点的に取り組んでいたのは、ジャック氏のようなファンドマネジャーの手口と同じであり、顧客の代わりに有価証券を売買することであり、その一方でその取引によって多額の手数料を手にすることができたのだ。おそらく、資産管理会社はリバランスやタックス・ロス・ハーベスティングを提言したり、顧客や投資家を利するようなその他戦略的判断を下していたのであろう。一九八〇年代、一九九〇年代の億万長者たちは自分の代わりに取引ができるだれかを必要としていたのだ。

『となりの億万長者』を出版してからまもなく、オンライン取引によって投資家は新たなトレードの世界を利用できるようになった。善かれあしかれ、だれもが思いつきで直接売買できるようになった。投資家はもはや望まないのであれば、株式ブローカーとやり取りする必要がなくなったのである。

だが、あらゆる仕事と同じように、成功する運用会社はその取り組みでの成功を可能とする特定のスキルや能力やその他コンピテンシーを有している。たいていの場合、それは投資の研究（例えば、企業それ自体や業界、市場を集中的に研究すること）に充てた時間と労力に関係しているのだ。一九九〇年代の運用会社と同じように、「銘柄選択」で成功できるのはたった七％にすぎないと考えられている。

これはとなりの億万長者にとって何を意味するのだろうか。自力で成功し、自立しているアメリカ人にとって何を意味するのだろうか。一九九六年、富を管理するためのアドバイスを得るには信託銀行に行く必要があった。当時はそこに信任行為基準（主に営業で手数料を稼ぐ人たちに関係する適合性基準の対語として）の下で活動する人々がいたのである。今日、金融サービスの世界では副次的産業に至るまですべてが信任行為基準を順守しており、収入や富の水準という点では以前よりもはるかに広範な階層の人々がそれらのサービスを利用できるようになっている。利用者側の利害を最優先にして活動する人々が存在するのだ。

金融サービスの世界に対する認識

二〇〇二年、アメリカン大学とワシントン州立大学の研究者は自分たちの研究論文をまとめるにあたり、投資をしたいと望んでいる人々に投資にまつわる典型的な誤りを回避する方法について助言を行っている。[31] そこには、経済的独立を求める人たちにとってはすでに明白である行動も含まれていた。

●投資におけるバイアスを理解すること。億万長者が伝えてくれたバイアスや行動の多くは一般的な投資におけるバイアスのカテゴリーに入る。

●投資目的、そして投資における制約を明らかにすること。つまり、目標は何か、リスクがあることを前提に、どうすればそれを達成できるか。
●定量的な意思決定の指針を作成すること……指針が感情を排除する。
●投資対象を分散すること。
●投資対象を見直し、必要に応じて再分配すること。

今日、この提言の多くをテクノロジーを通じて達成することができる。言い換えれば、自動化された投資サービス（別名ロボアドバイザー）を通じて投資を行ったあとは投資をしたことを忘れてしまえば、感情面の多くを投資プロセスから排除することができる。投資関連の目標に基づいて分散や再分配も可能となるし、アルゴリズムを用いることでさまざまな意思決定から感情を排除することもできる。

そうであれば、なぜ個人投資家はアドバイザーを必要とするのだろうか。われわれは、伝統的に「株式ブローカー」、つまり投資商品を売りつける人々と考えられているものから、資産運用や具体的なファイナンシャルプランニングに従事する人々へのシフトを見続けている。

本書や父の以前の著作で発表されたデータや研究結果と軌を一にしていることだが、父は、ファイナンシャルアドバイスはポートフォリオ管理から行動管理の方向にさらに進むのではないかと考えていた。「バンガード効果」のおかげで資産運用はコモディティ化の過程にある。

結局のところ、コンピューターの前で数時間過ごし、年に一〇ベーシスポイントのコストを支払うことで、豊富な資金を抱える大学の寄付基金の九〇％以上を上回るリターンを得られるのであれば、どうして少ない利益に高いお金を支払うのだろうか。だが、行動管理の分野において個人は大きな利益を得ることができることをわれわれのデータが示している。数十年にわたり、われわれの行動面に関するデータに対して「当ったり前だろ」という反応を示す人々にたくさん出会ってきた（このグループに属する人々にとっても、われわれの研究は価値のあるものであった。なぜなら、彼らの周りにはそれを理解できない人が存在しており、このデータは質素なライフスタイルを支持する彼らの主張に同調する公平な第三者となるからである）。だが、われわれが読者から受け取ったフィードバックの多くは、これら行動面に関する見解はまさに「ピンときた」瞬間であったとするものであった。そのような人々のなかには、即座に自分の行動を改め、蓄財優等層の道に進むことができたという話を伝えてくれた人もいた。だが、ほとんどの人たちはそのプロセスを容易に実行できず、長年にわたる正反対の習慣を乗り越えるには大変な労力が必要であったと説明していた。まさに、多くのケースにおいてこの旅路を支え、案内してくれる人が求められていたのである。

ファイナンシャルアドバイザーは顧客たちと「非財務」の問題について議論する時間が増えていることをわれわれのデータが示している。ハイテクのプラットフォーム（ロボアドバイザー）はポートフォリオの選択やリバランス、タックス・ロス・ハーベスティングなどの分野で純粋な技術的サポートを求める市場に浸透を続けているが、行動管理やコーチングは人間が直に行うファイナンシャルアドバイスが生き残り、繁栄する最後にして最良の分野かもしれない。

残念ながら、すべてのアドバイザーが顧客の最善の利益に焦点を当てているわけではない。アメリカの大手金融サービス会社の一社でアドバイザーとして働く六〇歳のデニス・Ｐ氏は「私は自信を失った顧客を望んでいる」と述べている。彼はフルサービス、全額手数料のブローカー・ディーラー型でファイナンシャルアドバイスを提供している。彼の顧客は、自分の投資や投資関連のアドバイスを提供する人の調査に手間をかける時間のほとんどない「新たな」企業幹部タイプの、高収入で、ステータスを求める専門職の人が多い。彼らは人気株の情報やゲームのような投資戦略を「楽しんでいる」のだ。彼らは自分の投資対象を管理する時間がほとんどなく、投資というゲームにはまっている傾向にあり、また最新の流行株を求め、そして名の通った金融サービス会社を利用することを楽しんでいる。「私はＸ（有名証券会社の名前を入れよう）と仕事をしている」と軽々しく発言し、ほかの同じように時間のない収入型（ＩＳ）富裕層の成り上がりたちとリラックスした時間を過ごすわけだ。この便利な特権のコストは、Ｐ氏が毎年ほとんど何もしないで管理している資産のなんと二％にもなるのだ。おそらく、わがジャック氏には異なる戦略が必要であろう。つまり、このグループをターゲットとする戦略だ。

幹部クラスのリーダーが彼の顧客の大部分かもしれないが、Ｐ氏の顧客にはまた投資に関して自尊心や自己効力感を失った人たちも存在する。このアドバイザーは、顧客が自分の助言や専門知識に完全に頼ることを望んでいる。実際に、われわれは同じように考えている専門的なサービス提供者（弁護士や医師など）に出会ってきた。つまり、自分たちはプロよりも知識が豊富だと思っている顧客こそが本当の頭痛の種となる（またわれわれにそう語った）のだ。だが、ファイナンシャルアドバイザーが自信を失くした顧客を探し出し、彼らを利用して口座にある資産で回転売買をしたり、コストの高い不必要な金融商品を売りつけようとするかぎり、業界全体がＰＲで大きな問題を抱えているのも当然である。

規制とファイナンシャルプランナーに関する大衆文化の変化の波によって信任行為基準、つまり顧客の最善の利害のためだけに助言を行うアドバイザーがゆっくりとではあるが受け入れられるようになっている。「節約の指導」に関して『となりの億万長者』で議論したとおり、アドバイザーが受託者としての宣誓にサインをしなければ、億万長者が警戒することは今日ではだれもが知るところである。

経済的に成功するためには信頼に足るアドバイザーからなる適切なチームを選ぶ必要があるとわれわれは考えているし、過去の調査もそれを支持している。多くの億万長者が、ほかの専門家たち（ＣＰＡ［公認会計士］やファイナンシャルプランナー）を彼らの専門分野に集中させることで、自分たちは自らの専門分野（例えば、事業の経営）に集中できるようにしたいと言っている。それを念頭に、となりの億万長者を目指す人は、財務管理のために雇うプロの専

ファイナンシャルアナリストに耳を傾けるべきか

富を蓄積することに成功する人々は自分が受け取る財務関連情報の質、そして何が頼りになるかを評価することに長けており、「プロ」の肩書きを持つ人のアドバイスを無闇に受け入れることはしない。次に、父が二〇一一年に書いたファイナンシャルアナリストに関する一節を紹介する。

高収入の職業の上位二〇〇位のうち、ファイナンシャルアナリストは常に二〇万ドル以上の実年収を得る上位一〇位のなかに入っている。だが、彼らは裕福だろうか。その多くは裕福である。ファイナンシャルアナリストは、一〇〇万ドル以上の投資資金を持つ人の割合で第一位にランクされた。だが、アナリストの話を聞くにあたってはよく見極めなければならない。というのも彼らのすべてが素晴らしいトラックレコードを持っているわけではないのだ。そして、すべての人たちが収入を富へと転換することに秀でているわけではない。私の推定では、彼らはこの点については一一六位にランクされる。これは一〇〇人の億万長者を生み出すためには一五四人の高収入のアナリストが必要になる計算だ。

二〇一一年のUSAトゥデーの記事に、テキサスA&M大学のファイナンスの教授であるエドワード・スワンソンの投資アナリストの推奨を分析した研究が引用されていた。この研究はまずジ・アカウンティング・レビュー誌で発表されたものである。論文にはこうあった。「……アナリストと空売り筋からの情報を組み合わせると、銘柄選択のパフォーマンスが大きく向上した……具体的には、アナリストが『売り』推奨をしているが、空売り残が極めて少ない銘柄を買い、アナリストが『買い』推奨をしている一方で空売り残が多い銘柄を売るのである[32]」

「空売り残が多い」とはどういうことだろうか。洗練された投資家が株式が下落することに多くのお金を賭けている、ということだ。

これがアナリストのリサーチ（または正直さやインテグリティかもしれない）に高い評価をしていないことは明白だ。そして、空売り筋、さらに言えば、彼らの発言ではなく行動を大いに信用しているのである[33]。

公正を期して言えば、素晴らしい打率を誇るファイナンシャルアナリストもいる。彼らの多くは毎年ウォール・ストリート・ジャーナルがまとめるトップアナリストで紹介されている。賢明なる投資家になるためには、入手可能なさまざまな情報源の信頼性を見極めることだ。

門家を評価するにあたって何を求めるべきなのだろうか。次に、答えるべき最も基本的な疑問を挙げていく。

一．具体的には自分は何にお金を払おうとしているのか

本当は必要のない金融商品（必要であるなら、自分でもっと安く買えたはず）を買うという特権のために「株式ブローカー」に多くの手数料を支払うという日々は終わりを告げた。金融サービス業界、そして一般大衆はそのことをまだ分かっていない。巨額の利益を生むこの業界がゆっくりと死を迎えるまでには数年か数十年かかるかもしれないが、すでに進行中であるのは確かだ。顧客の資金を金融商品に投じることで手数料（または金融商品を組成した大企業からの何らかのキックバック）を得ることのない、いわゆる「顧問料制」のファイナンシャルアドバイザーは少数であるが、ここ何年間か業界内で着実に成長している分野であり、蓄財優等層はこれが金融アドバイザリーサービスに対して支払う唯一の方法であることを理解している。「顧問料」は「預かり資産（専門用語で「ＡＵＭ」）」に対する割合となるか、あらかじめ分かりやすいストレートな方法として月間か、年間当たりの「顧問料」か「定額料金」となる。

二．どのような価値を手にできるのか

ファイナンシャルアドバイザーがもたらす価値は、たとえ目に見えないにしても容易に確か

められるべきである。ここ何年間か、バンガードがアドバイザーズ・アルファと銘打った研究を行っているが、これはプロのファイナンシャルアドバイザーがもたらした追加的な価値を分類し、定量化するものである。バンガードの研究では、ポートフォリオのリバランス、ポートフォリオ構築、そして投資行動の改善（例えば、高値で買い、安値で売るようなことはしない）などの効果に基づき、ポートフォリオに三％ほどの追加リターンがあると計算されている。だが、この研究ではすでに蓄えられ投資されている資金に関してプロのファイナンシャルアドバイザーから得られる利益だけを数値化している。プロのファイナンシャル・アドバイザリー・サービスのおかげで蓄えられる（最終的に投資される）追加資金についてはどうだろうか。データポインツを通じて行った市場調査では、自分の蓄財行動を改善できる個人は改善できない人たちよりも一四三％も大きな年間貯蓄率（一七％と七％）を達成できていることが示されている（注意！　このような効果は自力、またはプロのファイナンシャルアドバイザーの助力を通じて財務行動を改善することで達成される）。言い換えれば、質素倹約、社会的無関心、責任といった分野において成功する蓄財行動を一貫して実行する人は、それができない人たちよりも毎年、平均一四三％多く貯蓄するということだ。もしファイナンシャルアドバイザーが年間の貯蓄率をこの半分だけでも引き上げることに役立つとしたら、非常に貴重な存在となるであろう。

三．自分の最良の利害のために活動するのか（すなわち、信用できるのか）

これはすべてのプロのサービスとの関係において最初に問われるべき質問であり、ファイナンシャルアドバイザーについても同じである。われわれはいつも、自分たちが一緒に仕事をし、助言を求めている人々に対してこの点を評価しようとしているが、自分のお金を管理することにおいては非常に重要である。ここ数十年、「ファイナンシャルアドバイザー」は金融商品を売ることで手数料を受け取る「株式ブローカー」モデルで仕事をしてきたので、この質問に答えることは難しかった。だが、前述の顧問料制のファイナンシャルアドバイザーは通常、常に顧客の最良の利害に基づき行動することが求められる「信任行為基準」――弁護士が州の弁護士規定に基づき活動するのと同じ――の下で仕事をしている（これは、新たに規制が発表された分野の一つであり、むしろこれまで規則となっていなかったことが考えられない）。

助言はファイナンス分野にとどまらない

われわれの経済的責任や行動は人生のほかの要素と絡み合っている。それが一因となって個人と仕事をするにあたって、ホリスティックなアプローチに焦点を当てている金融サービス業界の人たちが成功することになる。先に議論したとおり、われわれの今後の人生に影響を与えるその他すべての特徴、経験、判断、家族関係が財務管理を行う人の取り組む対象となる。金

今でも彼らを異なる存在としているのは何か

ウォール街が好景気に沸いている間は、近所の高級小売業も順調である。父が数年前にブログに記した次の一節でそれが理解できよう。

二〇一二年に放送されたマッド・マネーで、ジム・クレイマーは富裕層を対象としている幾つかの小売業者の分析を行った。その一つがティファニーであった。クレイマーは、企業の株式は当然ながらその売り上げや最終的な利益と高い相関関係にあることを示した。さらに、この高級小売り業者の業績は、金融商品、金融サービス、それらを販売する企業の業績と高い相関関係にあると考えた。平たく言えば、ウォール街の連中が多額のボーナスを手にすると、ティファニーが販売している商品に大金を投じる、ということだ。

私のデータによれば、金融商品や金融サービスを扱っている人たちは、資産型（BS）富裕層タイプではなく収入型（IS）富裕層の一種である可能性が高い。この集団に属する消費者の収入が多いときは、彼らの活発な消費習慣を詳細に報じる一連の新聞記事を見つける可能性が高い。反対に、給料が減少すると人目を引く消費も減少し、高級小売業者はその将来を心配することになる。ニューヨーク・タイムズの記事でケビン・ルーズは次のように述べた。「……ニューヨークの証券会社の利益は……二〇一〇年の二七六億ドルから大幅に減少し、二〇一一年には一三五億ドルであった……ウォール街の給与が減ることに危機感を感じた……高級品を扱うお店は……ニューヨークで苦しむことになる」[34]。これがティファニーの売り上げにどのような影響を及ぼすだろうか。答えは分かるであろう。

収入型（ＩＳ）富裕層。彼らは収入が大幅に増えると、ハイパー消費モードに突入しがちである。ウォール街の富裕層とほかのグループとを比較してみよう。近年、この国の農業従事者の収入は大幅に増えた。「……アメリカの農業従事者の純利益は前年から二四％増大し、二〇一一年には九八一億ドルを記録した」。農業従事者のほとんどが資産型（ＢＳ）富裕層タイプである。彼らは、棚ぼた式の利益を高価なダイヤモンドや銀ではなく、設備の改善や優良銘柄や債券などに配分する傾向にある。新品のサイロやトラクターこそが農業国ではステータスシンボルなのだ。ウォール・ストリート・ジャーナルが報じているように、「……ジョン・ディアの株式とブッシェル当たりのトウモロコシ価格とにははっきりした関係がある……農業の収入が多いとき、農業従事者はディアの緑と黄色の大きな機械（トラクターなどだ）に積極的に投資することになる」[35]。

『〝ふつうの億万長者〟徹底リサーチが明かす　お金が〝いやでも貯まる〟5つの「生活」習慣』で、私は農業従事者を取り上げ、収入を富へと転換する彼らの生産性について記した。彼らはアメリカの高収入の職業上位二〇〇のうち、この点では第八位にランクされる。その他のグループ、投資サービスの提供者などはどうだろうか。ここでは、同じセグメントにある高額所得者のうち億万長者となる人の割合を判断基準としている。彼らのランキングは農業従事者よりもはるかに低く、高収入の医師と弁護士の間に入る。だが、高収入（二〇万ドル以上）を得ている割合においては、上位一〇位にランクされるのだ。

融サービス業界にとって、これは何を意味するのだろうか。財務計画、心理学、カウンセリング、そして生活設計を組み合わせた専門性が必要となるのである。

家族、健康、結婚生活の問題だけでなく厄介事の原因や宗教なども、ファイナンシャルアドバイザーが顧客たちと取り組む非財務問題に含まれる。数年前に行われたアドバイザーに関する大規模な研究で、指導者としてのファイナンシャルアドバイザーの進化する役割について多くの情報がもたらされた[36]。ファイナンシャル・プランニング・アソシエーションやサーティファイド・ファイナンシャル・プランナー・ボード・オブ・スタンダーズに加盟するおよそ一四〇〇人のアドバイザーが参加した調査では、アドバイザーが直面した非財務問題に関連する話題や課題や緊急事態が取り上げられた。アドバイザーの九〇％近くが非財務問題に関する指導やカウンセリングに取り組んだことがあると答えており、アドバイザーが顧客と接触したうちの二五％は非財務問題に関連したことが理由であった。調査に参加した人の四分の三がそれらにかかわる時間が過去五年間で増えていると判断している。議論の対象となった非財務問題をいくつか挙げると次のとおりとなる。

- 個人的な人生の目標（六四％）
- 身体的健康（五二％）
- キャリアに関する問題（五〇％）

家族や友人の死、子供たちとの不和や意見の相違、そして夫婦間の問題も議論の対象として上位に挙げられていた。費やされた時間という点では、個人的な人生の目標、顧客のキャリアまたは職業、そして身体的健康に最も時間を割かれたとアドバイザーたちは答えている。

取引を主眼としたものから関係性を主眼としたものへ[37]、営業ベースのアドバイスからホリスティックな取り組みへとファイナンシャルアドバイスのサービスが変化したことで、今日学者や実務家たちが用いている財務コーチとカウンセラーとアドバイザーの区別があいまいになっている。このように境界線があいまいになることで、顧客の厚生に焦点を当てているアドバイザーにはこの分野で専門性を築き、潜在的顧客に提供するサービスについて意見を交換するチャンスが生まれている。

以下の論文の著者は次のように結論している。

離婚、家庭内の不和、自殺、薬物、メンタルヘルス、宗教やスピリチュアル、病気、そして死、これらは聖職者やソーシャルワーカーや心理学者や医師によって管理されるべき問題のようにも思える。だが、ファイナンシャルプランナーがこれらの問題に直面することが多いことがわれわれの調査で明らかとなった。会計や税務やファイナンスや投資で上級学位を持つことはファイナンシャルプランナーの役に立つであろうが、十分ではなくなりそうだ。ファイナンシャルプランニングを顧客が個人的な人生の目標を達成する手助けをするためのものとするかぎり、コーチングや人生設計のスキルもファイナンシャルプランナーにとって必須のスキルとなるであろう。[38]

この種の問題は、ジャック氏やP氏にはお手上げである。だが、財務管理と生活管理の織り混ぜられた特性を無視することは時代遅れとなりつつある。長期的にはジェンキンス夫人のアプローチが勝利を収めることであろう。

知識に投資する

最近のサンプルとなった億万長者のうち、投資アドバイザーを非常に頼りにしている人は三分の一に満たなかった。これらの経済的に成功した人々はどのように自分の投資を管理しているのだろうか。投資を効率的に管理するために、再生不能な資源である時間を配分することも蓄財の一つである。この時間は知識を蓄えることにも使われるのだ。

投資の能力は、先天的なものよりも後天的に会得したものに依存する。その複雑さや求められる知識には、われわれのほとんどが自宅では受けることのない指導やレッスンが必要となる。例えば、マス富裕層に属する投資家に関するわれわれの研究の一つでは、両親が投資の仕方を教えてくれたとしたのは五分の一に満たず、一方で五五％以上が両親は将来のために貯蓄をすることの重要性を教えてくれたと答えている。[39] アラスカの億万長者の一人（石油採掘に従事するエンジニア）がわれわれに次のように説明してくれた。「若いうちに投資について学んでおけばよかったと思います。私の両親はまったく理解していませんでしたが、彼らの長期計画は年金と趣味程度の農場経営だったのだろうと思います……一九九〇年代初頭に原油価格が暴落したとき、それに合わせてアラスカの不動産価値も下落し、われわれは純資産のすべてを失ってしまいました。われわれにとっては厳しい時期でしたが、その経験は今日の投資と資産運用に大きな影響を与えています。今日われわれが手にしているすべてはそのときから増え続けているのです」

われわれの最近のサンプルとなった億万長者の投資家のほとんどが、投資にかなりの時間を割いているとした一方で、蓄財を基準に分類したグループごとに一貫したパターンを見ることができる。具体的には、蓄財優等層（ＰＡＷｓ）は蓄財劣等層（ＵＡＷｓ）よりも投資の研究や将来の投資判断のための計画に一貫して多くの時間をかけているが、この二つのグループの差は一九九六年以降減少している。一九九六年のデータでは、蓄財劣等層が将来の投資判断のための研究や計画にかける時間は蓄財優等層の五五％であった。二〇一六年のデータでは、蓄財劣等層は蓄財優等層がかける時間の七七％近くを費やしている。この変化の理由ははっきりしないが、少なくとも良質な投資関連のニュースや解説がオンラインで入手できるようになったことが要因ではないかと思っている。一九九六年にこのような客観的な情報を入手しようと思えば、プライベートなニュースレターやバロンズなどの定期刊行物を購読（たいてい高価である）する必要があった。二〇一六年、そのような情報源もいまだ利用可能（ただし有料）であるが、ウェブサイトやブログやポッドキャストなどの形で質の高い情報を無料で得ることもできる。それゆえ、投資はインデックスファンドの繁栄や手数料の劇的な低下だけでなく、無料コンテンツや情報の拡散を通じて民主化されているのである。

投資の管理や将来投資関連の判断を下すための計画にかけた時間は、年齢や収入にかかわらず、純資産と正の関係にある。それなら、経済的に成功している人たち、つまり収入を富へと転換することに成功している人たちが、蓄財劣等層よりも投資の研究に充てる時間が多いのも何も不思議ではなかろう。

結論

「自分を信じなさい。自分の能力を信頼しなさい。自分の力に対して控えめだが、適度な自信がないかぎり、成功も幸せもない」――ノーマン・ビンセント・ピール

次なるとなりの億万長者となる人のための脚本があるとすれば、それは特定の居住地でも、特定の自動車の運転席でも見つからないし、特定の腕時計やポートフォリオを手に入れても見つからないであろう。次なるとなりの億万長者を見いだす一助となる公式は、われわれの日々の暮らしを作り上げている、富に関連する行動や経験のパターンのなかにある。

ただ単に人口統計に従って自分の進路を定めたくないならば、来る日も来る日も自分の行動に頼らなければならなくなるであろう。それゆえ、自力で億万長者となった人たちは裕福なのだ。彼らは自分たちの時間、エネルギー、お金を富を築き上げられるように配分する。つまり、

彼らはプロの消費者の世界において規律ある貯蓄者であり、消費者であり、投資家なのだ。そして、彼らは自分の強み、市場や経済、そして将来つまずきかねない目の前の状況とを把握しているのである。

今日、そして将来、とりわけ大きな収入や思いがけず手にする大金なしで富を築きたいと思う多くの人たちは、ライフスタイルと行動の双方を変える必要がある。だが、われわれの多くがそれを進んでやろうとしない。そして、われわれは何かに一生懸命取り組まなければならないことが苦手なので、自力で経済的に自立する方法などないと断言する人も出てくるのだ。

消費者の購買行動や投資や住宅購入やほかの経済的懸念のいずれに目を向けても、収入を富へと転換することが上手な人たちが終始コントラリアンであることを何年にもわたって、私は目にしてきた。彼らは周りの人たちが期待するような考え方や行動は取らず、また一般とは確実に異なる考え方や行動を取る。富を築くことに秀で、また経済的に成功したいと思う人たちは伝統的な教育やキャリアや投資には見切りをつけなければならないかもしれない。われわれの人生やライフスタイルは両親のそれとはまったく異なるものに見えるかもしれないし、大量消費のなかで育っていればなおさらである。

ジーンズの値段、または避けるべき投資での失敗に関する逸話や調査結果は興味深いものであるし、役に立つものである可能性もあるが、長期的に富を築くことにつながる行動パターンを生み出すには不十分である。第5章で議論したように、自分の経済問題を管理するには、特定の能力や効果的に収入を富へと転換させる一貫した行動パターンが必要となる。一日だけ質素であったり、一度だけ賢く車を買うだけでは不十分で、それらはまったく意味をなさないのである。

富を築くためには、分相応に暮らし、自分の財政判断に自信を持ち、そして自分の世帯の経済的な結果に最終的に責任をとる能力と覚悟が必要となる。そのためには、他人がしていること、他人が乗っている車、他人が着ている服というやむことのない消費を促す砲撃を無視し、自分たちのファイナンシャルライフがどうなっているかを観察することに集中することが求められる。そのためには自らの経済的道筋に意識を持つこと、つまり自分の人生をどのようなものとしたいかに基づいて目標と計画を定め、そしてそれらの目標を達成するための道筋を明確に定める必要がある。バンガードが最近発表した「経済予測」のリポート――おそらくトレーダーが短期的・中期的な取引判断を下す一助となることを目的としたもの――が最終的な結論として、富を築く能力に最も大きな影響を与えるのは貯蓄であると読み手に伝えていたことは興味深い。

自らのお金にまつわる判断に元来自信がなかったり、余暇の一つとしてショッピングが好きであったとしても、そのような行動特性は程度の差こそあれ、先天的なものと後天的なものの組み合わせであることはだれにとっても良いニュースである。今現在どのような状態にあろうとも、自分の経済的行動とライフスタイルは変えることはできる。別な言い方をすれば、

富を築く可能性とは、その人の人生途上で作られるものであって、生まれながらにして備わっているものではない。

これは良いニュースである。われわれの経済的行動はわれわれが属するいかなるグループ、性別などを超越することができるのだ。私たちの過去は私たちの未来をある程度説明できるかもしれないが、これまでに起きたことが必ずしも将来においても起きるわけではなく、より良い経済的道筋に集中し、そのために鍛錬していればなおさらである。成長し、学び、自分たちの経済問題を管理するために必要な知識を獲得したいと思う人たちが多くの資源を無料で手に入れることができる――一九九六年よりもはるかに入手しやすい――のは良いニュースである。有効に活用すれば、最新のテクノロジーは改善への後押しとなる。財務管理に関するわれわれのふるまいは、アメリカ大統領がだれであろうと、自分たちの家族がどこから来たのであろうと、いつでも変えることができる。

では、今日となりの億万長者はどこにいるのか。その形はさまざまであるが、この国がその独特の自由を提供し、事業活動や規律や多大なる努力をしているかぎり、となりの億万長者は健在であり続けるであろう。今後も経済的成功を求める人たちに求められることを以下にまとめる。

満足――富への旅を楽しむ

頑丈なセーフティネットを持っているので、ライフスタイルに関して何も変える必要のない人々についてはどうだろうか。これは二〇一〇年に父が書いたことだが、親からの経済的援助を多く受けている人たちは不運にも富を追い求めるという経験をすることができない。また、それゆえにすべては当たり前のことだと思っているのだ。

確かに、今日、自力で富を築くのは容易なことではない。一九九六年でもそれは同じであった。だが、経済的に独立していたいと思うのであれば、それは可能であるし、必要なことでもある。

富を相続する者たちはどうだろうか。おそらく彼らは何不自由なく暮らしていることであろう。富を相続した人のなかでも、その富で何をするかには大きな違いがあるものだ。身の回りにも「相続優等層」と「相続劣等層」がいることであろう。

富のすべて、または大部分を相続によって得た億万長者を私がどのように分類しているのか。私は彼らが幸運だとは思っていない。実は、彼らは本当の意味では恵まれていないと考えている。彼らは自ら富を築くことで得られる大いなる誇りや満足が得られないのだ。数えきれないほどの億万長者が富への旅路はその目的地よりもはるかに大きな満足感を与えてくれると語っている。彼らは富を築いてきた歴史を振り返ると、常に経済的な目標を定め、そしてそれらを達成したことに大きな満足を得ていたのだ。経済的な成果という文脈では、それはまさに旅であり、往々にして彼らが最大の誇りとする独立の街への旅なのである。

目的地を相続してしまった人たちをうらやむべきではない。経済的独立への旅のほとんどは最初に貯めた一ドルから始まる。今度どんぐりが落ちているのを見かけたら、家に持ち帰って机の上に置いておくとよい。それを見れば、富と同じように最も大きなオークの木でさえも小さなどんぐりから始まることを思い出すであろう。

『となりの億万長者』を読んだことがあるのなら、私が行ったデーブ・ノース博士[1]とのインタビューの抜粋を思い出すかもしれない。デーブは一回目の選考でとなりの億万長者殿堂に選ばれたばかりであった。彼は現在のバランスシートの状態よりも、経済的独立への旅路（彼の純資産は七〇〇万ドルを超える）のほうがはるかに大きな満足と誇りを与えてくれると断言していた。デーブとのインタビューのなかで、彼は富を築き始めた最初のころに自尊心と満足がどのように高められたかを説明してくれた。

「食料品店で働いて得た五〇ドルを最初に貯金したのが一一歳のときだ。それは今でも変わらない……異なるのはゼロの数だけで……ゼロの数は増えたけれども、同じルール、同じ規律で過ごしてきた。私が学校に通っているときは、妻が教えていた。収入は少なかったが……それでもいつも同じルールを持っていた……それは貯めること。それでも貯金していたのだ。元手がなければ投資はできない……まずは貯金をすることだ。投資機会を生かさなければならない……素晴らしいチャンスを生かすためには元手が必要だ……それが私のバックグラウンドの一部である」

経済的に独立するためにデーブのような高給取りの専門家や企業幹部である必要はない。アメリカの億万長者の五人に四人が叩き上げなのだ。『〝ふつうの億万長者〟徹底リサーチが明かす　お金が〝いやでも貯まる〟5つの「生活」習慣』で取り上げた九四四人の億万長者の実に四二％がフルタイムで働き始めた時点では純資産がゼロかマイナスだったのである。うわべの富ではなく、富への旅路から幸せを得ることを学ばなければならない。消費に振り回されるのではなく、自らの人生を支配していることの喜びを感じてほしい。

●収入と富との混同や自力で富を生み出すことへの障害など、富に関する神話を無視すること。
●他人が経済的な振る舞いや行動に与える影響を認識し、お金持ちそうに見えるだけでなく経済的成功にも等しく情熱を注いでいる人たちから学ぶこと。
●消費者としての優れた判断を下し続けること。まずは居住地から始まるが、それが経済的目標の達成に与える影響を理解すること。
●経済に関する強みと弱みを評価し、質素であること、経済的な結果に責任を持つこと、また知識に基づいて自信を持って判断することといった点を改善すること。
●若いころの仕事やキャリアに対する考え方を定め、午前八時から午後六時まで、二五歳から六七歳まで働くといった仕事に対する伝統的な見方を前提としないこと。
●成功する投資行動は学ぶことも改善することもできること、そして長期にわたって蓄えた効率的な投資の果実は人生のより重要な局面で安心を与えてくれることを認識すること。

おそらく二〇年後には、研究者たちが安心で、楽々と収入を富へと転換する秘密の公式や特効薬を見つけることであろう。それが見つかれば、われわれも行動や規律や倹約や資源配分や忍耐強さについて語ることをやめるであろう。そのときまで、経済的成功への道筋を追い求めたいと思う人たちは、目の前に広がる困難で、実りの多い旅路の地図を手元に置いておくことである。

付録Ａ――調査方法について

居住地と事業主としての状態を基準にターゲットを絞る

本書に掲載した表や議論の大半で用いた億万長者に関する研究は二〇一五年四月から二〇一六年一月にかけて行ったものである。この富裕層のサンプルを特定するために、われわれは市販の住所と事業関連のデータベースを利用した。具体的には、過去の研究（例えば『となりの億万長者』〔早川書房〕や『なぜ、この人たちは金持ちになったのか――億万長者が教える成功の秘訣』〔日本経済新聞出版〕の研究）で億万長者の世帯を特定するときに利用したものと同じような方法論を用いている会社を利用したのである。つまり、収入や純資産の多い世帯を見いだすためにジオコーディングに頼ったわけである。われわれはエクスペリアン・モザイク・グループのアメリカン・ロイヤルティーを選択したが、同社はアメリカの人口のおよそ〇・七三％を説明している。[1] このグループはエクスペリアンが定義するアメリカで最も裕福な世帯を説明しており、郵便番号と住所からなるゲオコーディングに基づいている。それから、ＩＲＳの二〇一二年の所得統計[2]を用いて、相続税申告書に基づきすべての州のランク付けを行った。われわれは申告総額を基準に上位七つの州（サンプルの二〇％に相当する、カリフォルニア州、フロリダ州、イリノイ州、ニュージャージー州、ニューヨーク州、ペンシルベニア州、テキサス州）の世帯のアンダーサンプリングを行い、残りの州（サンプルの八〇％）でオーバーサンプリングを行った。億万長者の数が少ない州でオーバーサンプリングを行ったのは、サンプルにより広範なアメリカ人の標本が確実に含まれるようにするためである。

居住地を基準とした世帯のサンプルに加え、会社員や事業主を対象とするために小規模事業主のサブセット、そして会長、オーナー、ＣＥＯ（最高経営責任者）、創業者といった肩書きに基づくサンプルも取り上げた。

全体として、九九四七人の世帯主と一五一六人の小規模事業主を研究の対象とした。

われわれはライフスタイル、人口動態、行動、習慣に関する質問といった検査装置を生み出した。これまでの調査（例えば『となりの億万長者』や『なぜ、この人たちは金持ちになったのか』の研究）で用いられた質問の多くが含まれているが、不動産の購入や投資関連の行動などに関する新しい部分もあった。質問票は紙とオンラインの双方を準備した。ケネソー州立大学のＡ・Ｌ・ブルース・インスティチュート・オブ・パブリック・サービス・アンド・リサーチが調査（発送や回収を含む）を実行し、紙ベースで行った調査のデータ入力も行った。データ収集は複数回にわたって行われた。

●一回目　五〇〇〇人の世帯主に郵便を通じて接触し、一ドルの報酬で調査に答えてくれるよう依頼した。そして、質問票を送付してから三～四週間後にリマインダーを送った。この結果、四六一人が回答し、回答率は九・二%となった。

●二回目　今回のデータ収集では五〇〇人の世帯主からなる二つのサンプルを対象としたが、一つは、①紹介状を送付し、その後で紙面による質問票を送付、もう一つは、②紹介状を送付し、その後手紙でオンラインの調査に答えるよう依頼した。それぞれ奨励金は二ドルである。紙ベースの回答率は一八・二%となり、ウェブベースでは一一・四%となった。この回では、接触した世帯主一〇〇〇人のうち一四八人が調査に参加した。

●三回目　調査票を長短二種に分け、この回の参加者はAまたはBのどちらかをランダムに割り当てられる。今回のデータ収集では三九四七人の世帯主と一五一六人の小規模事業主を対象とし、彼らには紹介状を送付し、その後、二ドルの報酬でオンラインの調査に答えてくれるよう手紙で依頼した。今回の回答率は世帯主（n=二八九）が七・三二%、小規模事業主（n=一〇〇）が六・六%となった。

期限内に寄せられた九九八件の回答はすべて分析に付した。最終的に回答率は九%となった。寄せられた回答のうち一六四件は不完全で、残りは八三四件となった。八三四件のうち、六六九件が億万長者か、デカ億万長者であった。

追加的な研究

『となりの億万長者』やほかの関連作品と同じように、本書では追加のサンプルや研究が取り上げられている箇所がある。追加データの主な情報源の一つをここで説明する。前述の富裕層のサンプルの場合と同じ調査票を用いて、クラウドソーシングのサービス（アマゾンのメカニカルターク）を利用して五二八人の個人を調査した。回答者には参加料として二ドルが支払われた。参加資格は、最低二万五〇〇〇ドルの税引き前所得があり、世帯の経済管理に責任を有する、または協力している二五歳以上の個人とした。この結果、主にマス富裕層のサンプルが出来上がり、平均年齢は三七・九歳で、男性が多く（五三・五％）、収入の中央値は推計で八万七一〇一ドル二一セントとなった。純資産が二〇万ドルを下回るのはサンプルのおよそ半分（四七・七％）で、四四・二％は二〇万～一〇〇万ドルの範囲に純資産が収まった。

行動と経験に関する研究

過去の経験や行動が持つ説明能力に関する研究は二〇一二年から二〇一七年にかけて複数回行った。これらの研究では二つの異なるサンプルを利用し、バイオデータに基づく蓄財の指標の有効性を検証した。アフルエント・マーケット・インスティチュート・リサーチ・パネルの参加者と、主にマス富裕層に属するアメリカ人からなる二つのクラウドソースのサンプルである。この調査の詳細はデータポインツ[3]が公表したビルディング・ウェルス・テクニカル・リポートとザ・ファイナンシャル・ビヘイビアーズ・アンド・ウェルス・ポテンシャル・ホワイト・ペーパー、ならびに学術論文やプレゼンテーションに掲載した。[4]

付録B――個人事業主を収益率に基づいてランキングする（一九九八年と二〇一五年[1]）

	1998年		2015年	
業界	黒字の割合（%）	回答者数	黒字の割合（%）	回答者数
プラスチックとゴム製品			98	3,188
内科医院、心療内科医院	93	21,698	91	37,200
投資銀行家と証券ディーラー	49	2,246	90	12,810
歯科医院	94	91,998	89	77,693
足専門医院	75	6,296	88	7,905
社会援助	83	75,876	87	834,770
株式ブローカー	67	20,839	86	10,176
カイロプラクティック	84	31,285	86	33,912
その他外来診療サービス（外来業務、血液、臓器バンク含む）	―	―	86	35,594
廃棄物処理や環境浄化	69	15,741	85	24,059
病院	―	―	85	9,787
ビル建設	―	―	84	622,635
専門貿易請負業	87	1,789,725	84	2,035,724
建設	86	2,243,044	84	2,696,797
ヘルスケアと社会援助	86	1,506,387	84	2,181,372
書類作成、施工検査、地球物理学的調査	91	50,347	83	44,376
ナーシングホーム	72	48,026	83	81,300
自動車車体工場	79	80,665	83	70,691

	1998年		2015年	
業界	黒字の割合(%)	回答者数	黒字の割合(%)	回答者数
法務事務	83	318,005	83	345,480
事務管理、支援、廃棄物処理サービス	—	—	82	2,471,954
行政支援サービス	83	1,235,496	82	2,447,895
医院（心療内科を除く）	87	170,538	82	179,425
科学研究と開発サービス	53	12,566	82	40,461
倉庫と保管施設	74	3,826	82	8,290
トラック輸送	—	—	82	643,728
通院医療サービス	87	760,492	81	1,255,515
診療所とその他医療従事者	—	—	81	259,314
陸上輸送	—	—	80	655,423
家事手伝い	81	1,208,071	80	2,493,940
心療内科と社会療法士	92	150,205	80	197,753
輸送と倉庫	80	790,262	80	1,619,557
その他会計サービス	83	345,408	80	356,199
その他サービス	81	1,857,237	79	3,512,160
在宅医療サービス	83	93,523	79	386,214
会計事務所	93	48,585	79	46,475
その他建設	82	348,125	78	589,940
組み立て金属製品	75	29,319	78	36,733
試験機関	—	—	78	6,564

	1998年		2015年	
業界	黒字の割合(%)	回答者数	黒字の割合(%)	回答者数
コモディティ取引ブローカーやディーラー	65	7,621	78	3,031
教育サービス	79	292,813	77	855,798
検眼医	98	12,810	77	22,796
その他修繕	85	342,797	77	398,593
宅配と配達人	76	182,092	77	189,460
家具と関連製品	58	31,772	76	23,881
建築事務所	87	70,786	76	102,545
航空と鉄道輸送	61	13,722	76	16,929
広告宣伝と関連サービス	81	86,337	75	144,018
市場調査と世論調査	49	28,111	75	53,368
美術館、史跡、類似施設	－	－	75	8,028
建築、エンジニアリング、関連サービス	84	226,852	75	249,754
自動車整備工	78	306,369	75	360,747
非農業全般	75	17,408,809	74	25,226,245
電気設備、家電、電気部品	71	7,936	74	8,239
専門家、科学技術サービス	78	2,431,374	74	3,486,604
医学研究と臨床検査	83	19,427	74	17,709
宗教団体、認可団体、市民団体、専門家団体等	－	－	74	258,879
自動車工学および電気修理工	77	138,276	74	197,540
その他雑多なサービス	75	454,840	73	775,788
その他専門家、科学技術サービス	76	1,145,409	73	1,932,153
木材製品	44	37,081	73	31,955

	1998年		2015年	
業界	黒字の割合(%)	回答者数	黒字の割合(%)	回答者数
経営、科学、技術コンサルティングサービス	77	563,555	73	918,517
革製品等			72	6,038
コンピューター・システム・デザイン・サービス	74	205,552	72	286,069
鉱業向け支援活動	70	12,818	71	19,300
不動産エージェント、ブローカー、不動産管理士、不動産鑑定士	―	―	71	858,484
その他製造業	―	―	71	66,390
データ処理、ウェブ発行、ネット放送、ウェブ検索ポータルサイト	―	―	71	100,357
エンジニアリングサービス	74	86,090	71	85,798
輸送支援活動（車両牽引含む）			71	90,138
保険代理店やブローカー	77	294,680	70	311,554
薬品製造	―	―	70	15,976
保険代理店、ブローカー、その関連活動	76	387,774	70	422,069
その他自動車整備工（オイル交換、給油、洗車含む）	―	―	70	92,517
農業・林業支援活動	62	121,885	70	106,930
その他保険・金融商品関連の活動	73	93,095	70	110,515
不動産	77	796,471	69	1,167,939
石化製品	―	―	69	1,030
不動産賃貸やリース	―	―	69	1,214,655
金融や保険	73	598,939	68	636,234
コンピューター、電化製品	70	12,937	68	16,891

業界	1998年 黒字の割合(%)	1998年 回答者数	2015年 黒字の割合(%)	2015年 回答者数
林業（フォレストナーサリー、育林含む）	―	―	67	52,006
製造業	67	361,254	67	380,959
動画、音声記録	59	54,643	67	112,826
レストラン（フルサービス、セルフサービス）および飲み屋	―	―	66	427,770
車両運搬具のレンタルとそのリース	80	17,803	66	15,330
自動車とその部品ディーラー	69	131,095	66	132,250
不動産に関するその他活動	79	102,301	66	257,276
水運	98	2,720	66	6,033
情報	65	212,455	66	337,957
機械製品、木製品、金属製品を含む耐久消費財	74	186,195	66	189,507
舞台芸術、観戦スポーツ、関連産業	60	820,312	66	1,346,487
印刷、関連支援活動	77	36,768	66	31,950
公益事業	44	7,147	65	20,235
芸術、エンターテインメント、リクリエーション	61	986,769	65	1,499,737
専門デザインサービス	60	141,563	65	270,473
信用斡旋、その関連活動	76	63,151	65	39,213
有価証券、コモディティ、金融商品投資	64	148,034	65	174,952
宿泊、フードサービス、飲み屋	64	302,777	65	486,163
飲食品店	81	127,853	65	92,538
鉱業	50	119,376	64	134,638
アミューズメント、ギャンブル、リクリエーション産業	67	165,341	64	145,222
重工業、土木	―	―	64	38,439

	1998年		2015年	
業界	黒字の割合(%)	回答者数	黒字の割合(%)	回答者数
石油、ガス抽出			63	109,099
アパレル	61	23,213	63	22,701
総合小売業	73	27,061	63	28,966
出版業（インターネット除く）	70	48,598	62	77,200
卸売業	73	376,581	61	371,148
その他金融投資活動（投資アドバイス）	64	115,889	61	147,617
運搬設備	100	8,092	61	11,931
機械	85	32,967	61	24,012
その他鉱業	―	―	61	6,239
農業、林業、狩猟、漁業	64	288,922	60	269,704
食品製造業			60	54,971
建築資材、園芸用品ディーラー	73	51,639	59	26,585
電子製品、家電販売店	82	39,038	59	13,704
調査サービス（地球物理学的調査除く）	100	15,598	59	10,471
食品、繊維、化学製品などの非耐久財	71	190,386	58	142,190
非金属鉱物製品	88	8,078	58	9,178
放送（インターネット除く）、電気通信、インターネットサービス	―	―	58	47,574
漁業、狩猟	―	―	58	66,144
雑貨小売店	48	453,894	57	618,370
衣料品、アクセサリー店	70	120,917	57	164,182
旅行者用宿泊施設（ホテル、モーテル、ベッド・アンド・ブレックファスト含む）	―	―	56	38,853

業界	1998年		2015年	
	黒字の割合(%)	回答者数	黒字の割合(%)	回答者数
小売業	55	2,349,535	55	2,460,635
ガソリンスタンド	71	37,767	55	16,546
スポーツ用品、ホビーショップ、書店、CDショップ	61	140,232	54	104,898
レンタル、リースサービス	58	75,143	54	45,550
観光交通	40	4,491	54	9,556
電子製品の卸売、代理店、そのブローカー	–	–	53	39,451
宿泊施設	63	56,380	53	58,393
ドラッグストア	44	143,921	53	136,758
家具、家財道具店	78	58,877	52	25,876
無店舗販売	47	1,017,241	52	1,099,962
不動産のリース（小規模倉庫、トランクルーム含む）	–	–	51	52,178
商業用および産業用機械のレンタル、そのリース	–	–	50	15,176
オートキャンプ場	72	14,107	49	9,999
下宿屋	56	11,862	47	9,542
一般製品、消費財レンタル	52	13,620	45	11,906
家電製品レンタル	–	–	38	2,671
織物、繊維工場	94	5,668	35	13,115
家畜生産（犬猫のブリーディング含む）	25	26,188	34	44,625
第一次金属産業	–	–	27	2,781
有価証券、コモディティ取引所	–	1,439	11	1,317

付録C――マス富裕層に属する蓄財優等層が行っている副業の例

指導教官
コピーライター
アナリスト
アシスタント
弁護士
監査人
自動化エンジニア
簿記
ビジネスアナリスト
事業主
事業主兼経営者
事業主／農業経営者
事業主／請負
ビジネスプログラムディレクター
聖職者
コンサルタント
司法行政官
データ入力
デイケア提供者
デジタルマーケティングマネジャー
教育アドバイザー
教育者
エンジニア
起業家

農業従事者
財務アナリスト
財務管理者
食品科学者
フォークリフトの運転手
フリーランサー
医療従事者
高校の歴史の教師
専業主婦
保険代理人
投資家
ＩＴ
ＩＴマネジャー
地主
講師
法務ライター
昼食監督者（学校）
保全管理者
マネジャー
経営者・事業パートナー
中間管理職
看護師
事務長
業務管理者

パラリーガル
人事部員
調剤技師
写真家
物理学者
プログラマー
品質評価部長
品質管理者
不動産業者
レクリエーションリーダー
リクルーター
リサーチプログラムマネジャー
小売り店経営者
引退者
営業・事業開発
営業部長
科学者
自営業・フリーランス
シニア・ヘルスケア・コンサルタント――ＩＴ
小規模事業主
ソフトウェアエンジニア
統計調査コンサルタント
家事専業

学生
監督
システムアドミニストレーター
教師

チームリーダー
テレビニュースの作家
失業者
植生管理

ウェブアドミニストレーター
ウェブ開発者
作家

付録D――となりの億万長者に見られる七つの要素

要素1「収入よりも低い支出で生活している」
要素2「資産形成のために、時間やエネルギーや資金をうまく配分している」
要素3「周りを気にしたり、流行を追うよりも、経済的な独立のほうが重要だと思っている」
要素4「両親からの遺産や相続を受けていない」
要素5「子供は経済的に自立している」
要素6「市場のチャンスをとらえるのがうまい」
要素7「自分に合った職業を選んでいる」

26 The complete list of investing behaviors is available from DataPoints.
27 Bureau of Labor Statistics, 1996.
28 Bureau of Labor Statistics, 2016f. Note that this number differs from Financial Industry Regulatory Authority (2017) estimate of the number of registered representatives, or stockbrokers, in the US.
29 Bodnaruk and Simonov, 2015.
30 Vanguard, 2016.
31 Baker and Nofsinger, 2002.
32 Waggoner, 2011.
33 Ibid.
34 Roose, 2012.
35 Jakab, 2012.
36 Dubofsky and Sussman, 2009.
37 Fallaw, 2016.
38 Dubofsky and Sussman, 2009, 57.
39 Fallaw, 2018b.

結論

1 Stanley and Danko, 1996, 72–93.

付録A——調査方法について

1 Experian, 2014.
2 Internal Revenue Service, 2012.
3 Fallaw, 2016; Fallaw, 2017; Fallaw, 2018a.
4 Grable, Kruger, and Fallaw, 2017; Kruger, Grable, and Fallaw, 2017; Fallaw, Kruger, and Grable, 2018.

付録B——個人事業主を収益率に基づいてランキングする（一九九八年と二〇一五年）

1 Internal Revenue Service, 1998; Internal Revenue Service, 2015. Note rankings are for proprietorships with more than 1,000 returns. Due to changes in categorizations of proprietorships between 1998 and 2015, some direct comparisons cannot be made.

9 Stanley, 2000, 393.
10 Stanley, 2005, 8.
11 *Atlanta Journal-Constitution*, 2014.
12 Stanley and Danko, 1996, 241.
13 Semega, Fontenot, and Kollar, 2017.
14 Bureau of Labor Statistics, 2016b.
15 Stanley, 2014; Stanley, 2011.
16 Stanley and Danko, 1996, 256.
17 Phillips, 2013.
18 Speights, 2017.
19 Hagerty, 2014.
20 Stanley, 2000, 120–21.
21 Geldhof and Lerner, 2015.
22 Richards and Fox, 2010.
23 Ibid, 103.
24 Ibid, 173.

第7章　投資の方法

1 Su, 2016.
2 Financial Industry Regulatory Authority, 2017. Note that this figure is different than that of the Bureau of Labor Statitics (2016).
3 Grable, Lytton, O'Neill, Joo, and Klock, 2006.
4 Buffett, 2017.
5 Lynch, 2012, 86, 140, 185, 190, 191, 227–28, 305.
6 Carlson, 2017.
7 Stanley and Moschis, 1984.
8 Internal Revenue Service, 2017.
9 Barber and Odean, 2011, 36–37.
10 Finke and Huston, 2003.
11 Grable, 2000; Grable and Joo, 2004; Wang, 2009.
12 Mayfield, Perdue, and Wooten, 2008.
13 Fallaw, 2018a.
14 Ibid.
15 Barber and Odean, 2001.
16 Fallaw, 2018a.
17 Sages and Grable, 2010.
18 Grable, 2000.
19 Howlett, Kees, and Kemp, 2008.
20 Hartog, Ferrer-i-Carbonell, and Jonker, 2002.
21 Sages and Grable, 2010.
22 Kruger, Grable, and Fallaw, 2017.
23 Fallaw, 2018a.
24 Barber and Odean, 2001.
25 Corter and Chen, 2006.

9 Fallaw, 2017.
10 Stanley, 2009, 54 (paraphrased).
11 National Center for O*NET Development, 2016.
12 Lehrer, 2011.
13 Zagorsky, 2007.
14 McGrath, 2015.
15 Lusardi and Mitchell, 2011.
16 Ibid.
17 Letkiewicz and Fox, 2014.
18 Rich, 2012.
19 *Atlanta Journal-Constitution*, March 4, 2012.
20 Stanley, 2009, 97.
21 Ibid, 296.
22 Ibid.
23 Stanley, 2000, 107.
24 *Atlanta Journal-Constitution*, March 18, 2012.
25 Judge and Hurst, 2007.
26 Fidelity Investments, 2016.
27 Federal Reserve, 2017b.
28 National Center for Education Statistics, 2018.
29 Hanks, 2015.
30 Schmidt and Hunter, 1998.
31 Stanley, 2000, 83.
32 Cassuto, 2013.
33 Stanley, 2000, 85.
34 O'Connor, 2012.
35 Stanley, 1998.
36 Stanley, 2004.
37 Stanley, 2000, 98.
38 Bureau of Labor Statistics, 2016h. (All data except social media usage)
39 Asano, 2017.
40 University College of London, 2009; Farrell, 2015.
41 Farrell, 2015.
42 Fallaw, 2017.

第6章　仕事に就く

1 Neuharth, 2013.
2 Bureau of Labor Statistics, 2016g.
3 Levanon, Kan, and Li, 2016.
4 Pew Research Center, 2013.
5 Society for Human Resource Management, 2015.
6 Gallup, 2017.
7 CareerBuilder, 2017.
8 Martin, 2014.

26 Godin, 2008.
27 Byron, 2010.
28 Ibid.
29 Inmar, 2014.
30 Cavale, 2018.

第4章　消費する自由

1 Stanley and Danko, 1996, 27.
2 Fallaw, 2017; Fallaw, Kruger, and Grable, 2018.
3 Weinberg, Reagan, and Yankow, 2004.
4 Stanley, 2009, 43.
5 Zhang, Howell, and Howell, 2014.
6 Williams, 2014.
7 Federal Reserve Bulletin, 2017b.
8 Bankrate.com, 2012a.
9 Bankrate.com, 2012b.
10 Bernardo, 2017.
11 Stanley and Danko, 1996, 68.
12 Note: The dollar amounts for 1996 were converted into 2016 dollars using the Bureau of Labor Statistics' CPI Inflation Calculator.
13 Statistic Brain, 2017.
14 Cotton Incorporated, 2013.
15 ShopSmart, 2010; Tuttle, 2011.
16 American Apparel and Footwear Association, 2016.
17 Mesnik, 2017.
18 Stanley, 2000, 289.
19 Snyder, 2011.
20 Sawyers, 2013.
21 Stanley, 2009, 14.
22 Internal Revenue Service, 2017.
23 Stanley and Danko, 1996, 37.

第5章　富を築くための力

1 Bureau of Labor Statistics, 2016c.
2 Fallaw, 2016; Fallaw, 2017; Fallaw, Kruger, and Grable, 2018; Grable, Kruger, and Fallaw, 2017; Kruger, Grable, and Fallaw, 2017.
3 Fallaw, Kruger, and Grable, 2018.
4 Schmidt and Hunter, 1998.
5 Letkiewicz and Fox, 2014.
Fallaw, 2017.
6 Ibid.
7 Chernow, 2018.
8 Bolduc, 2012.

8 Berkowitz, 2013.
9 Sahadi, 2011.
10 Berkowitz, 2011.
11 Kroll, 2012.
12 Fallaw, 2017.
13 Taylor, Klontz, and Lawson, 2017.
14 Trevelyan et al., 2016.
15 Stanley, 2009.
16 Horwitz, 2011.
17 Kroll, 2012.
18 Paletta, 2014.
19 Leonhardt, 2014.
20 Sorkin, 2011.
21 Corrado, 2011.
22 Pew Research Center, 2014.
23 Stanley, 2009. Note in 2016, 80% of millionaires rated hard work as important or very important to their success.

第3章　富に対する影響

1 Global Financial Literacy Excellence Center, 2018.
2 Stokes, Mumford, and Owens, 1989; Snell, Stokes, Sands, and McBride, 1994.
3 Solheim, Zuiker, and Levchenko, 2011.
4 Letkiewicz and Fox, 2014.
5 Ibid.
6 Gatenby, 2000.
7 National Bureau of Economic Research, 2012.
8 Zagorsky, 2005.
9 Stanley, 2000; Yarrow, 2015.
10 Dokko, Li, and Hayes, 2015.
11 Easton, 2012.
12 Stanley, 2000.
13 Internal Revenue Service, 2012.
14 Norton, 2014; Anderson, Kraus, Glainsky, and Keltner, 2012.
15 Mangleburg, Doney, and Bristol, 2004.
16 Lee, 2012.
17 Fallaw, 2017.
18 Bentley, 2010.
19 Stanley, 2009, 21.
20 Bureau of Labor Statistics, 2016e.
21 Stanley, 2013.
22 Stanley and Danko, 1996, 75.
23 Stewart, 2016; Asano, 2017.
24 See, for example, Wang, Yu, and Wei, 2012.
25 Margalit, 2016.

注

まえがき

1 Stanley and Danko, 1996, 3.
2 Federal Reserve, 2015.
3 American Psychological Association, 2015.
4 Fallaw, 2017.

第1章　となりの億万長者は健在なり

1 Mr. Money Moustache, 2013.
2 Rockstarfinance.com, 2018.
3 Stanley and Danko, 2010.
4 World Economic Forum report, 2017.
5 Spectrem Group, 2018.
6 United States Census Bureau, 2017.
7 Congress of the United States Congressional Budget Office, 2016.
8 Federal Reserve, 2017a.
9 Semega, Fontenot, and Kollar, 2017.
10 Federal Reserve, 2017a.
11 Genworth, 2016.
12 United States Census Bureau, 2017.
13 Bureau of Labor Statistics, 2017.
14 Kruger, Grable, and Fallaw, 2017; Fallaw, Kruger, and Grable, 2018.
15 Gatewood & Feild, 1998.
16 Kruger, Grable, and Fallaw, 2017; Fallaw, Kruger, and Grable, 2018.
17 Fallaw, 2017.
18 Cassuto, 2013.
19 Associated Press-NORC Center for Public Affairs Research, 2017.
20 Federal Reserve, 2015.
21 Internal Revenue Service Statistics of Income, 2015.
22 Crowdsourced samples came from research conducted by both the Affluent Market Institute and DataPoints between 2013 and 2017.
23 Pew Research Center, 2017.
24 Shoen, 2015.

第2章　神話を無視する

1 Bureau of Labor Statistics, 2016a.
2 Numbers related to income and net worth in this section are from 2013.
3 Tax Foundation, 2012.
4 Johnson, Raub, and Newcomb, unknown.
5 Muller, 2011.
6 Stanley, 2012.
7 Stanley and Danko, 1996.

University College London. (2009). "How Long Does It Take to Form a Habit?" www.ucl.ac.uk/news/news-articles/0908/09080401.

Vanguard. (2016). "Vanguard's Advisor Alpha." https://www.vanguard.com/pdf/ISGAA.pdf.

Waggoner, J. (2011). "Pit Stock Analysts vs. Short Sellers for Rich Clues." *USA Today*. https://usatoday30.usatoday.com/money/perfi/columnist/waggon/2011-02-18-investing18_st_N.htm.

Wang, A. (2009). "Interplay of investors' financial knowledge and risk taking." *The Journal of Behavioral Finance*, 10(4), 204–213.

Wang, X., Yu, C., and Wei, Y. (2012). "Social Media Peer Communication and Impacts on Purchase Intentions: A Consumer Socialization Framework." *Journal of Interactive Marketing* 26(4), 198–208.

Weinberg, B., Reagan, P. B., Yankow, J. (2004). "Does Neighborhood Affect Hours Worked? Evidence from Longitudinal Data." *Journal of Labor Economics* 22(4), 891–924.

Williams, G. (2014, April 30). "The Hidden Costs of Moving." *US News & World Report*. https://money.usnews.com/money/personal-finance/articles/2014/04/30/the-hidden-costs-of-moving.

World Economic Forum (2017). *We'll Live To 100—How Can We Afford It*. http://www3.weforum.org/docs/WEF_White_Paper_We_Will_Live_to_100.pdf.

Yarrow, A. L. (2015). "Falling Marriage Rates Reveal Economic Fault Lines." *New York Times*. https://www.nytimes.com/2015/02/08/fashion/weddings/falling-marriage-rates-reveal-economic-fault-lines.html?mcubz=0.

Zagorsky, J. L. (2005). "Marriage and Divorce's Impact on Wealth." *Journal of Sociology* 41(4), 406–24.

Zagorsky, J. L. (2007). "Do You Have to Be Smart to Be Rich? The Impact of IQ on Wealth, Income and Financial Distress." *Intelligence* 35(5), 489–501.

Zhang, J., Howell, R. T., and Howell, C. J. (2014). "Living in Wealthy Neighborhoods Increases Material Desires and Maladaptive Consumption." *Journal of Consumer Culture* 16(1), 297–316.

Stanley, T. J. (2005). *Millionaire Women Next Door: The Many Journeys of Successful American Businesswomen*. Kansas City, MO: Andrews McMeel Publishing.
Stanley, T. J. (2009). *Stop Acting Rich: . . . and Start Living Like a Real Millionaire*. Hoboken, NJ: John Wiley & Sons.
Stanley, T. J. (2011, July 26). "One Man's Junk, Another Man's Treasure" [blog post]. www.thomasjstanley.com/2011/07/one-mans-junk-another-mans-treasure/.
Stanley, T. J. (2012, January 31). "Drive Rich or Be Rich" [blog post]. http://www.thomasjstanley.com/2012/01/drive-rich-or-be-rich/.
Stanley, T. J. (2013, November 30). "Wealth? No, Not Yet!" [blog post]. www.thomasjstanley.com/2013/11/wealth-no-not-yet/.
Stanley, T. J. (2014, March 25). "Does Your Chosen Vocation Have Great Market Opportunities?" [blog post]. www.thomasjstanley.com/2014/03/does-your-chosen-vocation-have-great-market-opportunities/.
Stanley, T. J., and Danko, W. D. (1996). *The Millionaire Next Door*. Atlanta, GA: Longstreet Press.
Stanley, T. J., and Moschis, G. P. (1984). "America's Affluent." *American Demographics* 6 (3), 28–33.
Statistic Brain. (2017). Denim Jeans Industry Statistics. https://www.statisticbrain.com/denim-jeans-industry-statistics/.
Stewart, J. B. (2016). "Facebook Has 50 Minutes of Your Time Each Day. It Wants More." *New York Times*. https://www.nytimes.com/2016/05/06/business/facebook-bends-the-rules-of-audience-engagement-to-its-advantage.html.
Stokes, G. S., Mumford, M. D., and Owens, W. A. (1989). "Life History Prototypes in the Study of Human Individuality. *Journal of Personality* 57(2), 509–45.
Su, J. B. (2016, September 28). "The Global Fintech Landscape Reaches Over 1,000 Companies, $105B in Funding, $867B in Value: Report." *Forbes*. https://www.forbes.com/sites/jeanbaptiste/2016/09/28/the-global-fintech-landscape-reaches-over-1000-companies-105b-in-funding-867b-in-value-report/#66689d1326f3.
Tax Foundation. (2012). Fiscal Fact No. 317: *Who Are America's Millionaires*? https://taxfoundation.org/who-are-americas-millionaires/.
Taylor, C. D., Klontz, B., and Lawson, D. (2017). "Money Disorders and Locus of Control: Implications for Assessment and Treatment." *Journal of Financial Therapy* 8(8), 124–37.
Trevelyan, E., Gambino, C., Gryn, T., Larsen, L., Acosta, Y., Grieco, E., Harris, D., and Walters, N. (2016, November). *Characteristics of the U.S. Population by Generational Status: 2013*. United States Census Bureau. https://www.census.gov/content/dam/Census/library/publications/2016/demo/P23-214.pdf.
Tuttle, B. (2011). A Weak Argument: Why Some Jeans Cost $300. *Time*. http://business.time.com/2011/07/08/a-weak-argument-why-some-jeans-cost-300/.
United States Census Bureau. (2016). *State and County Quickfacts*. http://quickfacts.census.gov/qfd/states/00000.html.
United States Census Bureau. (2017). *Wealth and Ownership Data Tables - 2013*. https://www.census.gov/topics/income-poverty/wealth/data/tables.all.html.

Schmidt, F. L., and Hunter, J. E. (1998). "The Validity and Utility of Selection Methods in Personnel Psychology: Practical and Theoretical Implications of 85 Years of Research." *Psychological Bulletin* 124(2), 262–74.

Semega, J. L., Fontenot, K. R., and Kollar, M. A. (2017). Income and Poverty in the United States: 2016. United States Census Bureau. https://www.census.gov/library/publications/2017/demo/p60-259.html.

Shoen, J. W. (2015). "Why Does a College Degree Cost So Much?" CNBC. https://www.cnbc.com/2015/06/16/why-college-costs-are-so-high-and-rising.html.

ShopSmart. (2010). Jeaneology: ShopSmart Poll Finds Women Own 7 Pairs of Jeans, Only Wear 4 [press release]. https://www.prnewswire.com/news-releases/jeaneology-shopsmart-poll-finds-women-own-7-pairs-of-jeans-only-wear-4-98274009.html.

Snell, A. F., Stokes, G. S., Sands, M. M., and McBride, J. R. (1994). "Adolescent Life Experiences as Predictors of Occupational Attainment." *Journal of Applied Psychology*, 79(1), 131.

Snyder, J. (2011, January 10). "Retail Joins Fleet in Driving Growth." *Automotive News*. www.autonews.com/article/20110110/RETAIL01/301109953/retail-joins-fleet-in-driving-growth.

Society for Human Resource Management. (2015). *2015 Employee Job Satisfaction and Engagement: Optimizing Organizational Culture for Success*. https://www.shrm.org/hr-today/trends-and-forecasting/research-and-surveys/pages/job-satisfaction-and-engagement-report-optimizing-organizational-culture-for-success.aspx.

Solheim, C. A., Zuiker, V. S., and Levchenko, P. (2011). "Financial Socialization Family Pathways: Reflections from College Students' Narratives." *Family Science Review* 16(2).

Sorkin, A. R. (2011, August 29). "The Mystery of Steve Jobs's Public Giving." *New York Times*. https://dealbook.nytimes.com/2011/08/29/the-mystery-of-steve-jobss-public-giving/?mtrref=undefined.

Spectrem Group. (2018). New Spectrem Group Market Insights Report Reveals Significant Growth in U.S. Household Wealth in 2017 [press release]. Retrieved from https://spectrem.com/Content/press-release-new-spectrem-group-market-insights-report-reveals-significant-growth-in-US-household-wealth-in-2017.aspx.

Speights, K. (2017, May 21). "Success Rate: What Percentage of Businesses Fail in Their First Year?" *USA Today*. Retrieved March 2, 2018 from https://www.usatoday.com/story/money/business/small-business-central/2017/05/21/what-percentage-of-businesses-fail-in-their-first-year/101260716/.

Stanley, T. J. (1989). *Marketing to the Affluent*. Irwin Professional Publishing.

Stanley, T. J. (1991). *Selling to the Affluent: The Professional's Guide to Closing the Sales That Count*. Irwin Professional Publishing.

Stanley, T. J. (1993). *Networking with the Affluent and Their Advisors*. Irwin Professional Publishing.

Stanley, T. J. (2000). *The Millionaire Mind*. Kansas City, MO: Andrews McMeel Publishing.

Neuharth, A. (2013, March 28). "Neuharth: Best Way to Get Rich Is the Stock Market." *USA Today*. https://www.usatoday.com/story/opinion/2013/03/28/neuharth-best-way-to-get-rich-is-the-stock-market/2029129/.

Norton, M. I. (2013). "All Ranks Are Local: Why Humans Are Both (Painfully) Aware and (Surprisingly) Unaware of Their Lot in Life." *Psychological Inquiry* 24(2), 124–25.

O'Connor, C. (2012, March 7). "Undercover Billionaire: Sara Blakely Joins the Rich List Thanks to Spanx." *Forbes*. https://www.forbes.com/sites/clareoconnor/2012/03/07/undercover-billionaire-sara-blakely-joins-the-rich-list-thanks-to-spanx/#8dfe410d736f.

Paletta, D. (2014). "New Data Muddle Debate on Economic Mobility." *Wall Street Journal*. https://www.wsj.com/articles/new-data-muddle-debate-on-economic-mobility-1390453098.

Pew Research Center. (2013). "The Demographics of Job Satisfaction." www.pewsocialtrends.org/2013/12/11/on-pay-gap-millennial-women-near-parity-for-now/sdt-gender-and-work-12-2013-4-06/.

Pew Research Center. (2014). "Most See Inequality Growing, but Partisans Differ over Solutions." http://assets.pewresearch.org/wp-content/uploads/sites/5/legacy-pdf/1-23-14%20Poverty_Inequality%20Release.pdf.

Pew Research Center. (2017). "Key Trends in Social and Digital News Media." www.pewresearch.org/fact-tank/2017/10/04/key-trends-in-social-and-digital-news-media/.

Phillips, M. M. (2013, April 13). "This Ain't No Bull: Nary a Cowboy Can Ride 'Em These Days." *Wall Street Journal*. https://www.wsj.com/articles/SB10001424127887323916304578400503374361938.

Rich, M. (2012, January 31). "In Atlanta, Housing Woes Reflect Nation's Pain." *New York Times*. http://www.nytimes.com/2012/02/01/business/economy/in-atlanta-housing-woes-reflect-nations-economic-pain.html?ref=motokorich.

Richards, K., and Fox, J. (2010). *Life*. London: Little, Brown and Company.

Rockstarfinance.com (2018). *Rockstar Directory: A Directory of Personal Finance Blogs (and Resources)*. https://directory.rockstarfinance.com/personal-finance-blogs/category/general-finance.

Roose, K. (2012, February 29). "Bonuses Dip on Wall St., but Far Less Than Earnings." *New York Times*. https://dealbook.nytimes.com/2012/02/29/as-bank-profits-plunge-wall-street-bonuses-fall-modestly/.

Sages, R. A., and Grable, J. E. (2010). "Financial Numeracy, Net Worth, and Financial Management Skills: Client Characteristics on Financial Risk Tolerance." *Journal of Financial Service Professionals* 64(6), 57–65.

Sahadi, J. (2011, October 12). "Buffett Made $62,855,038 Last Year." CNN Money. http://money.cnn.com/2011/10/12/news/economy/buffett_taxes_2010/index.htm.

Sawyers, A. (2013, September 23). "Leases Buoy Market, Add Factory Risk." *Automotive News*. www.autonews.com/article/20130923/RETAIL/309239957/leases-buoy-market-add-factory-risk.

Leonhardt, D. (2014, January 23). "Upward Mobility Has Not Declined, Study Says." *New York Times*. https://www.nytimes.com/2014/01/23/business/upward-mobility-has-not-declined-study-says.html?_r=0&mtrref=undefined.

Letkiewicz, J. C., and Fox, J. J. (2014). "Conscientiousness, Financial Literacy, and Asset Accumulation in Young Adults." *Journal of Consumer Affairs* 48(2), 274–300.

Levanon, G., Kan, M., and Li, A. (2016, July 19). "Job Satisfaction Continues to Rise." *Conference Board* blog. https://www.conference-board.org/blog/postdetail.cfm?post=5231.

Lusardi, A., and Mitchell, O. S. (2011). "Financial Literacy around the World: An Overview." *Journal of Pension Economics and Finance* 10(4), 497–508.

Lynch, P. (2012). *Beating the Street*. New York: Simon and Schuster.

Mangleburg, T. F., Doney, P. M., and Bristol, T. (2004). "Shopping with Friends, and Teen's Susceptibility to Peer Influence." *Journal of Retailing* 80 (2), 101–16.

Margalit, L. (2016). "What Screen Time Can Really Do to Kids' Brains." *Psychology Today*. https://www.psychologytoday.com/blog/behind-online-behavior/201604/what-screen-time-can-really-do-kids-brains.

Martin, D. (2014). "Paula Kent Meehan, Co-Founder of a Hair Giant, Dies at 82." *New York Times*. https://www.nytimes.com/2014/06/26/business/paula-kent-meehan-hair-care-entrepreneur-dies-at-82.html.

Mayfield, C., Perdue, G., and Wooten, K. (2008). "Investment Management and Personality Type." *Financial Services Review* 17, 219–36.

McGrath, M. (2015, November 18). "A Global Financial Literacy Test Finds That Just 57% of Adults in U.S. Are Financially Literate." *Forbes*. https://www.forbes.com/sites/maggiemcgrath/2015/11/18/in-a-global-test-of-financial-literacy-the-u-s/#62cf5a0c58f0.

Mesnik, H. (2017, April 10). "Fast Fashion: with the Rise of Disposable Fashion Trends, Americans Are Purchasing and Throwing Out Clothing Faster Than Ever." *State Press*. www.statepress.com/article/2017/04/spmagazine-sustainability-recycling-fashion-in-arizona.

Mr. Money Moustache. (2013, February 23). "Getting Rich: from Zero to Hero in One Blog Post" [blog post]. https://www.mrmoneymustache.com/2013/02/22/getting-rich-from-zero-to-hero-in-one-blog-post/.

Muller, J. (2011, December 30). "What the Rich People Really Drive." *Forbes*. https://www.forbes.com/sites/joannmuller/2011/12/30/what-the-rich-people-really-drive/#7a34b9e54e04.

National Bureau of Economic Research. (2012). *Were They Prepared for Retirement? Financial Status at Advanced Ages in the HRS and Ahead Cohorts*. NBER Working Paper No. 17842. www.nber.org/papers/w17824.pdf.

National Center for Education Statistics. (2018). Table 303.70. Total undergraduate fall enrollment in degree-granting postsecondary institutions, by attendance status, sex of student, and control and level of institution: Selected years, 1970 through 2026. https://nces.ed.gov/programs/digest/d16/tables/dt16_303.70.asp.

National Center for O*NET Development. (2016). *Summary Support for Ship Engineers* (53-5031.00). https://www.onetonline.org/link/summary/53-5031.00.

Hartog, J., Ferrer-i-Carbonell, A., and Jonker, J. (2002). "Linking Measured Risk Aversion to Individual Characteristics." *Kyklos* 55 (1), 3–26.

Horwitz, S. G. (2011, January 26). "Data Overlook Upward Mobility." *Atlanta Journal-Constitution*. https://www.ajc.com/news/opinion/data-overlook-upward-mobility/2R5x19rNC2jfAnkd0ppPQI/.

Howlett, E., Kees, J., & Kemp, E. (2008). "The Role of Self-Regulation, Future Orientation, and Financial Knowledge in Long-Term Financial Decisions." *Journal of Consumer Affairs* 42, 223–42.

Inmar. (2014). *2014 Coupon Trends: 2013 Year-End Report*. http://go.inmar.com/rs/inmar/images/Inmar_2014_Coupon_Trends_Report.pdf.

Internal Revenue Service. (1998). Table 3—1998, Nonfarm Sole Proprietorships: Business Receipts, Selected Deductions, Payroll, and Net Income, by Industrial Groups Classified with the North American Industry Classification System. https://www.irs.gov/statistics/soi-tax-stats-nonfarm-sole-proprietorship-statistics.

Internal Revenue Service. (2012). *SOI Tax Stats—Individual Income Tax Returns—2012*. https://www.irs.gov/statistics/soi-tax-stats-individual-income-tax-returns.

Internal Revenue Service. (2015). Table 1. Nonfarm Sole Proprietorships: Business Receipts, Selected Deductions, Payroll, and Net Income, by Industrial Sectors, Tax Year 2015. https://www.irs.gov/statistics/soi-tax-stats-nonfarm-sole-proprietorship-statistics.

Internal Revenue Service. (2017). *SOI Tax Stats—Individual Income Tax Returns—2016*. https://www.irs.gov/statistics/soi-tax-stats-individual-income-tax-returns.

Internal Revenue Service. (2018). *SOI Tax Stats—Estate Tax Filing Year Tables*. https://www.irs.gov/statistics/soi-tax-stats-estate-tax-filing-year-tables.

Jakab, S. (2012, February 15). "It Is Time to Reap What Deere Has Sown." *Wall Street Journal*. https://www.wsj.com/articles/SB10001424052970204062704577223624164009432.

Johnson, B., Raub, B., and Newcomb, J. (unknown). A New Look at the Income-Wealth Connection for America's Wealthiest Decedents. Internal Revenue Service, Statistics of Income. https://www.irs.gov/pub/irs-soi/13rpwealthdedents.pdf.

Judge, T. A., and Hurst, C. (2007). "Capitalizing on One's Advantages: Role of Core Self-Evaluations." *Journal of Applied Psychology* 92 (5), 1212.

Kahlenberg, R. D. (2012). "Should Colleges Consider Legacies in the Admissions Process?" *Wall Street Journal*. https://www.wsj.com/articles/SB10001424052970204653604577249230164868846.

Kroll, L. (2012, September 12). "The Forbes 400: The Richest People in America." *Forbes*. https://www.forbes.com/sites/luisakroll/2012/09/19/the-forbes-400-the-richest-people-in-america/.

Kruger, M., Grable, J. E., and Fallaw, S. S. (2017). "An Evaluation of the Risk-Taking Characteristics of Affluent Households." *Journal of Financial Planning* 30(7), 38–47.

Lehrer, J. (2011, April 2). "Measurements That Mislead." *Wall Street Journal*. https://www.wsj.com/articles/SB10001424052748704471904576230931647955902.

Lee, S. H. (2012). "When Are Frugal Consumers Not Frugal? It Depends on Who They Are With." *Advances in Consumer Research* 40, 584.

Fidelity Investments. (2016). *10th Annual College Savings Indicator: Executive Summary of Key Findings*. https://www.fidelity.com/bin-public/060_www_fidelity_com/documents/press-release/csi-exec-natl.pdf.

Financial Industry Regulatory Authority. (2017). Key Statistics for 2017. Retrieved from http://www.finra.org/newsroom/statistics.

Finke, M. S., and Huston, S. J. (2003). "The Brighter Side of Financial Risk: Financial Risk Tolerance and Wealth." *Journal of Family and Economic Issues* 24(3), 233–56.

Gallup. (2017). *State of the American Workplace Report*. Retrieved from http://news.gallup.com/reports/199961/7.aspx.

Gatenby, R. (2000). Married only on the weekends? A study of the amount of time spent together by spouses [research paper]. Office for National Statistics. Retrieved from https://www.ons.gov.uk/ons/rel/lifestyles/time-use/2000-edition/married-only-at-the-weekends--a-study-of-the-amount-of-time-spent-together-by-spouses.pdf.

Gatewood, R. D., & Feild, H. S. (1998). *Human Resource Selection* (4th edition). Fort Worth, TX: The Dryden Press.

Geldhof, J., and Lerner, R. M. (2015, May 26). "How to Recognize a Budding Entrepreneur." *Wall Street Journal*. https://www.wsj.com/articles/how-to-recognize-a-budding-entrepreneur-1432318006.

Genworth. (2016). *Annual Cost of Care Study: Costs Continue to Rise, Particularly for Services in Home*. Retrieved March 1, 2018 from http://investor.genworth.com/investors/news-releases/archive/archive/2016/Genworth-2016-Annual-Cost-of-Care-Study-Costs-Continue-to-Rise-Particularly-for-Services-in-Home/default.aspx.

Global Financial Literacy Excellence Center. (2018). *The TIAA Institute-GFLEC Personal Finance Index*. http://gflec.org/initiatives/personal-finance-index/.

Godin, S. (2008, January 31). "Permission Marketing" [blog entry]. https://seths.blog/2008/01/permission-mark/.

Grable, J. E. (2000). "Financial Risk Tolerance and Additional Factors That Affect Risk Taking in Everyday Money Matters." *Journal of Business and Psychology*, 14(4), 625–31.

Grable, J. E., & Joo, S. H. "Environmental and biophysical factors associated with financial risk tolerance." *Financial Counseling and Planning*. 15(1), 1–6.

Grable, J. E., Kruger, M., & Fallaw, S. S. (2017). "An Assessment of Wealth Accumulation Tasks and Behaviors." *Journal of Financial Service Professionals*, 71(1), 55–70.

Grable, J. E., Lytton, R. H., O'Neill, B., Joo, S. H., and Klock, D. (2006). "Risk Tolerance, Projection Bias, Vividness, and Equity Prices." *Journal of Investing*, 15(2), 68–74.

Hagerty, J. R. (2014, January 25). Entrepreneur Let No Impediment Stop Him. *Wall Street Journal*. Retrieved March 2, 2018 from https://www.wsj.com/articles/entrepreneur-let-no-impediment-stop-him-1389835205.

Hanks, T. (2015, January 14). "Tom Hanks on His Two Years at Chabot College." *New York Times*. https://www.nytimes.com/2015/01/14/opinion/tom-hanks-on-his-two-years-at-chabot-college.html?_r=0&mtrref=undefined&gwh=3CEBA5FE3A28B253BDDD61A2BF967E2E&gwt=pay&assetType=opinion.

Consumer Reports (2017). "Consumer Reports' Car Reliability FAQ." https://www.consumerreports.org/car-reliability-owner-satisfaction/consumer-reports-car-reliability-faq/.

Corrado, C. (2011, November 20). "The Wealth Race." *American Thinker*. https://www.americanthinker.com/articles/2011/11/the_wealth_race.html.

Corter, J. E., and Chen, Y. J. (2006). "Do Investment Risk Tolerance Attitudes Predict Portfolio Risk?" *Journal of Business and Psychology*, 20(3), 369–82.

Cotton Incorporated. (2013). "Driving Demand for Denim Jeans." http://lifestyle monitor.cottoninc.com/driving-demand-for-denim-jeans/.

Credit Suisse Research. (2016). *The Global Wealth Report 2016*. http://publications.credit-suisse.com/tasks/render/file/index.cfm?fileid=AD783798-ED07-E8C2-4405996B5B02A32E.

Dokko, J., Li, G., and Hayes, J. (2015). "Credit Scores and Committed Relationships." Retrieved March 1, 2018 from www.kiplinger.com/article/credit/T017-C023-S002-what-your-credit-score-says-about-your-love-life.html.

Dubofsky, D., and Sussman, L. (2009). "The Changing Role of the Financial Planner Part 1: From Financial Analytics to Coaching and Life Planning." *Journal of Financial Planning*, August 2009, 48–57.

Easton, N. (2012). "Don't Blame the 1% for America's Pay Gap." *Fortune*. http://fortune.com/2012/04/24/dont-blame-the-1-for-americas-pay-gap/.

Experian. (2014). *Experian Mosaic Guide* [PDF document]. Costa Mesa, CA: Experian.

Fallaw, S. S. (2016). *Financial Behaviors and Wealth Potential* [white paper]. DataPoints. https://www.datapoints.com/research/.

Fallaw, S. S. (2017). *The Building Wealth Technical Report*. DataPoints. https://www.datapoints.com/.

Fallaw, S. S. (2018a). *The Investor Profile Technical Report*. DataPoints. https://www.datapoints.com/.

Fallaw, S. S. (2018b). *Understanding Great Investors: The Competencies of Investing Success*. [white paper]. DataPoints. https://www.datapoints.com/research/.

Fallaw, S. S., Kruger, M., and Grable, J. (2018). *The Household CFO: Using Job Analysis to Define Tasks Related to Personal Financial Management*. 2018 Academic Research Colloquium for Financial Planning and Related Disciplines. https://ssrn.com/abstract=3040904.

Farrell, M. (2015). "New Year, Same You." *Psychology Today*. https://www.psychologytoday.com/blog/frontpage-forensics/201501/new-year-same-you.

Federal Reserve. (2015). *Report on the Economic Well-Being of U.S. Households in 2015*. https://www.federalreserve.gov/2015-report-economic-well-being-us-households-201605.pdf.

Federal Reserve. (2017a). "Changes in U.S. Family Finances from 2013 to 2016: Evidence from the Survey of Consumer Finances." *Federal Reserve Bulletin* 103(3), 1–42. https://www.federalreserve.gov/publications/files/scf17.pdf.

Federal Reserve. (2017b). *Report on the Economic Well-Being of U.S. Households in 2016*. https://www.federalreserve.gov/publications/files/2016-report-economic-well-being-us-households-201705.pdf.

Bureau of Labor Statistics. (1996). *Occupational Outlook Handbook, 1996-1997*. https://www.bls.gov/news.release/history/ecopro_031596.txt.
Bureau of Labor Statistics. (2016a). "College Tuition and Fees Increase 63 Percent Since January 2006." -2006.htm.
Bureau of Labor Statistics. (2016b). "Employed Persons by Disability Status, Industry, Class of Worker, and Sex, 2016 Annual Averages." https://www.bls.gov/news.release/disabl.t04.htm.
Bureau of Labor Statistics. (2016c). "Entrepreneurship and the U.S. Economy." https://www.bls.gov/bdm/entrepreneurship/entrepreneurship.htm.
Bureau of Labor Statistics. (2016d). *Occupational Outlook Handbook: Personal Financial Advisors*. http://www.bls.gov/ooh/business-and-financial/personal-financial-advisors.htm.
Bureau of Labor Statistics. (2016e). *Occupational Outlook Handbook: Physicians and Surgeons*. https://www.bls.gov/ooh/healthcare/physicians-and-surgeons.htm.
Bureau of Labor Statistics. (2016f). *Occupational Outlook Handbook: Securities, Commodities, and Financial Services Sales Agents*. https://www.bls.gov/ooh/sales/securities-commodities-and-financial-services-sales-agents.htm.
Bureau of Labor Statistics. (2016g). "Self-Employment in the United States." https://www.bls.gov/spotlight/2016/self-employment-in-the-united-states/pdf/self-employment-in-the-united-states.pdf.
Bureau of Labor Statistics. (2016h). "Time Spent in Detailed Primary Activities and Percent of the Civilian Population Engaging in Each Activity, Averages per Day by Sex, 2016 Annual Averages." https://www.bls.gov/tus/a1_2016.pdf.
Bureau of Labor Statistics. (2017). CPI Inflation Calculator. Retrieved from https://www.bls.gov/data/inflation_calculator.htm.
Byron, E. (2010). "Wash Away Bad Hair Days." *Wall Street Journal*. https://www.wsj.com/articles/SB10001424052748704911704575327141935381092.
CareerBuilder. (2017). Living Paycheck to Paycheck is a Way of Life for Majority of U.S. Workers, According to New CareerBuilder Survey [press release]. http://press.careerbuilder.com/2017-08-24-Living-Paycheck-to-Paycheck-is-a-Way-of-Life-for-Majority-of-U-S-Workers-According-to-New-CareerBuilder-Survey.
Carlson, B. (2017). "How the Bogle Model Beats the Yale Model" [blog entry]. http://awealthofcommonsense.com/2017/02/how-the-bogle-model-beats-the-yale-model/.
Cassuto, L. (2013, July 1). "Ph.D. Attrition: How Much Is Too Much?" *Chronicle of Higher Education*. https://www.chronicle.com/article/PhD-Attrition-How-Much-Is/140045.
Cavale, S. (2018, March 1). "P&G Says Cut Digital Ad Spend by $200 million in 2017." Reuters. https://www.reuters.com/article/us-procter-gamble-advertising/pg-says-cut-digital-ad-spend-by-200-million-in-2017-idUSKCN1GD654.
Chernow, R. (2010). *Washington: A Life*. Boston, MA: Penguin Press.
Congress of the United States Congressional Budget Office (2016). *Trends in Family Wealth: 1998–2013*. https://www.cbo.gov/sites/default/files/114th-congress-2015-2016/reports/51846-familywealth.pdf.

参考文献

American Apparel and Footwear Association. (2016). "ApparelStats and ShoeStats 2016 At-a-Glance." https://www.aafaglobal.org/AAFA/ApparelStats_and_ShoeStats_at-a-glance.aspx.

American Psychological Association. (2015). "Money Stress Weighs on Americans' Health." http://www.apa.org/monitor/2015/04/money-stress.aspx.

Anderson, C., Kraus, M. W., Galinsky, A. D., and Keltner, D. (2012). "The Local-Ladder Effect: Social Status and Subjective Well-Being." *Psychological Science* 23(7), 764–71.

Associated Press-NORC Center for Public Affairs Research. (2017). "Phasing into Retirement: Older Americans' Experiences with Work and Retirement Planning." http://www.apnorc.org.

Asano, E. (2017). "How Much Time Do People Spend on Social Media? [Infographic]. *Social Media Today*. https://www.socialmediatoday.com.

Baker, H. K., and Nofsinger, J. R. (2002). "Psychological Biases of Investors." *Financial Services Review* 11(2), 97.

Bankrate. (2012a). "How Much House Can I Afford?" https://www.bankrate.com/calculators/mortgages/new-house-calculator.aspx.

Bankrate. (2012b). "Home Values: Prices Rise, Fall Equally." https://www.bankrate.com/finance/real-estate/home-values-prices-rise-fall-equally.aspx.

Barber, B. M., and Odean, T. (2001). "Boys Will Be Boys: Gender, Overconfidence, and Common Stock Investment." *Quarterly Journal of Economics*, 261–92.

Barber, B. M. and Odean, T. (2011). "The Behavior of Individual Investors." http://dx.doi.org/10.2139/ssrn.1872211.

Bentley, T. (2010, October 16). "A Chart Topping Cave Dweller." *Wall Street Journal*. https://www.wsj.com/articles/SB10001424052748703843804575534513063943170.

Berkowitz, B. (2011, October 12). "Buffett Tells Congressman He Paid $6.9 mln taxes." Reuters. https://www.reuters.com/article/buffett/buffett-tells-congressman-he-paid-6-9-mln-taxes-idUSN1E79B1AV20111012.

Berkowitz, J. (2013, April 23). "Checkpoint Carlo: How Tax Cops Killed Italy's Super-car Market." Car & Driver. https://www.caranddriver.com/news/checkpoint-carlo-how-tax-cops-killed-italys-supercar-market.

Bernardo, R. (2017, March 13). "2017's Happiest Places to Live." Wallethub. https://wallethub.com/edu/happiest-places-to-live/32619/.

Bodnaruk, A., and Simonov, A. (2015). "Do Financial Experts Make Better Investment Decisions? *Journal of Financial Intermediation* 24(4), 514–36.

Bolduc, B. (2012, February 11). "Leadership Secrets of George Washington." *Wall Street Journal*. https://www.wsj.com/articles/SB10001424052970204369404577211010507347208.

Buffett, W. (2017, February 25). Berkshire Hathaway Letter to Shareholders 2016. www.berkshirehathaway.com/letters/2016ltr.pdf.

■著者紹介

トーマス・J・スタンリー博士（Thomas J. Stanley, Ph.D.）

アメリカにおける富裕層マーケティングの第一人者であり、リサーチャー、アドバイザーとしても尊敬を集め、受賞歴もあるアメリカ富裕層に関する数多くの著作は高い評価を得ている。2015年逝去。著書に『となりの億万長者――成功を生む７つの法則』（早川書房）、『なぜ、この人たちは金持ちになったのか――億万長者が教える成功の秘訣』（日本経済新聞出版）、『女性ミリオネアが教えるお金と人生の法則』（日本経済新聞社）、『"ふつうの億万長者" 徹底リサーチが明かす　お金が "いやでも貯まる" ５つの「生活」習慣』（イースト・プレス）、『〔新版〕となりの億万長者――成功を生む７つの法則』（早川書房）、『1億円貯める方法をお金持ち1371人に聞きました』（文響社）などがある。https://www.themillionairenextdoor.com/。

サラ・スタンリー・ファラー博士（Sarah Stanley Fallaw, Ph.D.）

産業・組織心理学者。データ分析を行うテクノロジー企業、データポインツの会長を務める。同社は富の蓄積に関する研究を行い、個人投資家と金融アドバイザーが富を蓄積するうえで重要となる行動を支えるツールを開発している。ジョージア州マリエッタ在住。https://www.datapoints.com/。

■監修者紹介

長岡半太郎（ながおか・はんたろう）

放送大学教養学部卒。放送大学大学院文化科学研究科（情報学）修了・修士（学術）。日米の銀行、CTA、ヘッジファンドなどを経て、現在は中堅運用会社勤務。全国通訳案内士、認定心理士、２級ファイナンシャル・プランニング技能士（FP）。『素晴らしきデフレの世界』『バフェットとマンガーによる株主総会実況中継』『配当成長株投資のすすめ』『ワイコフメソッドの奥義』『ルール』『不動産王』のほか、訳書、監修書多数。

■訳者紹介

藤原玄（ふじわら・げん）

1977年生まれ。慶應義塾大学経済学部卒業。情報提供会社、米国の投資顧問会社在日連絡員を経て、現在、独立系投資会社に勤務。業務のかたわら、投資をはじめとするさまざまな分野の翻訳を手掛けている。訳書に『なぜ利益を上げている企業への投資が失敗するのか』『株デビューする前に知っておくべき「魔法の公式」』『ブラックスワン回避法』『ハーバード流ケースメソッドで学ぶバリュー投資』『堕天使バンカー』『ブラックエッジ』『インデックス投資は勝者のゲーム』『企業に何十億ドルものバリュエーションが付く理由』『ディープバリュー投資入門』『ファクター投資入門』『実践ディープバリュー投資』『M＆A　買収者の見解、経営者の異論』『素晴らしきデフレの世界』『配当成長株投資のすすめ』（パンローリング）などがある。

2021年２月５日　初版第１刷発行

ウィザードブックシリーズ㉚⑥

その後のとなりの億万長者
――全米調査からわかった日本人にもできるミリオネアへの道

著　者　トーマス・Ｊ・スタンリー、サラ・スタンリー・ファラー
監修者　長岡半太郎
訳　者　藤原玄
発行者　後藤康徳
発行所　パンローリング株式会社
〒160-0023　東京都新宿区西新宿7-9-18　6階
TEL 03-5386-7391　FAX 03-5386-7393
http://www.panrolling.com/
E-mail　info@panrolling.com
編　集　エフ・ジー・アイ（Factory of Gnomic Three Monkeys Investment）合資会社
装　丁　パンローリング装丁室
組　版　パンローリング制作室
印刷·製本　株式会社シナノ

ISBN978-4-7759-7274-8

ウィザードブックシリーズ 263

インデックス投資は勝者のゲーム

株式市場から利益を得る常識的方法

ジョン・C・ボーグル【著】

定価 本体1,800円+税　ISBN:9784775972328

市場に勝つのはインデックスファンドだけ！改訂された「投資のバイブル」に絶賛の嵐！

本書は、市場に関する知恵を伝える一級の手引書である。もはや伝説となった投資信託のパイオニアであるジョン・C・ボーグルが、投資からより多くの果実を得る方法を明らかにしている。つまり、コストの低いインデックスファンドだ。ボーグルは、長期にわたって富を蓄積するため、もっとも簡単かつ効果的な投資戦略を教えてくれている。その戦略とは、S&P500のような広範な株式市場のインデックスに連動する投資信託を、極めて低いコストで取得し、保有し続けるということである。

ウィザードブックシリーズ 305

イェール大学流資産形成術

デビッド・F・スウェンセン【著】

定価 本体2,800円+税　ISBN:9784775972762

ついに日本にも到来する「顧客本位、受益者の利益を守る時代」のバイブル

顧客本位でない投資信託のパフォーマンスは平均投資家のパフォーマンスを常に下回っている。こんな衝撃的な事実を、デビッド・スウェンセンは動かぬ証拠を持って、本書で突き付けている。高額な管理手数料を徴収したり、ポートフォリオに含まれるアセット（資産）の頻繁な入れ替えをしたりと、投資信託運用会社は自己利益を飽くことなく追求することで、受益者の利益を大いに損ねている。おそらく投資家にとって最も有害なのは、投資家の選択肢を限定してリターンを低減する秘密のスキームだ。本書は、個人投資家が投資信託で資産を増大させるノウハウがぎっしり詰まっている！

ウィザードブックシリーズ 304

不動産王

世界の巨人たちから学ぶ成功のための七つの教え

エレーズ・コーエン【著】

定価 本体2,800円+税　ISBN:9784775972731

投資の世界で唯一正解が存在する不動産業界成功者の共通点から学ぶ！

本書は、世界最高峰の不動産投資家とのインタビューから引き出した7つの教えを紹介している。これらの重要な教えは、それぞれの巨人の考え方や戦略や習慣にかかわる洞察を与えてくれる。ほかでは知ることのできないこれらの重要なアイデアを不動産投資に取り入れれば、数カ月間で飛躍的な成長を遂げることができるだろう。不動産投資の世界で最も成功した巨人たちの見識を、内側から明かしている。本書の説得力のあるエピソードや教訓からは、不動産が重要かつ素晴らしいビジネスであることが分かるだけでなく、世界に通用する不動産投資家になるための道筋も見えてくる。

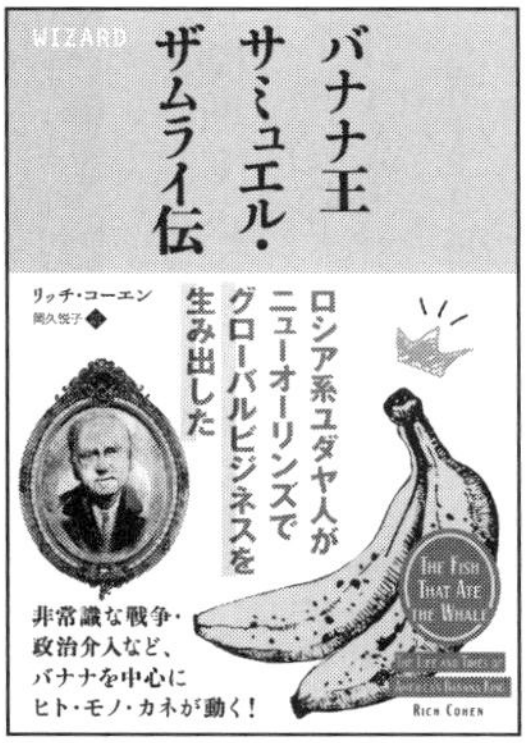

ウィザードブックシリーズ 302

バナナ王 サミュエル・ザムライ伝

ロシア系ユダヤ人がニューオーリンズでグローバルビジネスを生み出した

リッチ・コーエン【著】

定価 本体1,800円+税　ISBN:9784775972717

非常識な戦争・政治介入など、バナナを中心にヒト・モノ・カネが動く！

世界初の真のグローバル企業のひとつユナイテッド・フルーツの発展と衰退。1891年に14歳でアメリカにたどり着いたとき、サミュエル・ザムライ、通称サムは、のっぽでひょろりとした一文なしの少年だった。それから69年後、ニューオーリンズ一番の豪邸で亡くなったときには、世界で最も裕福な、最強の権力を握る男のひとりになっていた。サムの生涯は、アメリカンドリームを体現している。本書をとおして、アメリカがアメリカたるゆえん、「アメリカの世紀」を象徴する物語をぜひ堪能してほしい。